采购与供应管理实务

主　编　韩燕玲　王志光　赵艳俐
副主编　张　敏　王园园　王寰焘
　　　　潘建红　刘　平　宋　莉

北京理工大学出版社
BEIJING INSTITUTE OF TECHNOLOGY PRESS

内 容 提 要

本书主要内容包括采购与供应管理、制定采购与供应管理战略、编制采购计划、分析确定采购价格、选择与管理供应商、采购谈判、采购合同管理、做好采购控制工作八个项目，系统地介绍了采购与供应管理的基础知识和基本技能，同时，根据各任务内容的特点和要求，提出了相应的学习目标。其中，基础知识讲解部分注重理论的渗透，实践环节注重学生应用能力的培养。本书内容充实、简单易懂、案例丰富，充分反映了新的教学模式的需求，具有可操作性，符合高等职业教育的实际情况。

本书可作为高等职业院校物流管理、供应链管理、电子商务及企业经营管理等相关专业的教材，也可作为企业人员自学和提高工作效率的参考书。

版权专有　侵权必究

图书在版编目（CIP）数据

采购与供应管理实务 / 韩燕玲，王志光，赵艳俐主编. -- 北京：北京理工大学出版社，2025.1.
ISBN 978-7-5763-4807-1
Ⅰ. F253；F252.2
中国国家版本馆CIP数据核字第2025QY0312号

责任编辑：王培凝		文案编辑：王培凝	
责任校对：周瑞红		责任印制：施胜娟	

出版发行 / 北京理工大学出版社有限责任公司
社　　址 / 北京市丰台区四合庄路 6 号
邮　　编 / 100070
电　　话 / (010) 68914026（教材售后服务热线）
　　　　　（010) 63726648（课件资源服务热线）
网　　址 / http：//www.bitpress.com.cn
版 印 次 / 2025 年 1 月第 1 版第 1 次印刷
印　　刷 / 河北鑫彩博图印刷有限公司
开　　本 / 787 mm×1092 mm　1/16
印　　张 / 15
字　　数 / 309 千字
定　　价 / 78.00 元

图书出现印装质量问题，请拨打售后服务热线，负责调换

三、询价采购

1. 询价采购的概念和特点

询价采购是指对几个供货商(通常至少 3 家)的报价进行比较,以确保价格具有竞争性的一种采购方式。

(1)邀请报价的数量至少为 3 个。

(2)每个供应商或承包商只允许提出一个报价,而且不允许改变其报价。不得同某一个供应商或承包商就其报价进行谈判。

(3)报价的评审应按照买方公共或私营部门的良好惯例进行。采购合同一般授予符合采购实体需求的最低报价的供应商或承包商。

2. 询价采购的适用条件

(1)采购现有的并非按采购实体的特定规格特别制造或提供的货物或服务。

(2)采购合同的估计价值低于采购条例规定的数额。

3. 询价采购的组织与实施

(1)了解供应市场,进行价格测算。

(2)明晰需求参数。

(3)设定资格条件。

(4)确定评分标准。

四、竞争性磋商

1. 竞争性磋商的概念

竞争性磋商是政府采购的一种方式,是指采购人、政府采购代理机构通过组建竞争性磋商小组(以下简称磋商小组)与符合条件的供应商就采购货物、工程和服务事宜进行磋商。供应商按照磋商文件的要求提交相应文件和报价,采购人从磋商小组评审后提出的候选供应商名单中确定成交供应商的采购方式。

2. 竞争性磋商的程序

竞争性磋商有法定的程序。这问题看起来很复杂,但大体可分为以下三个步骤:

(1)磋商准备。了解供应市场、进行价格测算、明晰需求参数、设定资格条件、确定评分标准,这些是必须的。

(2)磋商。有了完善的准备工作,就可以进入磋商程序了。

与竞争性谈判相比,竞争性磋商采用综合评分法,评分最高者中标。竞争性谈判采用最低价成交法,价格最低成交。竞争性谈判有二次报价,磋商只有一次报价,即评分法。

(3)签订合同。确定成交供应商后,就可签订合同了。但要记住:竞争性磋商与公开招标类似,但只需公告 10 个工作日即可。竞争性磋商采用综合评分法,没有二次报价,合同也必须在 30 天内签订,而且 7 天内及时备案,并进行资料归档。

竞争性磋商是从国外引进的,目前政府采购应用较多。现如今一些大型集团公司也在尝试竞争性磋商,它最大的好处是与公开招标相比,其采取综合评分法,但是花费时间比公开招标要少,它发布公告是 10 个工作日,公开招标是 20 个工作日,竞争性磋商能快一些。

任务三　熟悉采购与供应管理环境

一、企业发展与采购管理

(一)企业发展对采购管理的要求

随着市场竞争的日益加剧,影响企业竞争力的因素也越来越多。20世纪90年代,除成本、质量外,交货期成了竞争力的要素;在21世纪的今天,企业竞争的焦点又转移到敏捷性上,即以最快的速度响应市场需求的能力。为此,企业对采购管理提出了以下要求:

(1)保证产品质量的要求。最终产品的质量在很大程度上取决于采购管理,通过采购管理工作,才能将质量管理工作拓展到供应商的生产制造过程,最终实现保证产品质量的目的。

(2)缩短交货期的要求。缩短交货期意味着提高顾客服务水平和企业竞争力。加强供应管理,简化采购流程,降低库存水平,可以大大地缩短交货期。

(3)提高企业敏捷性的要求。在目前实行准时制的市场中,企业对顾客需求的短时间反应能力显得尤为重要。顾客不仅希望越来越短的交货期,更看中敏捷性。在这种形势下,需要将供应链管理的思想应用于采购管理工作中,从而对采购管理工作提出更高的要求。

某集团从采购代理到供应链管理的发展演变

(二)传统采购管理与现代采购管理的区别

传统采购管理模式的主要特点表现在以下几个方面:

(1)传统采购过程是典型的非信息对称博弈过程。在采购过程中,采购方为了能够从多个竞争性的供应商中选择一个最佳的供应商,往往会保留私有信息。而供应商也在与其他供应商的竞争中隐瞒自己的信息。这样,采购与供应双方都不进行有效的信息沟通,形成了非信息对称的博弈过程。

(2)采购质量控制难度大。质量与交货期是采购方要考虑的另外两个重要因素,但是在传统的采购模式下,采购方与供应方相互的工作是不透明和缺乏合作的,导致采购部门对采购物品质量控制的难度增加。

(3)供需关系缺乏稳定的基础。在传统采购中,竞争多于合作。供应与需求之间缺乏合作,增加了许多生产的不确定性,供需关系难以稳定。

(4)对用户需求的反应迟钝。由于供应与采购双方在信息的沟通方面缺乏及时的信息反馈,供应商很难针对采购商生产变化的情况加以调整,缺乏应对需求变化的能力。

传统采购管理与现代采购管理的主要区别见表1-1。

表1-1　传统采购管理与现代采购管理的主要区别

比较因素	传统采购管理	现代采购管理
供应商/买方关系	相互对立	合作伙伴

续表

比较因素	传统采购管理	现代采购管理
合作关系	可变的	长期的
合同期限	短	长
采购数量	大批量	小批量
运输策略	单一品种整车发送	多品种整车发送
质量问题	检验/再检验	无须入库检验
与供应商的信息沟通	传统媒介	网络
信息沟通频率	离散的	连续的
对库存的认识	资产	损害
供应商数量	多，越多越好	少，甚至一个
设计流程	先设计产品后询价	供应商参与产品设计
产量	大量	少量
交货安排	每月	每周或每天
供应商地理分布	很广的区域	尽可能靠近
仓库	大	小

二、供应链思想对采购的影响

迈克尔·波特提出的价值链概念使供应链管理的范围更加广泛，涵盖从最上游的原料选取、直到最下游满足终端客户的需求，甚至还包括使用寿命结束后的处置过程。供应链管理要求公司内、外部所有活动都应以最终消费者为源头及终结点，在向消费者提供最终产品或服务时做到"五个合适"，以此来提高供应链的竞争力。

由图1-6可知，采购与供应活动被看作是公司供应链管理中的一个组成部分。但采购与供应活动不能单独工作，必须与相关的团队共同合作，而这些团队的工作往往要跨越公司内部传统的组织职能，包括市场营销、研究开发、质量管理、工艺设计与生产等。

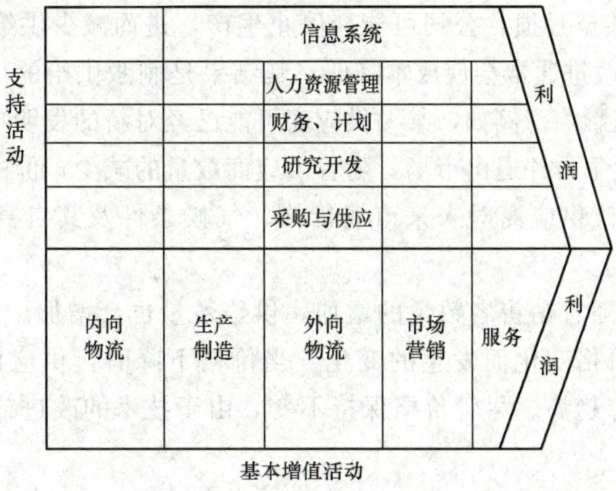

图1-6 迈克尔·波特的价值链

三、供应市场的发展

需求和供给是任何市场中的两个关键因素。缺少两者中的任何一个，市场都不再称为市场。需求和供给两者之间的相互作用影响了市场的竞争状况、价格及竞争程度。

（一）需求和供给

1. 需求

需求水平受到下述各因素的影响：

（1）价格。商品价格越高，其需求可能越低。

（2）可支配收入。购买者可支配收入提高时，对商品的需求一般会增强。

（3）替代品的价格。替代品的价格上升时，对商品的需求会增强。例如，棉布价格提高时，对化学纤维的需求会增强。

（4）互补品的价格。互补品价格提高时，对商品的需求会减弱。例如，当汽油的价格提高时，对汽车的需求会下降。

（5）购买者偏好。当购买者偏好发生变化时，需求也会发生变化。偏好受心理因素影响，但也受气候等其他因素的影响。例如，对冷饮的需求将随着气温的升高而增加。

（6）购买者预期。如果购买者预期未来的价格会提高，或气候会变化，或者其财务状况会有所改善，这些预期都会影响到其今日的需求。

（7）购买者的数量。随着购买者数量的增加，需求也会增加。

商品需求数量随价格变化而发生的变化。对于绝大多数商品而言，当价格下降时，需求数量会上升。而价格不变时，购买者偏好的变化（由不喜欢或不了解到喜欢或了解）或其收入的增加均会导致商品需求数量的增加。

2. 供给

供给水平也会受到某些因素的影响。这些因素包括以下几项：

（1）价格。商品价格越高，供给者提供的商品数量就会越多。

（2）投入资源的价格。如果供应商使用的投入资源（如原材料和劳动力等）的价格提高而使公司利润下降，甚至亏损，公司可能会停止生产，进而减少供给。

（3）技术。技术的改进通常会使成本降低，其结果是刺激供给的增长；技术创新也会对市场竞争水平产生长期影响。例如，某一供应商可能已经对新的发明申报了专利，这使其他很多供应商不再具有竞争力并退出市场，随着供应商数量的减少，价格将在长期内上升。

（4）供应商的预期。供应商对未来市场价格、气候条件及其自身经营前景等的预期都将对供给水平发生影响。

（5）销售者数量。随着销售者数量的增加，供给数量也会增加。

商品供给数量随价格变化而发生的变化。当价格下降时，供应商生产动力受到影响，供应数量也会呈现下降趋势。尽管价格保持不变，由于技术的改进或供应商数量的增加会导致供给数量的增加。

3. 供需平衡

供需平衡即需求数量与供给数量相同。供需平衡是动态的，当诸如价格等因素一旦发生变化，供需平衡便被打破，从而出现供大于求或供小于求的现象。

需求的价格弹性是指衡量一种物品的价格发生变动时，该物品需求量变动的大小。以系数 E_p＝需求变动(%)÷价格变动(%)的绝对值来表示。

需求的价格弹性的结果有以下三种情况。

(1)当价格弹性(E_p)大于1时，说明该产品的需求价格弹性比较大，如果价格有比较小的变化，其需求数量就会发生比较大的变化，一般将这种情况下的产品称为有弹性产品。

(2)当价格弹性(E_p)小于1时，说明该产品的需求价格弹性比较小，即使价格发生很大的变化，其需求数量的变化也不会很大，一般将这种情况称为该产品的需求对价格无弹性，将这种产品称为无弹性产品。

(3)当价格弹性(E_p)等于1时，说明该产品的需求价格弹性与其需求数量的变化相同，这种情况称为该产品的需求价格弹性等于1。

对于需求对价格有弹性的产品，价格是调整需求数量的主要因素，在适当的时候，可以采取降价的方法增加需求数量，也可以提高产品的价格以减少市场对产品的需求。这类产品主要是指非人民生活必需品，如服装；对于需求对价格无弹性的产品，由于市场对这类产品的需求数量不取决于产品价格的高低，企业可以采取提高价格的方法增加企业的利润。这类产品主要是指人民生活必需品，如粮食；对于需求对价格的弹性等于1的产品，因其价格变化与数量变化同步，在制定价格政策时，一般不会采取措施。

影响弹性大小的因素主要有以下几项：

(1)必需程度：奢侈品的弹性大；必需品的弹性小。

(2)被替代的难易程度：易被替代的物品弹性大。

(3)消费者调整的时间：调整时间越长，其弹性越大(汽油的短期弹性小、长期弹性大)。

了解需求价格弹性有利于帮助采购人员正确评价这些变化对其公司所需产品的供应状况的影响，以便正确地作出采购决策。

(二)供应市场调查

1. 市场调查的一般流程

市场调查是以科学的方法收集、研究、分析有关市场活动的资料，以便帮助企业领导和管理部门解决有关市场管理或决策问题的研究。其一般的研究步骤包括确定研究目标；制订研究计划；收集资料；系统分析资料；得出调查结论。

市场调查程序如图 1-7 所示。

(1)调查准备。调查准备是市场调查的决策、设计、筹划阶段，也是整个调查的起点。这个阶段的具体工作有三项，即确定调查任务，设计调查方案，组建调查队伍。

①确定调查任务。确定调查任务包括选择调查课题，进行初步探索等具体工作。调查课题是市场调查所要说明的市场问题，选择调查课题是确定调查任务的首要工作。在实际工作中，选择课题既要从管理的需要性出发，也要考虑实际取得资料的可能性；同时，还应具有科学性和创造性，在科学理论指导下，按照新颖、独特和先进的要求来选择调查课题。

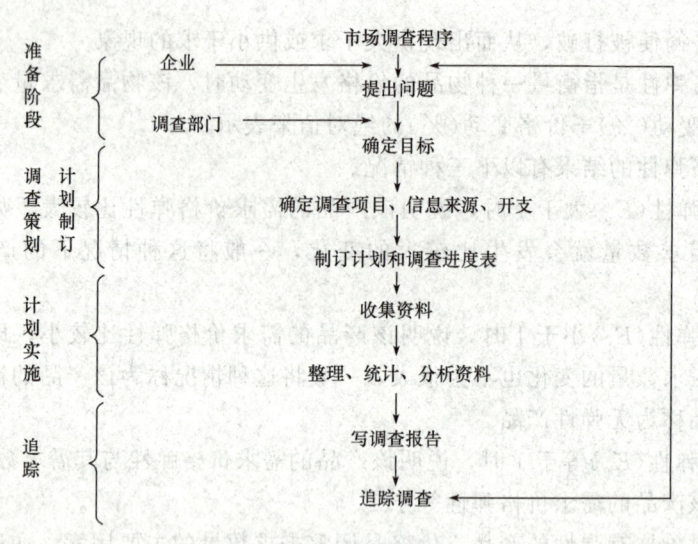

```
准备阶段  ┤ 企业      → 市场调查程序
          │          ← 提出问题
          │ 调查部门  →
调查策划  ┤ 计划制订    确定目标
          │            确定调查项目、信息来源、开支
          │            制订计划和调查进度表
计划实施  ┤            收集资料
          │            整理、统计、分析资料
追踪      ┤            写调查报告
                       追踪调查
```

图 1-7　市场调查程序

②设计调查方案。市场调查的总体方案一般必须包括以下主要内容：

a. 明确市场调查目的即说明为什么要做此项调查，通过市场调查要解决哪些问题、要达到什么目标。市场调查的目的要明确提出，决不能含糊、笼统。

b. 设计市场调查的项目和工具是市场调查方案的核心部分，也是设计调查方案时必须考虑的。调查项目是在调查过程中用来反映市场现象的类别、状态、规模、水平、速度等特征的名称；市场调查工具是指调查指标的物资载体；设计出的调查项目最后都必须通过调查工具表现出来。

c. 规定市场调查的空间和时间。调查空间是指市场调查在何地进行，有多大范围；调查空间的选择有利于达到调查目的，有利于收集资料工作的进行及节省人、财、物。

d. 规定市场调查对象和调查单位。市场调查对象是指市场调查的总体，市场调查对象的确定决定着市场调查的范围大小，它由调查目的、调查空间、调查方式、调查单位等共同决定。调查单位是指组成总体的个体，每个调查单位都是调查项目的承担者。确定调查对象和调查单位必须对总体单位数量、调查单位的选择方法和数量，作出具体的设计和安排。

e. 确定市场调查的方法包括选择适当的组织调查方式和收集资料的方法。其调查方法的选择要根据市场调查的目的、内容，也要根据一定时间、地点、条件下市场的客观实际状况进行。调查者必须选择最适合、最有效的方法，做到既能节省调查费用，又能满足调查目的。

f. 落实调查人员、经费和工作安排。

③组建市场调查队伍。组建一支良好的调查队伍，不仅要正确选择调查人员，而且要对调查人员进行必要的培训，对调查人员的培训内容包括思想教育、知识准备、方法训练等，思想教育是先导，知识准备是基础，方法训练是重点。方法训练有集中讲授、阅读和讨论、示范和模拟、现场实习等。

在调查人员的使用上，要注意扬长、避短；要合理搭配、优化组合；要明确职责和权力、落实任务；要分层管理、逐步安排；要严格要求、深入检查。

（2）调查收集资料。收集资料阶段的主要任务是采取各种调查方法，按照调查方案的要求，收集市场资料。调查收集资料阶段是调查者与被调查者进行接触、取得市场第一手资料的关键阶段，每个调查人员要按照统一要求，顺利完成收集资料的任务。在整个市场调查工作中，要求组织者集中精力做好内、外部协调工作，力求以最少的人力、最短的时间、最好的质量完成收集资料的任务。调查收集的资料必须做到真实准确、全面系统。

（3）调查研究。市场调查的研究阶段是出成果的阶段，是深化和提高的阶段，是从感性认识向理性认识飞跃的阶段。这一阶段的主要任务是对市场收集资料阶段取得的资料进行鉴别与整理，并对整理后的市场资料做统计分析和开展理论研究。对资料的整理主要是应用分组分类方法，对调查资料按研究问题的需要和市场现象的本质特征做不同的分类；对资料进行统计分析，就是运用统计学的有关原理和方法，研究市场现象总体的数量特征和数量关系，揭示市场现象的发展规模、水平，总体的结构和比例，市场现象的发展趋势等。经统计整理和分析得到的市场现象数量是对市场现象准确且系统的反映，也是对市场现象进行定量分析和定量预测的宝贵资料，同时，也为进一步开展对市场问题的定性研究提供了准确系统的数据资料。

（4）调查总结。总结阶段是市场调查的最后阶段，主要任务是撰写市场调查报告，总结调查工作，评估调查结果。

2. 采购市场调查的一般方法

采购市场调查主要有以下三种方式。

（1）文案调查。文案调查即通过收集企业内部、外部已有档案资料、研究报告及公布报告资料，并对其加以整理、分析，进而提供相关调查报告的方法。文案调查一般适合宏观环境、市场状况、产品状况、企业形势、区域市场状况特点等的调查。

（2）访问调查。直接向被访者收集第一手资料的调查方法，如电话调查、面谈调查、邮寄调查、留置问卷调查、网络调查等。访问调查一般适合消费者情况、供应商情况、竞争对手情况等的调查。

在进行供应商情况、竞争对手情况、企业形势、产品状况等方面调查时，可采取文案调查与访问调查相结合的方法进行。

（3）对供应商进行实地考察。企业为全面、深入了解潜在或现有供应商的实际情况，组织专业团队前往供应商的生产经营场所，通过实地观察、交流询问、查阅资料等方式，对其生产环境、设备设施、工艺流程、质量控制、管理水平、人员素质、研发能力、仓储物流以及企业文化等多方面进行实地评估与调研。

3. 采购市场调查方案的基本框架

一个完整的调查方案应由以下各部分构成：

(1) 调查目的(Why)。

(2) 调查内容(What)。

(3) 调查对象(Who)。

(4) 调查渠道(Where)。

(5) 调查方法(How)。

(6) 调查进度(While)。

(7) 调查预算(Cost)。

问卷设计
及其结构

4. 调查问卷设计

一份完整的调查问卷应包括以下几个部分：

(1)问卷标题。

(2)问卷说明。

(3)被调查者的基本情况。

(4)调查的主题内容。调查的主题内容是调查者所要了解的基本内容，也是调查问卷中最重要的部分。它主要是以提问的形式提供给被调查者，这部分内容设计的好坏直接影响整个调研的价值。

(5)编码。

(6)作业证明的记载。

(三) 市场竞争分析

按竞争与垄断的程度，可将市场分为四种结构，即完全竞争市场、完全垄断市场、垄断竞争市场、寡头垄断市场四种类型。

(1)完全竞争市场(Perfect Competition Market)。完全竞争市场是指一种竞争不受任何阻碍和干扰的市场结构。在一个完全竞争市场中，采购与供应的任何一方都无法拥有过高的市场份额而操纵市场的竞争。形成完全竞争市场具有如下特征：

①市场上有许多生产者和消费者，个别厂商只能是价格的接受者而不是价格的决定者；

②产品是同质的(即产品无差别)；

③资源完全自由流动；

④市场信息是畅通的。

(2)完全垄断市场(Perfect Monopoly Market)。完全垄断市场是指只有一个供应商垄断供应的市场结构。

(3)垄断竞争市场(Monopolistic Competition Market)。垄断竞争市场结构包含了垄断和竞争的特点，在这个市场中有多家公司或厂商和庞大的顾客，这些公司或厂商生产相似的商品，市场没有进入障碍的市场结构。垄断竞争市场的最大特点是薄利未必多销。

(4)寡头垄断市场(Oligopoly Monopoly Market)。寡头垄断市场结构既包含垄断因素，也包含竞争因素，相对而言，它更接近垄断市场结构。在这个市场中，少数几个企业占有很大的市场份额。寡头市场存在明显的进入障碍，存在于具有规模经济的行业。

中铁大桥局集团有限公司集中采购案例分析

根据不同的供应市场结构，采购企业需要采取不同的采购策略。

(1)完全竞争市场：充分利用选择权。

(2)寡头垄断市场：充分利用议价权。

(3)完全垄断市场：集中采购；联合采购。

(四)波特的"五力模型"

波特的"五力模型"表明市场的竞争状况主要由五种力量决定(图1-8)，即供应商同行业间的竞争、潜在进入者的威胁、替代品的威胁、上游供应商的议价能力、购买者的议价能力。利用波特的"五种力量分析法"从以下角度对各类采购类别的采购市场进行分析，能够让采购方更好地了解本企业在供应市场中所处的位置，弄清楚特定供应商的竞争力有多强，本企业的竞争力有多强。

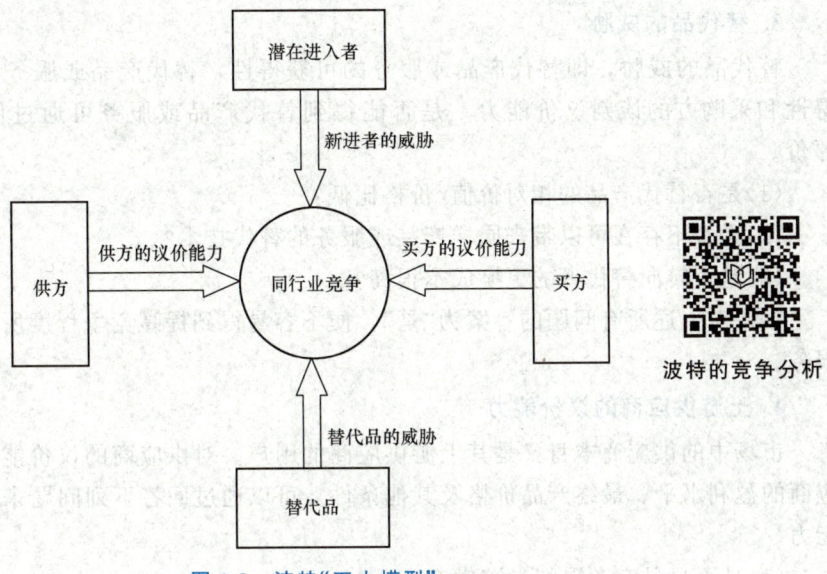

图 1-8 波特"五力模型"

1. 供应商同行业间的竞争

供应商之间竞争的激烈程度取决于市场中各供应商的数量、规模和经营政策等因素。市场中供应商之间竞争的激烈程度可以通过回答下列问题进行评价。

(1)是否少数公司占主导地位？
(2)供应商是否要比购买者更集中？
(3)供应增长速度是否较慢？
(4)各主要供应商是否已充分利用了其生产能力？
(5)供应商是否未实现产品的差异化？

如果对上述所有或绝大多数问题的回答为"是"，供应商间的竞争程度就可能比较低。

2. 潜在进入者的威胁

潜在进入者的威胁，即新供应商进入市场的可能性，新供应商进入市场有助于促进竞争，并增强购买者的市场地位。了解新供应商进入市场的可能性是很有益处的，该信息将有助于制定采购战略或谈判策略。

通过回答下列问题有助于对新供应商进入市场的可能性进行评价。

(1)近期是否只有少数或根本没有新的供应商进入市场？
(2)新供应商进入市场是否对资本投资的要求高？
(3)进入市场是否需要专有技术知识？
(4)是否退出的门槛/转换的成本高？
(5)供应商是否使用稀缺材料或由少数供应商控制的原材料？
(6)新供应商进入市场是否需要特殊的协议或授权？
(7)是否存在规模经济效益/不依赖于规模的成本优势大小？

如果对上述所有或绝大多数问题的回答为"是"，新供应商进入市场，进而增强供应市场竞争程度的可能性便比较小。

3. 替代品的威胁

替代品的威胁，即替代产品或服务的可获得性，替代产品或服务能提高采购的可获得性和采购方的谈判议价能力。是否能得到替代产品或服务可通过回答下列问题得到评价。

(1) 是否替代产品的相对价值/价格比低？
(2) 是否不存在可以带来同样产品或服务的替代技术？
(3) 是否转向替代者的更换成本很高？

如果对上述所有问题的答案为"是"，便不容易得到提高竞争程度所需要的替代产品或服务。

4. 上游供应商的议价能力

市场中的供应商本身又是其上游供应商的用户。对供应商的议价能力，有助于确定供应商的盈利水平、最终产品价格及其他条件。可以通过回答下列问题来评价供应商的议价能力。

(1) 是否只具有有限的上游供应商？
(2) 这里的供应市场对于这些上游供应商是否只是一个很小的市场？
(3) 是否难于从其他市场得到投入品？
(4) 转向其他上游供应商是否会导致转换成本？

如果对上述所有或绝大多数问题的答案为"是"，供应商相对于其上游供应商的议价力量便会很低，进而进一步减弱竞争程度。

5. 购买者的议价能力

购买者的议价能力是指其他购买者的采购竞争力。因此，在评价时首先需确认谁是竞争购买者，即那些会与你向同一家供应商购货的购买者。在评价时，需要对比议价能力和竞争购买者的议价能力。

通过回答下列问题可以帮助我们了解竞争购买者的议价能力。

(1) 市场中是否拥有大量的用户？
(2) 更换供应商是否需要很大的转换成本？
(3) 在本市场中，用户对供应商是否有很高的忠诚度？
(4) 是否难于在任何替代供应市场进行采购？或这种采购成本很高？

如果对上述所有或绝大多数问题的答案为"是"，购买者相对于供应商的议价力量就会很低。

通过回答下列问题有助于了解采购方的议价能力。

(1) 本企业是否为市场中一家相对较小的购买者？
(2) 本企业在市场中总采购量中的份额是否在下降？
(3) 对于市场中的供应商，本企业是否具有特殊的吸引力？
(4) 对供应商而言，本企业是否有问题或难于应对的用户？

如果对上述所有或很多问题的答案为"是"，相对于其他购买者，本企业的竞争力量便比较弱。

实训项目：供应市场调查

【实训背景】

某公司正在进行一个新的项目，公司采购部负责采购项目中所需要的设备和物资，为此专门有一个采购小组负责。此外，还负责公司日常运营所需的物资。

新项目是一条生产线，主机已经确定，由于生产线供应商配套的辅机报价过高，公司决定自行配套辅机，其中最重要的辅机是屏蔽网的编织机。按照项目进度要求，马上就要开始采购。同时，还要采购项目中使用的一批电缆。

除保证项目顺利进行外，采购部还有两个亟待解决的问题：一是要采购一批计算机，公司2023年实施了ERP项目，原来计算机的性能达不到ERP软件运行的要求，需要一批较高性能的商业计算机，该项目采购已进入2024年的预算，资金已经到位；二是要采购总经理办公室的部分桌椅。

请你为公司所要采购的四种商品拟订一个市场调查方案。

【实训目标】

编号	要求	成果
1	明确小组内成员之间的分工，尽可能调动所有成员参与的积极性，达到本项实训的效果	以小组为单位学习供应市场调查相关知识，明确人员的具体任务
2	进行调查规划	为公司所要采购的四种商品拟订一个市场调查方案
3	实施市场调查，小组讨论、整理并形成小组调查成果	本次实训成绩按个人表现、团队表现、实训成果各项成绩汇总而成

【实训组织】

总体组织	具体步骤
教师就近推荐各类物流、生产企业，或者自主选择调研企业，组织学生调查了解相关企业标准化实施的情况，学生归纳总结，完成对企业如何实施标准化及实施标准化给企业带来的变化等的描述	1. 本着自愿的原则，以5～6人为一组，每组选出一名小组长，由组长分工及协调实训小组的实训任务，并带领组员完成实训任务。 2. 实训以实地采访调查的形式，了解调查企业标准化工作的开展情况。 3. 完成调研报告

【实训评价】

目的	考核
1. 加深对服务需求规格的理解。 2. 培养团队合作精神，包括处理意外事件，与人/机沟通的能力。 3. 培养团队归纳分析、解决问题的逻辑和思维能力。 4. 培养以团队方式最后撰写实训报告	1. 实训过程中职业素养和专业能力是否得到体现。 2. 小组分工是否明确和均衡，小组成员的能力是否得到充分发挥。 3. 调研方法选择是否得当，操作是否规范。 4. 小组调研报告思路是否清晰，内容是否充实，重点是否突出

素养园地

勤勉廉洁做表率，勇毅奔跑促成长

项杭生，杭州余杭人，2008年6月加入中国共产党，2010年9月加盟恒逸，现为恒逸石化物资采购部高级采购经理。从象牙塔里刚走出时的"小项"到如今同事口中的"项大哥"，项杭生十年磨一剑，以梦为马，不负韶华，谱写了一曲壮丽的青春之歌。入职以来，他勤勉尽责，廉洁从业，无论在营销中心还是在工程中心，无论在供应商管理办公室还是在物资采购部，都一直与供应商打交道，已然成为独当一面的采购行家里手，并荣获2020年度恒逸集团"优秀员工"的称号。他热爱运动，勇毅奔跑，曾先后代表5支队伍连续参加了11届"恒逸杯"男篮联赛，并获得4次冠军、2次亚军的骄人战绩，于2020年被推选为恒逸集团篮球协会会长。

做好物资供应保障是采购人员最基本的职责。2020年春节，百年不遇的新型冠状病毒感染疫情发生后，面对原辅料供应紧缺、道路临时封锁带来的巨大挑战，项杭生迎难而上，带领团队成员与销售公司联动，跑遍萧山、绍兴、海宁、太仓等地区货场，并积极与交通运输部门协商，顺利将回收的20多万只木架全部运抵生产企业，为复工复产提供了有力的保障。

"讲原则、守底线"永远是采购人员的第一要务。作为一名共产党员，项杭生自觉以党员标准严格要求自己，带头学习和模范执行公司规定，秉持公开、公平、公正的原则，将"阳光采购"进行到底。

项目测评

一、选择题

1. 下列属于采购在企业生产及供应链中的重要地位的是（　　）。
   A. 采购成本是企业成本控制中的主体和核心部分
   B. 合理采购对提高企业竞争能力、降低经营风险也具有极其重要的作用
   C. 在采购工作中供应商的选择决定了企业的合作伙伴
   D. 有利于提高供应链的竞争力
2. 采购的方式包括（　　）。
   A. 招标采购　　　　　　　　　　B. 竞争性谈判采购
   C. 询价采购　　　　　　　　　　D. 竞争性磋商

二、判断题

1. 采购的利润杠杆效应是指当采购成本降低1%时，企业的利润率将会降低更高的比例。（　　）
2. 传统采购过程是典型的非信息对称博弈过程。（　　）

三、简答题

1. 简述采购的概念。
2. 简述企业采购供应管理的原则。
3. 请画出采购的一般业务工作流程。
4. 简述波特的"五力模型"。

项目评价

项目测评(40 分)			得分：	
计分标准： 得分＝5×选择题正确个数＋5×判断题正确个数＋5×简答题正确个数				
学生自评(20 分)			得分：	
计分标准：初始分＝2×A 的个数＋1×B 的个数＋0×C 的个数 得分＝初始分/28×20				
学习任务	评价指标	自测结果		要求 （A 掌握；B 基本掌握；C 未掌握）
认识采购活动	1. 采购的概念； 2. 采购在企业生产及供应链的重要地位； 3. 采购的利润杠杆效应； 4. 企业采购供应管理的原则和目标； 5. 采购的基本业务工作流程； 6. 依法采购的重要性	A□ B□ C□ A□ B□ C□ A□ B□ C□ A□ B□ C□ A□ B□ C□ A□ B□ C□		能够阐述采购的概念；理解采购的利润杠杆效应；掌握企业采购供应管理的原则和目标；熟悉采购的基本业务工作；能够明白依法采购的重要性，并在今后的采购工作中严格要求自己
了解采购的方式	1. 招标采购； 2. 竞争性谈判采购； 3. 询价采购； 4. 竞争性磋商	A□ B□ C□ A□ B□ C□ A□ B□ C□ A□ B□ C□		会进行招标采购；能够进行竞争性谈判采购；熟悉询价采购；掌握竞争性磋商的技巧
熟悉采购与供应管理环境	1. 企业发展对采购管理的要求； 2. 传统采购管理与现代采购管理的区别； 3. 供应链思想对采购的影响； 4. 供应市场调查； 5. 波特的"五力模型"	A□ B□ C□ A□ B□ C□ A□ B□ C□ A□ B□ C□ A□ B□ C□		理解企业发展对采购管理的要求；能够阐述传统采购管理与现代采购管理的区别；明白供应链思想对采购的影响；能够进行供应市场调查；会用波特的"五力模型"
小组评价(20 分)			得分：	
计分标准：得分＝10×A 的个数＋5×B 的个数＋3×C 的个数				
团队合作	A□ B□ C□	沟通能力		A□ B□ C□
教师评价(20 分)			得分：	
教师评语				
总成绩		教师签字		

项目二

制定采购与供应管理战略

采购与供应管理战略是对采购与供应管理工作的长远谋划，制定战略时不仅要考虑采购与供应环境的约束，还要考虑企业自身的条件，不同的采购品项因其特征的不同需要区别对待，应制定区别化的采购与供应战略。

学习目标

1. 了解企业在制定采购与供应管理战略时应考虑的因素、分析方法；
2. 掌握 SWOT 分析模型和 PEST 模型；
3. 能运用 SWOT 分析模型进行分析；
4. 能根据 PEST 模型对采购品项进行划分并实施不同的采购战略。

项目导学

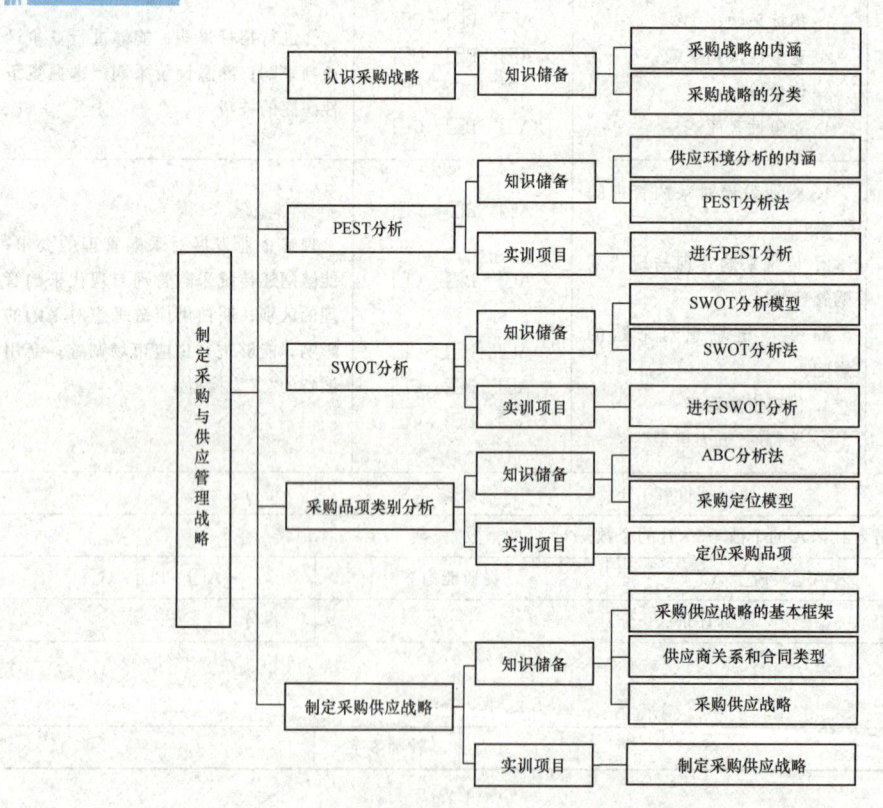

制定采购与供应管理战略
- 认识采购战略
  - 知识储备
    - 采购战略的内涵
    - 采购战略的分类
- PEST分析
  - 知识储备
    - 供应环境分析的内涵
    - PEST分析法
  - 实训项目
    - 进行PEST分析
- SWOT分析
  - 知识储备
    - SWOT分析模型
    - SWOT分析法
  - 实训项目
    - 进行SWOT分析
- 采购品项类别分析
  - 知识储备
    - ABC分析法
    - 采购定位模型
  - 实训项目
    - 定位采购品项
- 制定采购供应战略
  - 知识储备
    - 采购供应战略的基本框架
    - 供应商关系和合同类型
    - 采购供应战略
  - 实训项目
    - 制定采购供应战略

案例导读

胜利油田的采购模式

在采购体系改革方面,许多国有企业与胜利石油的境遇相似,虽然集团购买、市场招标的意识慢慢培养起来,但是企业内部组织结构给革新的实施带来了极大的阻碍。

胜利油田每年的物资采购总量约为85亿元人民币,涉及钢材、木材、水泥、机电设备、仪器仪表等56个大类,12万项物资。行业特性的客观条件给企业采购的管理造成了一定的难度,然而最让中国石化胜利油田有限公司副总经理裘国泰头痛的却是其他问题。

目前,胜利油田有9000多人在做物资供应管理工作,庞大的体系给采购管理造成了许多困难。胜利油田每年采购资金的85亿元人民币中,有45亿元人民币的产品由与胜利油田有各种隶属和姻亲关系的工厂生产,很难将其产品的质量和市场同类产品比较,而且价格一般要比市场价高。例如,供电器的价格比市场价高20%,但由于这是一家由胜利油田长期养活的残疾人福利工厂,只能是本着人道主义精神接受他们的供货,强烈的社会责任感让企业背上了沉重的包袱。同样,胜利油田使用的大多数涂料也是由下属工厂生产,一般只能使用3年左右,而市面上一般同类型的涂料可以使用10年。还有上级单位指定的产品,只要符合油田使用标准、价格相差不多,就必须购买指定产品。

在这样的压力下,胜利油田目前能做到的就是逐步过渡,拿出一部分采购商品来实行市场招标,一步到位是不可能的。

胜利油田的现象说明,封闭的体制是我国国有企业更新采购理念的严重阻碍。我国的大多数企业,尤其是国有企业采购管理薄弱,计划经济、短缺经济下粗放的采购管理模式依然具有强大的惯性。采购环节漏洞带来的阻力难以消除。

统计数据显示,在目前中国工业企业的产品销售成本中,采购成本占到60%左右,可见,采购环节管理水平的高低对企业的成本和效益影响非常大。一些企业采购行为在表面上认可和接纳了物流的形式,但在封闭的市场竞争中,实际操作中没有质的改变。一些采购只是利用了物流的技术与形式,但经常是为库存而采购,而大量库存实质上是企业或部门之间没有实现无缝连接的结果,库存积压的又是企业最宝贵的流动资金。这一系列的连锁反应正是造成许多企业资金紧张、效益低下的局面没有本质改观的主要原因。

思考:

作为一个企业,是不是应该考虑它的社会责任,胜利油田又该怎么协调自己作为营利机构与所担负的社会责任之间的平衡?

任务一 认识采购战略

一、采购战略的内涵

采购战略是指采购部门在采购理念的指导下,为实现企业的战略目标,进行供应环境分析,对采购管理工作进行长远的谋划和决策。采购战略属于企业的职能战略,为企业总体战略提供支持和保障。

二、采购战略的分类

采购战略从供应物品的不同特点与供应商管理两个角度综合考虑，可分为四种战略，即市场交易战略、短期项目合作战略、功能联盟战略和创新联盟战略。

(一)市场交易战略

市场交易战略是指企业主要通过市场上的合同买卖来取得所需要的供应产品。在供大于求的买方市场中，所需产品的生产技术相对成熟或技术含量低，对提升企业的核心竞争力作用甚微，采购方不需要与供应商建立长期稳定的合作关系就能通过市场竞争及时获得质量合适、价格较低的产品。采购这类生产技术相对成熟或技术含量低的产品时，一般会采用市场交易战略。

(二)短期项目合作战略

短期项目合作战略是指企业与供应商基于一定的项目进行合作。在满足变化很灵活的客户需求，面对具有较高适应性、对企业最终产品的设计和生产等方面起到关键的影响作用、对于局部或潜在地可能对企业的核心竞争力有一定影响的品项采购，企业与供应商往往会采用短期项目合作战略。与供应商建立短期的合作关系，该项目一旦完成，企业与供应商的合作即告结束。

(三)功能联盟战略

功能联盟战略是指企业利用供应商的规模经济不断降低自身的供应成本，与供应商结成联盟。功能联盟战略通常在面对供应产品对企业极为重要、替代品也较少，供应产品本身生产技术成熟、替代品也较少，供应商的生产产生的规模效益能够不断降低供应产品的价格时采用。

(四)创新联盟战略

创新联盟战略是指企业对一种新的产品从概念的提出就开始与供应商进行合作，到产品的设计和生产，都显现出供应商的技术和创新能力对最终产品本质上的影响，是企业为追求一种长期的竞争优势和双赢的结果而采取的合作方式。

以上四种类型的采购战略中，从供应管理在战略上不同倾向的角度看，市场交易战略和功能联盟战略侧重于降低供应成本，而短期项目合作和创新联盟战略侧重于产品创新；从与供应商关系中所追求不同目标的角度看，市场交易战略和短期项目合作战略重视短期利益，功能联盟战略和创新联盟战略则重视长远利益。

采购活动既受到宏观环境和供应市场的制约，也受到企业与供应商之间力量的左右。所以，在制定采购战略时，需要进行 PEST 分析和 SWOT 分析。

任务二　PEST 分析

一、供应环境分析的内涵

供应环境分析就是为供应战略决策提供客观依据，对供应环境所涉及的各个方面进行全面系统地分析。供应环境是指与企业的供应活动有关的宏观环境因素、供应商所处的行业环境因素和企业内部微观因素。供应环境分析一方面需要考虑供应商自身的因素，如供应商的组织结构、财务状况、产品开发能力、生产能力、工艺水平、质量体系、交货周期及准时率、成本结构与价格等；另一方面需要考虑供应商所处的行业环境因素，包括该行业的供求状况、行业效率、行业增长率、行业生产与库存量、行业集中度、供应商的数量与分布等。宏观环境则会对企业发展和产业结构调整构成影响及带来新的发展机遇。

二、PEST 分析法

PEST 分析法是一种宏观环境分析方法，旨在确认并评估可能对企业产生影响的各相关因素，以便为企业制定适当的策略，减少因可能的风险给企业带来的影响，充分发掘和利用可能的机会以实现企业的目标。PEST 分析一般是从政治环境（Political）、经济环境（Economic）、社会文化环境（Social）和技术科学环境（Technological）四大类影响企业的主要外部环境因素进行分析。

1. 政治环境（Political）

政治环境是指对组织经营活动具有实际与潜在影响的政治力量和有关的法律、法规等因素。当政治制度与体制、政府对组织所经营业务的态度发生变化，政府发布了对企业经营具有约束力的法律、法规时，企业的经营战略必须随之作出调整。法律环境主要包括政府制定的对企业经营具有约束力的法律、法规，如反不正当竞争法、税法、环境保护法及外贸法规等，政治、法律环境实际上是与经济环境密不可分的一组因素。处于竞争中的企业必须仔细研究一个政府和商业有关的政策与思路，如研究国家的税法、反垄断法及取消某些管制的趋势，同时，了解与企业相关的一些国际贸易规则、知识产权法规、劳动保护和社会保障等。这些相关的法律和政策能够影响到各个行业的运作与利润。

具体的影响因素主要有以下几项：
(1) 企业和政府之间的关系；
(2) 环境保护法；
(3) 外交状况；
(4) 产业政策；
(5) 专利法；
(6) 政府财政支出；
(7) 政府换届；
(8) 政府预算；
(9) 政府其他法规。

对企业战略有重要意义的政治和法律变量有以下几项：
(1) 政府管制；
(2) 特种关税；
(3) 专利数量；
(4) 政府采购规模和政策；

互联网行业产品的 PEST 分析

(5) 进出口限制；
(6) 税法的修改；
(7) 专利法的修改；
(8) 劳动保护法的修改；
(9)《中华人民共和国公司法》和《中华人民共和国民法典》的修改；
(10) 财政与货币政策。

2. 经济环境（Economic）

经济环境是指一个国家的经济制度、经济结构、产业布局、资源状况、经济发展水平及未来的经济走势等。构成经济环境的关键要素包括 GDP 的变化发展趋势、利率水平、通货膨胀程度及趋势、失业率、居民可支配收入水平、汇率水平、能源供给成本、市场机制的完善程度、市场需求状况等。由于企业是处于宏观大环境中的微观个体，经济环境决定和影响其自身战略的制定，经济全球化还带来了国家之间经济上的相互依赖性，企业在各种战略的决策过程中还需要关注、搜索、监测、预测和评估本国以外其他国家的经济状况。

企业应重视的经济变量如下：
(1) 经济形态；
(2) 可支配收入水平；
(3) 利率规模经济；
(4) 消费模式；
(5) 政府预算赤字；
(6) 劳动生产率水平；
(7) 股票市场趋势；
(8) 地区之间的收入和消费习惯差别；
(9) 劳动力及资本输出；
(10) 财政政策；
(11) 贷款的难易程度；
(12) 居民的消费倾向；
(13) 通货膨胀率；
(14) 货币市场模式；
(15) 国民生产总值变化趋势；
(16) 就业状况；
(17) 汇率；
(18) 价格变动；
(19) 税率；
(20) 货币政策。

3. 社会文化环境（Social）

社会文化环境是指组织所在社会中成员的民族特征、文化传统、价值观念、宗教信仰、教育水平及风俗习惯等因素。影响最大的是人口环境和文化背景。人口环境主要包括人口规模、年龄结构、人口分布、种族结构及收入分布等因素。企业在进行社会文化环境分析时需要回答的关键问题如下。

(1)信奉人数最多的宗教是什么？

(2)这个国家的人对于外国产品和服务的态度如何？

(3)语言障碍是否会影响产品的市场推广？

(4)这个国家男人和女人的角色分别是什么？

(5)这个国家的人长寿吗？老年阶层富裕吗？

(6)这个国家的人对于环保问题是如何看待的？

不同的国家之间有人文的差异，不同的民族之间同样有差异，如藏族的生活方式和藏传佛教的宗教色彩联系紧密，牛是藏族的吉祥动物，在西藏地区的越野车辆市场中日本丰田越野车占据着绝对的市场份额，原因是其标识形似牛头，因此，广受藏族人民的欢迎。

企业应注意的社会文化因素包括以下几项：

(1)企业或行业的特殊利益集团；

(2)对政府的信任程度；

(3)对退休的态度；

(4)社会责任感；

(5)对经商的态度；

(6)对售后服务的态度；

(7)生活方式；

(8)公众道德观念；

(9)对环境污染的态度；

(10)收入差距；

(11)购买习惯；

(12)对休闲的态度。

4. 技术科学环境（Technological）

技术科学环境是指企业所处的社会环境中的技术要素及与该要素直接相关的各种社会现象的集合。其大体包括社会科技水平、社会科技力量、国家科技体制、国家的科技政策和科技立法四个基本要素。社会科技水平是构成科技环境的首要因素，包括科技研究的领域、科技研究成果门类分布及先进程度和科技成果的推广、应用三个方面；社会科技力量是指一个国家或地区的科技研究与开发实力；国家科技体制是指一个国家社会科技系统的结构、运行方式及其与国民经济其他部门的关系状态的总称，主要包括科技实业与科技人员的社会地位、科技机构的设置原则与运行方式、科技管理制度、科技推广渠道等。国家的科技政策与科技立法是指国家凭借政治权力对科技实业履行管理、指导职能的途径。新材料、新工艺、新设备的发展对企业的发展至关重要，企业在进行技术环境分析时需要回答有关技术的关键问题如下。

(1)公司拥有的主要技术是什么？

(2)公司在业务活动及产品和零部件生产中采用了哪种技术？

(3)这些技术对各种业务活动及产品和零部件生产的重要程度如何？

(4) 外购的零件及原材料中包含了哪些技术？
(5) 外部技术中哪些是至关重要的？为什么？
(6) 企业是否能持续地利用这些外部技术？
(7) 这些技术曾经发生过何种变革？哪些公司开创了这种变革？
(8) 这些技术在未来可能会发生何种变化？
(9) 公司在以往对关键技术进行了哪些投资？
(10) 公司在技术上的主要竞争者以往的和计划投资内容与投资方式如何？
(11) 公司及其竞争者在产品的研制与设计、工艺、生产及服务等各方面进行了哪些投资？
(12) 人们对公司的技术水平的主观排序如何？
(13) 公司的业务和产品是什么？
(14) 公司的产品包含哪些零部件？
(15) 这些零部件、产品和业务成本及价值增值结构是什么？
(16) 以往企业的财务及战略实施绩效如何？
(17) 这些绩效对现金增值和盈利、投资需求、业务增长、企业市场地位及份额的影响如何？
(18) 公司现有技术有哪些应用？
(19) 公司实施了哪些应用，没有实施哪些应用，为什么？
(20) 在这些技术应用方面的投资会在多大程度上扩大企业的产品市场、增加企业盈利、增强企业的技术领先优势？
(21) 公司的技术对于各种应用的重要程度如何？
(22) 对这些应用至关重要的其他技术有哪些？
(23) 在各种应用中，不同的技术有哪些区别？
(24) 在各种应用中，相互竞争的技术有哪些？决定各种技术各自替代优势的因素是什么？
(25) 这些技术目前正在发生和将要发生哪些变化？
(26) 公司应当考虑实施哪些技术应用？
(27) 公司进行技术资源投资的优先顺序是什么？
(28) 公司为实现目前的经营目标需要哪些技术资源？
(29) 哪些技术投资应当予以削减或取消？
(30) 为实现企业目前经营目标需要增加哪些新技术？
(31) 公司的技术及业务组合对企业经营战略的影响如何？

实训项目：进行PEST分析

【实训背景】

林子在2000年开设了一家小超市，经过近15年的创业，超市生意日渐红火，并在当地开设了5家连锁超市，并且有进一步扩大发展的趋势。但在2008年金融危机及各种网络购物平台相继进入市场后，林子超市的生意每况愈下，现在已到了难以为继的状况，这种现象不仅发生在林子超市，就是比较大型的超市也都出现了类似的情况。请运用PEST分析法对该现象进行分析，提出分析报告。

【实训目标】

编号	要求	成果
1	明确小组内成员之间的分工，尽可能调动所有成员参与的积极性，达到本项实训的效果	以小组为单位学习PEST分析法相关知识，明确人员的具体任务
2	资料收集：调研相关企业，收集相关资料	完成资料收集整理
3	根据收集的资料，运用PEST分析法，对企业的宏观环境进行分析	1. PEST分析报告。 2. 巩固课堂学习知识，实现知识到技能的融会贯通

【实训组织】

总体组织	具体步骤
教师提出实训任务，对实训作出具体的要求；学生组建团队，学习相关理论知识，通过走访调查和资料收集等途径，收集、整理相关资料，发挥团结协作精神，完成实训项目要求的各项工作	1. 教师布置实训项目需要完成的任务。 2. 本着自愿的原则，以5～6人为一组，每组选出一名小组长，由组长分工及协调实训小组的实训任务，并带领组员完成实训任务。 3. 通过实地采访调查和网络或报纸杂志等途径进行资料收集，对收集的资料进行分类整理。 4. 根据所学知识进行PEST分析。 5. 完成实训项目要求的各项工作

【实训评价】

目的	考核
1. 加深对PEST分析知识的理解。 2. 提升信息收集、分析和整理的能力。 3. 培养团队合作精神，包括处理意外事件，与人/机沟通的能力	1. 实训过程中职业素养和专业能力是否得到体现。 2. 小组分工是否明确和均衡，小组成员的能力是否得到充分发挥。 3. 调研方法选择是否得当，操作是否规范。 4. 小组调研报告思路是否清晰，内容是否充实，重点是否突出

任务三　SWOT 分析

一、SWOT 分析模型

SWOT 是一种分析方法，用来确定企业本身的竞争优势（Strength）、竞争劣势（Weakness）、机会（Opportunity）和威胁（Threat）。通过这一分析，使公司明确：

(1) 供应商能给公司带来好处的方面和让公司担心的因素。
(2) 与这些供应商建立合作关系会对公司产生何种威胁或带来何种机会。
(3) 可据此将选定的供应商划分成不同的、与公司未来采购决策相关的大类。
(4) 确定为进一步发展与这些供应商的关系或激发供应商更大的积极性所应该努力的方向。

二、SWOT 分析法

1. SWOT 分析的内涵

优劣势分析主要是着眼于企业自身的实力及其与竞争对手的比较，而机会和威胁分析将注意力放在外部环境的变化及对企业的可能影响上。在进行分析时，应将所有的内部因素（优劣势）集中在一起，然后用外部的力量对这些因素进行评估。

(1) 竞争优势（S）。竞争优势可以表现在以下几个方面。

① 技术技能优势：包括独特的生产技术、低成本生产方法、领先的革新能力、雄厚的技术实力、完善的质量控制体系、丰富的营销经验、上乘的客户服务、卓越的大规模采购技能等。

② 有形资产优势：包括先进的生产流水线、现代化车间和设备、丰富的自然资源储存、吸引人的不动产地点、充足的资金、完备的资料信息等。

③ 无形资产优势：包括优秀的品牌形象、良好的商业信用、积极进取的公司文化等。

④ 人力资源优势：包括关键领域拥有专长的职员、积极上进的职员、职员具有很强的组织学习能力和丰富的经验等。

⑤ 组织体系优势：包括高质量的控制体系、完善的信息管理系统、忠诚的客户群、强大的融资能力等。

⑥ 竞争能力优势：包括产品开发周期短、拥有强大的经销商网络、与供应商建立了良好的伙伴关系、对市场环境变化的灵敏反应、市场份额的领导地位等。

(2) 竞争劣势（W）。竞争劣势（W）是指某种公司缺少或做得不好的东西，或指某种会使公司处于劣势的条件。可能导致内部弱势的因素如下：

① 缺乏具有竞争意义的技能技术；
② 缺乏有竞争力的有形资产、无形资产、人力资源、组织资产；
③ 关键领域里的竞争能力正在丧失。

(3) 公司面临的潜在机会（O）。市场机会是影响公司战略的重大因素。公司管理者应当确认每个机会，评价每个机会的成长和利润前景，选取那些可与公司财务和组织资源匹配，使公司获得竞争优势潜力最大的最佳机会。

潜在的发展机会可能是以下几项：
①客户群的扩大趋势或产品细分市场；
②技能技术向新产品、新业务转移，为更大客户群服务；
③前向或后向整合；
④市场进入壁垒降低；
⑤获得并购竞争对手的能力；
⑥市场需求增长强劲，可快速扩张；
⑦出现向其他地理区域扩张，扩大市场份额的机会。

(4)危及公司的外部威胁(T)。在公司的外部环境中，总是存在某些对公司的盈利能力和市场地位构成威胁的因素。公司管理者应当及时确认危及公司未来利益的威胁，作出评价并采取相应的战略行动来抵消或减轻它们所产生的影响。

公司的外部威胁可能是以下几项：
①出现将进入市场的强大的新竞争对手；
②替代品抢占公司销售额；
③主要产品市场增长率下降；
④汇率和外贸政策的不利变动；
⑤人口特征，社会消费方式的不利变动；
⑥客户或供应商的谈判能力提高；
⑦市场需求减少；
⑧容易受到经济萧条和业务周期的冲击。

由于企业的整体性和竞争优势来源的广泛性，在做优势、劣势分析时，必须从整个价值链的每个环节上，将企业与竞争对手做详细的对比。如产品是否新颖，制造工艺是否复杂，销售渠道是否畅通，价格是否具有竞争性等。

如果一个企业在某一方面或几个方面的优势正是该行业企业应具备的关键成功因素，那么该企业的综合竞争优势也许就强一些。需要指出的是，衡量一个企业及其产品是否具有竞争优势，只能站在现有潜在用户的角度上，而不是站在企业的角度上。

企业在维持竞争优势过程中，必须深刻认识自身的资源和能力，采取适当的措施。因为一个企业一旦在某一方面具有了竞争优势，势必会吸引到竞争对手的注意。一般来说，企业经过一段时期的努力，建立起某种竞争优势后往往就处于维持这种竞争优势的态势；竞争对手则开始逐渐作出反应，采取直接进攻企业的优势或其他更为有力的策略，来削弱竞争对手所建立的优势。所以，企业应努力保证其资源的持久竞争优势。

资源的持久竞争优势受到企业资源的竞争性价值和竞争优势的持续时间两个方面因素的影响。

评价企业资源的竞争性价值必须进行以下四项测试：
①这项资源是否容易被复制？一项资源的模仿成本和难度越大，它的潜在竞争价值就越大。

②这项资源能够持续多久？资源持续的时间越长，其价值越大。

③这项资源是否能够真正在竞争中保持上乘价值？在竞争中，一项资源应该能为公司创造竞争优势。

④这项资源是否会被竞争对手的其他资源或能力所抵消？

影响企业竞争优势持续时间的主要因素有以下三点：

①建立这种优势需要多长时间？

②能够获得的优势有多大？

③竞争对手作出有力反应需要多长时间？

如果企业分析清楚了这三个因素，就可以明确自己在建立和维持竞争优势中的地位。

SWOT 分析法不是仅仅列出四项清单，最重要的是通过评价公司的强势、弱势、机会、威胁，最终得出以下结论：

(1) 在公司现有的内外部环境下，如何最优地运用自己的资源？

(2) 如何建立公司的未来资源？

2. SWOT 分析的步骤

(1) 确认当前的战略是什么？

(2) 罗列出企业的优势和劣势，可能的机会与威胁，见表 2-1。

表 2-1 某企业的 SWOT 分析

潜在资源力量	潜在资源弱点	公司潜在机会	外部潜在威胁
1. 有力的战略； 2. 有利的金融环境； 3. 有利的产品形象和美誉； 4. 被广泛认可的市场领导地位； 5. 专利技术； 6. 成本优势； 7. 强势广告； 8. 产品创新能力； 9. 优质客户服务； 10. 优质产品质量； 11. 战略联盟与并购	1. 没有明确的战略导向； 2. 陈旧的设备； 3. 超额负债与恐怖的资产负债表； 4. 超越竞争对手的高额成本； 5. 缺少关键技能和资格能力； 6. 利润的损失； 7. 内在的运作困境； 8. 落后的研发和设计能力； 9. 过分狭窄的产品组合； 10. 市场规划能力的缺乏	1. 服务独特的客户群体； 2. 新的地理区域的扩张； 3. 产品组合的扩张； 4. 核心技能向产品组合的转化； 5. 垂直整合的战略形式； 6. 分享竞争对手的市场资源； 7. 竞争对手的支持； 8. 战略联盟与并购带来的超额覆盖； 9. 新技术开发通道； 10. 品牌形象拓展的通道	1. 强势竞争者的进入； 2. 替代品引起的销售下降； 3. 市场增长的减缓； 4. 贸易政策的不利转换； 5. 新规则引起的成本增加； 6. 商业周期的影响； 7. 客户与供应商的杠杆作用的加强； 8. 消费者购买需求的下降； 9. 人口与环境的变化

(3) 按照通用矩阵或类似的方式打分评价。把识别出的所有优势分成两组，分的时候以两个原则为基础：它们是与行业中潜在的机会有关，还是与潜在的威胁有关。用同样的方法将所有的劣势分成两组，一组与机会有关，另一组与威胁有关。

(4) 将结果在 SWOT 分析图上定位，形成 SO、ST、WO、WT 策略 (图 2-1) 或者用 SWOT 分析表 (表 2-2)，将优势、劣势、机会和威胁分别填入表格。

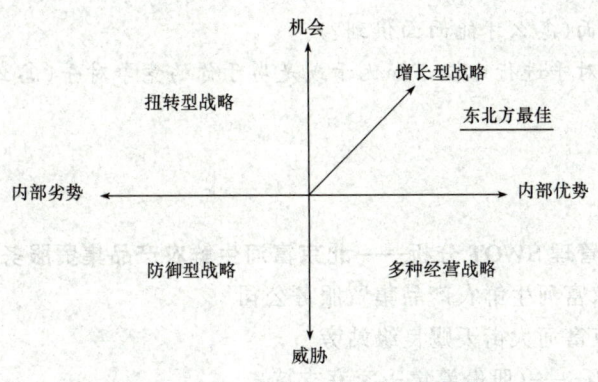

```
                              机会
                               ↑
            扭转型战略     |    增长型战略
                          |
                          |         东北方最佳
                          |
    内部劣势 ←─────────────┼─────────────→ 内部优势
                          |
            防御型战略     |    多种经营战略
                          |
                          ↓
                          威胁
```

图 2-1 SO、ST、WO、WT 策略图

表 2-2 SWOT 分析

外部因素	内部因素	
	( )	( )
( )	利用这些	改进这些
( )	监视这些	消除这些

3. SWOT 分析实例

下面是对某采购商进行 SWOT 分析的一个例子，如图 2-2 所示。

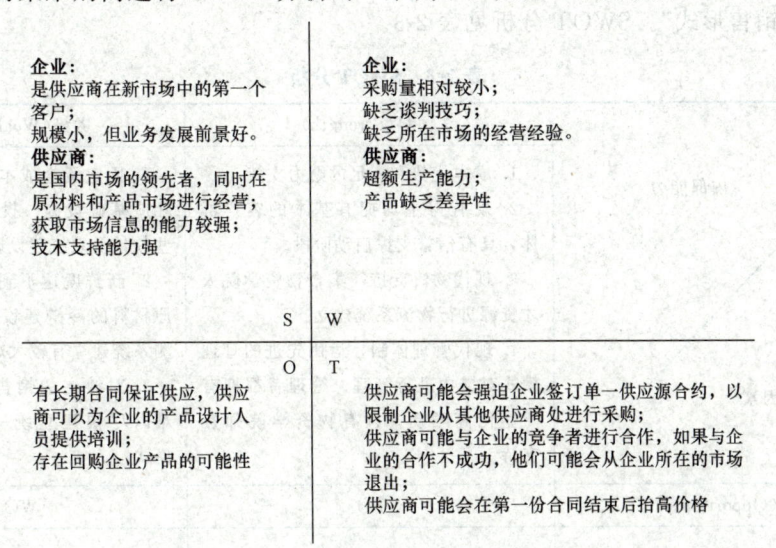

企业： 是供应商在新市场中的第一个客户； 规模小，但业务发展前景好。 **供应商：** 是国内市场的领先者，同时在原材料和产品市场进行经营； 获取市场信息的能力较强； 技术支持能力强	**企业：** 采购量相对较小； 缺乏谈判技巧； 缺乏所在市场的经营经验。 **供应商：** 超额生产能力； 产品缺乏差异性
S	W
O	T
有长期合同保证供应，供应商可以为企业的产品设计人员提供培训； 存在回购企业产品的可能性	供应商可能会强迫企业签订单一供应源合约，以限制企业从其他供应商处进行采购； 供应商可能与企业的竞争者进行合作，如果与企业的合作不成功，他们可能会从企业所在的市场退出； 供应商可能会在第一份合同结束后抬高价格

图 2-2 某采购商 SWOT 分析图

知识拓展

成功应用 SWOT 分析法的规则说起来容易，实现并不简单：
(1) 必须对公司的优势与劣势有客观的认识（怎么才叫客观，而不是自陷圈套？）。
(2) 必须区分公司的现状与前景（怎么才能目光长远辨别出未来的走向？）。

(3)必须考虑全面(怎么才能面面俱到?)。
(4)必须与竞争对手进行比较,如优于或是劣于你的竞争对手(怎么确定竞争对手的真实水平?)。

案例分析

战略管理SWOT分析——北京富河生鲜农产品集贸服务公司

公司名称:北京富河生鲜农产品集贸服务公司

注册地点:北京富河大街天赐良缘站旁

注册资金:40万——(股份筹集+家庭支持)

公司主旨及主要业务:旨在为市民提供物美价廉的蔬菜水果,以提高居民生活水平及质量,同时,鉴于目前已存在市场上的几家零散销售蔬菜水果的活动贩卖点,无法满足居民少数量、多品种的需求,且多承担不同程度的外在风险,为零散货点提供集中销售场地以增强蔬菜供应保证度。

主要经营集中批发销售蔬菜瓜果,提供场地及管理服务,为蔬菜提供安全农药等指标检测及回收物流管理,对集贸市场进行集中管理。通过与政府及各社区街道合作,本着减少流通环节,减少经营成本的原则,将新鲜的蔬菜、水果等农产品直接由原料地配送到集贸市场,分配给各摊贩进行销售,方便社区居民能够就近买到价格低、质量好且新鲜的蔬菜、水果。在经营上采取"统一采购、统一配送(统一配货、统一运输)、统一标准、统一品牌、统一销售形式"。SWOT分析见表2-3。

表2-3 SWOT分析

内部能力 / 外部因素	优势(Strength)	劣势(Weakness)
	1. 成本优势和充足的财力支持。 2. 现有摊主均拥有基本的客户群体,具有信誉支撑启动阶段。 3. 现代物流支持,集合物资学院人才资源进行物流系统建立。 4. 现代管理体制,运用先进的管理模式对摊主进行管理。管理者都拥有专业化高学历,且有物资学院师资支持	1. 固定资金成本高,需要配备相应基础设施,投入较大,对某些软件及系统建设影响极大。 2. 新鲜度达不到,损耗大,对原材料的冷链建设没跟上,且检测系统建立有较大难度。 3. 对摊主的销售习惯更改难,难以尽快建立统一的员工管理模式
机会(Opportunity)	SO	WO
1. 周围居民小区较多且人口聚集,街道餐厅饭馆林立,消费群体巨大。 2. 集贸市场环境好,蔬菜水果品质有保证,易赢得消费者的信任。 3. 政府的积极推动,菜篮子建设工程对集贸市场的优惠政策。 4. 为居民生活提供便利,赢得社区支持	1. 实现农超对接,不仅拉低了蔬菜销售价格,且缩短了供应链的长度。 2. 提倡品牌效应,扩大宣传力度,强化生鲜农产品质量安全。 3. 利用聚集地的多品种,实行捆绑促销等手段。 4. 优化物流能力,缩短配送时间,提升食品效益	1. 建立采购基地,实现产销一体化,减少损耗,降低价格。 2. 开发特色品牌策略,拓展经营思路。 3. 加强供应链上的各合作者之间利益协调

续表

威胁(Threat)	ST	WT
1. 现在市场有分散的几家小型销售点，且有天客隆超市蔬菜、水果摊也较多。 2. 摊主集中管理与原有习惯冲突，易影响吸纳零散的小摊小贩，聚集难以形成。 3. 其他商家实力雄厚，且促销手段灵活，竞争激烈。	1. 利用契约等方式，与供应商建立长期稳定的关系，确保生鲜农产品及时保质供应。 2. 利用宣传营养、现场示范、特价促销等现代营销手段，培育消费者接受新品种和老品种新用处。 3. 发挥现代管理优势，细分消费人群，有针对性地管理，提高人气。	1. 加强细节管理，如创新员工制度，注重商品的待性。 2. 尊重消费个性和多样性，迎合消费心理。 3. 加强与政府及社区合作，以争取更多优惠政策，减少经营成本。

思考：
(1)简述企业战略的概念、层次、特点及类型。
(2)简述采购战略的基本内容。
(3)简述采购战略制定实施步骤。
(4)简述采购与供应战略及企业总体战略的关系。
(5)采购与供应战略的构成要素有哪些？
(6)讨论采购与供应战略制定时可利用的分析方法。

实训项目：进行SWOT分析

【实训背景】

林子在2000年开设了一家小超市，经过近15年的创业，超市生意日渐红火，并在当地开设了5家连锁超市，并且有进一步扩大发展的趋势。但在2008年金融危机及各种网络购物平台相继进入市场后，林子超市的生意每况愈下，现在已到了难以为继的状况，这种现象不仅发生在林子超市，就是比较大型的超市也都出现了类似的情况。请选择一家周边的超市作为分析对象，对该超市进行SWOT分析，并提出分析报告。

【实训目标】

编号	要求	成果
1	明确小组内成员之间的分工，尽可能调动所有成员参与的积极性，达到本项实训的效果	以小组为单位学习SWOT分析法相关知识，明确人员的具体任务
2	资料收集：调研相关企业，收集相关资料	完成资料收集整理
3	根据收集的资料，运用SWOT分析法，对企业的微观环境进行分析	1. SWOT分析报告。 2. 巩固课堂学习知识，实现知识到技能的融会贯通

【实训组织】

总体组织	具体步骤
教师提出实训任务，对实训作出具体的要求；学生组建团队，学习相关理论知识，通过走访调查和资料收集等途径，收集整理相关资料，发挥团结协作精神，完成实训项目要求的各项工作	1. 教师布置实训项目需要完成的任务。 2. 本着自愿的原则，以 5～6 人为一组，每组选出一名小组长，由组长分工及协调实训小组的实训任务，并带领组员完成实训任务。 3. 通过实地采访调查和网络或报纸杂志等途径进行资料收集，对收集的资料进行分类整理。 4. 根据所学知识进行 SWOT 分析。 5. 完成实训项目要求的各项工作

【实训评价】

目的	考核
1. 加深对 SWOT 分析知识的理解。 2. 提升信息收集、分析和整理的能力。 3. 培养团队合作精神，包括处理意外事件，与人/机沟通的能力	1. 实训过程中职业素养和专业能力是否得到体现。 2. 小组分工是否明确和均衡，小组成员的能力是否得到充分的发挥。 3. 调研方法选择是否得当，操作是否规范。 4. 小组调研报告思路是否清晰，内容是否充实，重点是否突出

任务四　采购品项类别分析

进行采购品项类别分析是供应链管理中至关重要的一环，它有助于企业优化采购策略、降低成本、提高效率和确保产品质量。在进行采购品项类别分析时，ABC 分析法与采购定位模型是两种常用的工具与方法。企业应根据实际情况选择合适的工具和方法，并在实际操作中灵活运用，以实现供应链的优化和效益的最大化。

一、ABC 分析法

1. ABC 分析法的概念

ABC 分析法是指根据采购品项的经济、技术等方面的主要特征，运用数理统计方法，进行统计、排列和分析，抓住主要矛盾，分清重点与一般，从而有区别地采取管理方式的一种定量管理方法，又称帕累托分析、巴雷托分析法、主次因分析法、分类管理法、重点管理法。它以某一具体事项为对象，进行数量分析，以该对象各个组成部分与总体的比重为依据，按比重大小的顺序排列，并根据一定的比重或累计比重标准，将各组成部分分为 A、B、C 三类，A 类是管理的重点，B 类是次重点，C 类是一般。ABC 分析法的原理是按巴雷托曲线所示意的主次关系进行分类管理。在采购中，ABC 分析法通常用于确定需要采购何种产品、供应商数量、库存水平及其他指标。ABC 分析法又称 80-20 法则，即 20% 的产品或服务采购占用了 80% 的采购支出。如图 2-3 所示为巴雷托分析图。

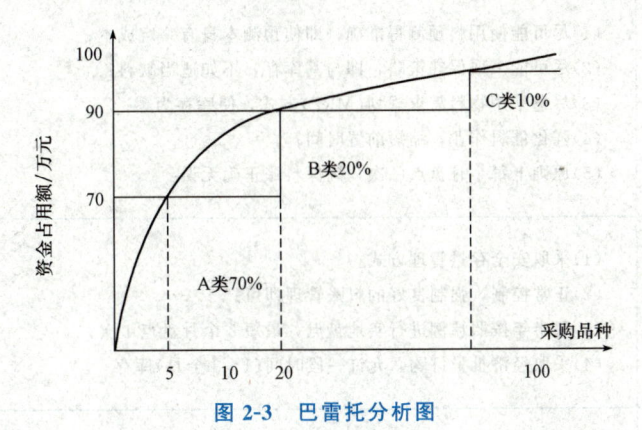

图 2-3 巴雷托分析图

2. ABC 分析法的主要程序

(1) 收集数据，列出相关元素统计表。
(2) 统计汇总和整理。
(3) 进行分类，编制 ABC 分析表。
(4) 绘制 ABC 分析图。
(5) 根据分类，确定分类管理方式，并组织实施。

根据以上步骤，库存 ABC 分类示例见表 2-4。

表 2-4 库存 ABC 分类示例

产品序号	数量	单价/元	占用资金/元	占资金百分比/%	累计百分比/%	占产品项百分比/%	分类
1	10	680	6 800	68.0	68.0	10	A
2	12	100	1 200	12.0	80.0	20	A
3	25	20	500	5.0	85.0	30	B
4	20	20	400	4.0	89.0	40	B
5	20	10	200	2.0	91.0	50	C
6	20	10	200	2.0	93.0	60	C
7	10	20	200	2.0	95.0	70	C
8	20	10	200	2.0	97.0	80	C
9	15	10	150	1.5	98.5	90	C
10	30	5	150	1.5	100	100	C
合计			10 000	100			

3. ABC 类物品的主要管理措施

ABC 类物品的主要管理措施见表 2-5。

表 2-5　ABC 类物品的主要管理措施

物料种类	管理核心
A类	(1)尽可能使用料预测得准确,即使预测本身有一定成本; (2)尽可能采取保守策略,即与其库存,不如适当缺料; (3)尽量采用物料需求规划(MRP)方式,使库存为零; (4)强化催料作业,缩短前置时间; (5)原则上每个月盘点一次,确保料账正确无误
B类	(1)采取安全存量管理方式; (2)正常控制,强制良好的料账管理即可; (3)每半年按照惯例进行实地盘点,最短 3 个月盘点 1 次; (4)采取经济批量订购,允许一段时间(1~3 个月)库存
C类	(1)原则上采取复仓法进行管理; (2)允许的情况下,可以交由生产现场保管; (3)简化出入库手续,可采取大批量采购

二、采购定位模型

1. 采购品项类别的确定

使用采购定位模型主要有以下两个目的。

(1)指导企业确定每项工作的优先级别。企业没有必要对每个采购物料(采购品项)都予以同样的重视程度。采购品项对企业的重要程度取决于该采购物料的支出水平、对企业的影响程度,以及它的供应市场的状况。

(2)指导企业制定供应战略。明确不同采购品项的特征,有助于更好地描述各种采购品项在企业心目中的重要性和地位,以及他们对供应战略制定的影响。

采购类别的定位一般可根据影响、供应机会、风险等级和支出水平这两个因素来确定。

(1)采购品项的影响、供应机会与风险等级因素能够反映出如果无法实现某采购品项的供应目标,企业将会蒙受多大的利润损失;同时,它也可以用以说明该品项的供应市场状况,提示企业采购人员需要将精力放在捕捉供应市场的机遇上,从而使企业超越其他竞争者。

供应品项的影响、供应机会与风险这一因素可以根据 SWOT 分析的结果分为高(H)、中(M)、低(L)和可忽略(N)四个层次。

①H——高影响/供应机会/风险;

②M——中影响/供应机会/风险;

③L——低影响/供应机会/风险；

④M——可忽略的影响/供应机会/风险。

(2)支出水平可分为高与低两类。通过帕累托分析，将品项占整个品项数的80%，而支出价值占整个支出的20%的品项定为低支出水平；将品项占整个品项数的20%，而支出价值占整个支出的80%的品项定为高支出水平。

以影响、供应机会与风险为纵坐标，以支出水平为横坐标，建立一个直角坐标系，将影响、供应机会与风险和支出水平分为高、低两部分，将直角坐标系分为四个象限，分别对应于常规采购品项、杠杆采购品项、瓶颈采购品项和关键采购品项四大类采购品项，这样就可以作出如图2-4所示的采购定位模型。

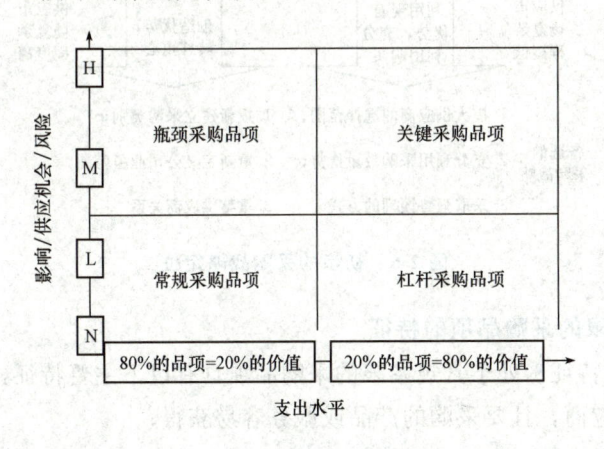

图 2-4 采购定位模型

2. 采购定位模型的应用示例

某公司定位采购类别的过程如下：

(1)利用供应定位模型，建立战略框架(图2-5)。

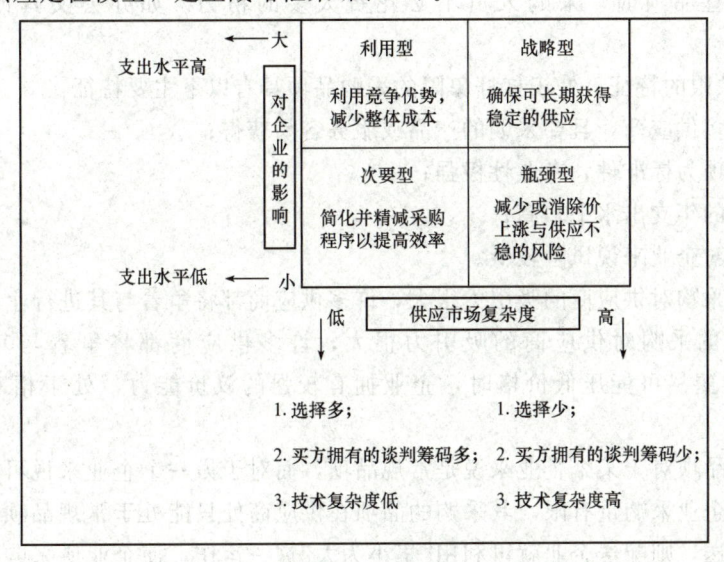

图 2-5 战略框架

(2)利用上述分析框架，对各采购类别先进行初步的采购战略定位(图2-6)。

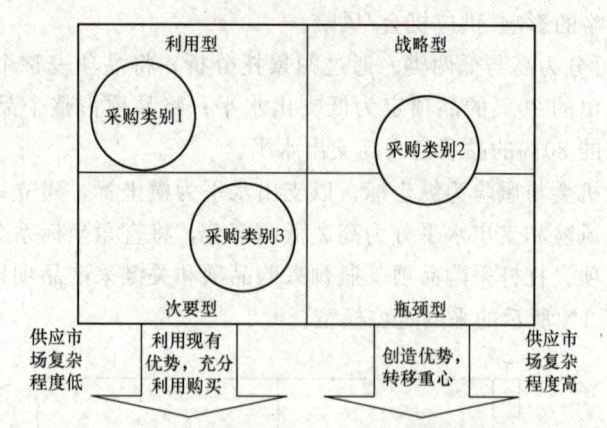

图 2-6 初步的采购战略定位

3. 处于不同象限的采购品项的特征

(1)常规象限的特征。处于常规象限的采购品项具有以下主要特征：

①存在许多供应商，且要采购的产品或服务容易获得；

②采购品项为标准件；

③该品项的年支出水平低；

④该品项对于企业来说风险较低；

⑤采购额在单个供应商营业额中所占比重很低。

在采购这些品项时，采购人员不必花费太多的精力。如办公文具或标准的生产耗材。

(2)杠杆象限的特征。处于杠杆象限的采购品项具有以下主要特征：

①存在许多供应商，且要采购的产品或服务容易获得；

②采购品项为标准件，专业性极强；

③该品项的年支出水平较高；

④该品项对企业来说风险较低；

⑤企业的采购对供应商的吸引力很大，许多供应商都将争着与其进行业务往来。

由于企业的采购对供应商的吸引力很大，许多供应商都将争着与其进行业务往来。当企业希望尽可能压低价格时，企业拥有较强的议价能力，处于相对有利的谈判地位。

一个采购品项对于某个企业来说是常规品项，而对于另一个企业来说可能会成为杠杆品项。如一个企业采购量有限，其采购的品项在供应商处只能处于常规品项地位，而改由配送企业来配送，则配送企业就可利用"集小为大"这一运作，使企业所采购的品项在供应商处于杠杆品项地位，从而提高议价水平，达到降低采购价格的目的。

(3)瓶颈象限的特征。处于瓶颈象限的采购品项具有以下主要特征：
①该品项的风险水平高；
②供应商数量极少；
③品项为非标准件，专业性极强；
④企业在该品项上的年度支出水平很低。

由于采购品项的年支出水平低，对供应商缺乏吸引力，采购方几乎没有能力对该类品项的供应施加任何影响和控制，因此，如何保证瓶颈品项的供应是企业在采购时需要考虑的一个重要内容。

(4)关键象限的特征。处于关键象限的采购品项具有以下主要特征：
①采购品项为非标准件；
②供应商数量极少；
③不存在替代品；
④会给企业带来较高的风险；
⑤年度支出水平高。

关键品项通常表现为企业的最终产品所必需的某些零部件，或者某个品项所需的非常复杂的或定制的品项，或者有时是基于新技术的并且是为企业专门定制的一些行业的关键设备。

关键品项是使企业产品形成特色或取得成本优势的基础，因而会对企业的盈利能力起到关键性的作用。

4. 改善企业供应品项的位置

从上述对处于不同象限采购品项的特征分析可知，当企业采购品项处于杠杆象限时，采购方拥有较强的议价能力，同时，许多相互竞争的供应商也有兴趣同企业进行业务往来，从而使企业能够在不冒风险的情况下采购到其所需要的产品或服务。因此，如何将采购品项向杠杆象限靠近就成为企业需要思考的问题。

实现这一目标有两个途径：一是降低风险；二是增加采购支出。

(1)降低风险的途径。
①采购人员同产品设计、使用人员积极沟通，尽量使用标准件，或者使用其他可获得性高的替代产品或替代设计方案，为此，可以运用 AV/AE 分析法来寻求改进途径。
②通过实行采购品项的内部标准化来避免出现过度的采购多样化和分散化。
③发掘和培养潜在的供应商。如对供应市场做一次深入的分析，发现其他的供应源；与那些目前尚未提供此种产品或服务的商家合作，并开发他们提供此种产品或服务的能力。

(2)增加采购支出的途径。
①通过内部标准化减少产品或服务的一些不必要的规格型号。
②选择能够满足企业采购需求品项多的供应商。这样一来，企业便可通过采购品项的归总组合，增加对该供应商的采购量。

竞争与竞合

③将发生在多个地点或多个用户共同的需求品项进行打包放在一起作为一个单一的订

单进行采购。

④与其他企业合作形成采购联盟，以此来提高对供应商的影响能力。这种方法尤其适用于中小企业。

实训项目：定位采购品项

【实训背景】

林子在2000年开设了一家小超市，经过近15年的创业，超市生意日渐红火，并在当地开设了5家连锁超市，经营的货品有几百种。随着超市规模的扩大，采购人员已经感觉精力不够用了，经常出现断货或库存增大的情况，严重影响了超市的经营业绩。为此，超市采购人员需要将有限的精力用在利润高、受消费者喜爱的产品的采购上，同时严控库存水平。请选择一家周边的超市为分析对象，对该超市经营的货品进行采购品项定位分析，提出分析报告。

【实训目标】

编号	要求	成果
1	明确小组内成员之间的分工，尽可能调动所有成员参与的积极性，达到本项实训的效果	以小组为单位学习采购定位模型相关知识，明确人员的具体任务
2	资料收集：调研相关企业，收集相关资料	完成资料收集整理
3	根据收集的资料，运用采购定位模型，对企业的采购品项进行定位分析	1. 采购品项定位分析报告。 2. 巩固课堂学习知识，实现知识到技能的融会贯通

【实训组织】

总体组织	具体步骤
教师提出实训任务，对实训作出具体的要求；学生组建团队，学习相关理论知识，通过走访调查和资料收集等途径，收集、整理相关资料，发挥团结协作精神，完成实训项目要求的各项工作	1. 教师布置实训项目需要完成的任务。 2. 本着自愿的原则，以5～6人为一组，每组选出一名小组长，由组长分工及协调实训小组的实训任务，并带领组员完成实训任务。 3. 通过实地采访调查法进行资料收集，对收集的资料进行分类整理。 4. 根据所学知识进行采购品项定位分析。 5. 完成实训项目要求的各项工作

【实训评价】

目的	考核
1. 加深对采购定位模型的理解。 2. 提升信息收集、分析和整理的能力。 3. 培养团队合作精神，包括处理意外事件，与人/机沟通的能力。	1. 实训过程中职业素养和专业能力是否得到体现。 2. 小组分工是否明确和均衡，小组成员的能力是否得到充分的发挥。 3. 调研方法选择是否得当，操作是否规范。 4. 小组调研报告思路是否清晰，内容是否充实，重点是否突出

任务五　制定采购供应战略

在研究不同供应品项的采购供应战略时，假定各采购品项的类型是"典型"的，如常规采购品项是指那些在供应定位模型中的位置非常靠近左下角的品项。

一、采购供应战略的基本框架

每种采购品项的采购供应战略制定，一般都需要考虑以下内容。
(1) 使用供应商的数量。
(2) 目标供应商关系类型。
(3) 采用的合同类型。
(4) 理想供应商的类型。

B 公司的战略
采购管理

二、供应商关系和合同类型

图 2-7 能较直观地反映供应方与采购方之间可能建立的关系或签订的合同类型。

| 现货采购 | 定期采购 | 无定额合同 | 定额合同 | 伙伴关系 | 合资企业 | 内部供应 |

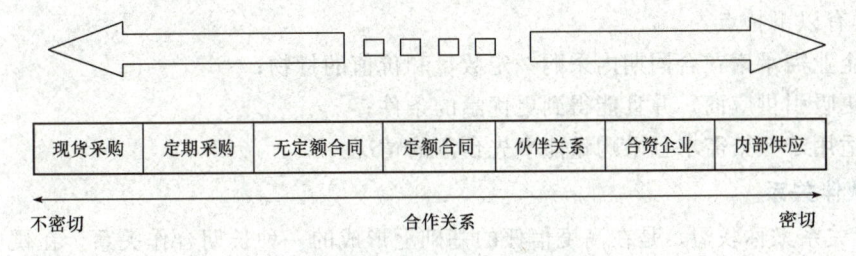

不密切　　　　　　　　　合作关系　　　　　　　　　密切

图 2-7　供应商关系类型连续图谱

1. 现货采购

在现货采购的过程中，企业将同任何一个能在采购时提供最好的整笔交易条件的供应商成交，然而一旦供应商得到订单，企业则只能寄希望于供应商能够按约定的要求完成订单，采购方与供应商的合作仅建立在"诚实守信"的基础上，通常表现为较为疏远的"交易"

关系，他们之间的合作往往表现为一种短期行为。现货采购具有以下特点：

(1) 选择最好的提供整笔买卖条件的供应商成交；

(2) 关注价格；

(3) 无买卖双方个人交情；

(4) 只能指望供应商低的优先权和低的积极性；

(5) 使用过多的不同供应商将会增加成本；

(6) 适用于一次性交易需求和标准产品、低的转换成本，以及当年度支出足够大时。

2. 定期采购

定期采购是在一段时间内从一个或多个供应商处进行多次现货采购。定期采购具有以下特点：

(1) 重复地现货采购；

(2) 需要确认那些保持竞争优势的供应商；

(3) 频繁地与供应商交往将使双方变得熟悉；

(4) 能给企业高的优先权的供应商将成为企业的一个"首选供应商"；

(5) 适用于企业很难提前预知需求并且每次需求是不同的情况。

3. 无定额合同

无定额合同又称框架协议、总括合同或持续性订单。这种方式是指企业同供应商达成一种协议，这个协议将在一段时间内（一年或更长）对双方间的买卖都有效。无定额合同这一关系类型具有以下特点：

(1) 供应商同意以需求为基础，在约定的时间段内以约定价格提供一定范围内的产品或服务；

(2) 能节约企业的时间和精力，并能让最终用户按照合同要求直接提出其需求；

(3) 适合频繁采购产品和服务并且很难事先预测其采购量的情况；

(4) 构建该合同执行情况有益于供应商绩效考核。

4. 定额合同

定额合同与无定额合同相似，但在定额合同中需要规定采购的数量。定额合同这一关系类型具有以下特点：

(1) 企业需承诺在合同期内采购一定数量和价值的货物；

(2) 更吸引供应商，并且能得到更优惠的条件；

(3) 适用于频繁需求且采购量能事先预测的情况。

5. 伙伴关系

伙伴关系又称联盟，是在高度信任的基础上形成的一种长期合作关系。在供应链采购环境条件下，建立此种供应商关系是获得成功的一个重要途径。成功的伙伴关系具有以下特点：

(1) 相互依存；

(2) 高度信任感；

(3) 高度互动及共享信息；

(4) 关注成本而非价格；

(5)协同工作；
(6)投资于关系；
(7)合伙关系适用于关键和瓶颈型采购项目，并且关注于长期的产品研发；
(8)相对于企业自己单干而言，这种形式能让企业取得更好的结果；
(9)合伙关系的建立需要时间和努力，所以，基本原则是选择合适的伙伴。

6. 合资企业

合资企业是由两个或多个母公司设立并拥有的独立实体。建立合资企业这种供应关系具有以下特点：
(1)比合伙关系具有更多指导性影响力；
(2)设立和管理成本也更高；
(3)适用于对企业具有相当竞争优势的产品或服务情况。

7. 内部供应

内部供应是指由企业自己提供某些产品或服务，而不是从供应市场上采购，即企业自己制造而非购买。内部供应是一种最密切的供应关系，具有以下特点：
(1)具有最大限度的供应控制权并且能减少供应风险；
(2)可能达不到有效的生产规模程度，开发或者获得供给能力可能代价高昂；
(3)企业的固定成本将会增加。

三、采购供应战略

(一)常规采购品项的采购供应战略

1. 使用供应商数量的选择

对于常规采购品项的采购工作应尽量减少采购人员不必要的时间和精力的花费，故应选择一个供应商为宜。不选择多家供应商有以下理由：
(1)由于不同的供应商可能存在着不同的行为模式，这些不同的行为模式增加了采购流程的复杂性和变化性。如果使用多家供应商，企业采购人员在采购同一品项时势必要面对多个不同的流程，使采购人员花费太多的时间和精力去适应合作的过程，导致低效。
(2)每更换一个供应商时，都需要重新进行如价格、付款方式等的谈判。反复地变化供应商会带来管理成本的增加。
(3)选择多家供应商会使采购量分散，使供应商的兴趣下降，在出现供应问题时，供应商的响应可能会非常迟钝。

同时也需要认识到，只使用一个供应商，因为将所有这方面的业务都交给对方，也可能会出现供应商响应迟钝和缺乏竞争力。因此，选择一个供应商应该是一个过程和努力的方向。

2. 供应商关系的选择

由于常规采购品项具有低优先级和标准化的性质，企业需要在解决问题方面响应迅速的供应商，只有这样才能使需要交涉的(干预)次数最小化。但也不需要发展合作性的供应商关系，因为这种关系需要花费太多的管理精力，同时，供应商也不大可能愿意为如此小额的业务与企业结成伙伴关系。故选择使用比"交易"关系更紧密的单一"优先"供应商关系比较符合企业的需要。

3. 合同类型

应选择签订定期合同，应尽量包括所有的常规品项，这样选择有利于在常规品项采购中的精力降到最低，以及将变换供应商所产生的转换成本最小化。

签订定期合同需要考虑价格的变动因素，可考虑在合同中加入针对价格变动的保护条款，一旦企业认为供应商的价格不再具有竞争优势时，该条款能帮助企业较容易地解除合同。

4. 理想供应商的特征

理想供应商应具有以下特征。

(1)供应商应具有尽可能多地涵盖需求方的采购品项。
(2)供应商能够并且愿意为企业长期不间断地提供资源供应。
(3)供应商拥有简单的、长期一贯的和可靠的业务流程，可防止未经授权的交易。
(4)供应商有迅速为客户解决问题的愿望。
(5)必要时，供应商愿意委派一名专职人员来处理企业的相关事务。

将上述内容进行汇总，形成的常规采购品项的总体采购供应战略，见表2-6。

表2-6　常规采购品项的总体采购供应战略

常规采购品项的采购供应战略	
选择供应商数量	1个
关系性质	最小干预
合同类型	长期合同
供应商类型	1. 能够尽可能多地满足企业的需要 2. 响应积极，需要交涉的次数最小化 3. 能够长期、持续地供应企业所需的产品或服务

(二)杠杆采购品项的采购供应战略

在制定杠杆采购品项的采购供应战略时，由于项目的高价值和低风险与市场价格的变化会极大地影响企业，因此企业将更加关注价格；同时，由于项目的价值高，一定程度的转换成本是可以接受的。

对于杠杆型采购品项的采购供应战略的选择主要取决于下列因素：

(1)供应市场的易变性(价格变化的快慢)。
(2)企业对供应市场的了解程度。
(3)价格在不同供应商之间变化的幅度。
(4)"转换成本"的大小。转换成本是变换供应商时发生的成本。产生转换成本可能来自以下几个方面：

①谈判成本；
②重新培训员工的成本；
③在流程和设计上的改变；
④旧库存的改变；
⑤终止以前签订合同的处罚；
⑥启动新采购程序时的无效率等。

针对价格变化和转换成本两个重要因素的影响，杠杆采购品项可选择不同的采购供应战略，见表2-7。

表2-7 连续需求的杠杆型项目的采购供应战略

战略的要素	情况1：非常高的转换成本	情况2：价格变化小，转换成本可忽略	情况3：价格变化小，转换成本相对较高	情况4：价格变化大，转换成本低	情况5：价格变化大，转换成本相对较高
选择供应商数量	1个	许多	1个	许多	两或三个
合同类型	阶段性合同/一般为长期	现货采购	阶段性合同	现货采购	阶段性合同(总括)/一般为中期
所需供应商类型	合同期限内成本最低	当前成本最低	合同期限内成本最低	当前成本最低	合同期限内成本最低
关系的性质	合作型的（一旦"锁定"合作关系，采购的强势就不再滥用）	交易型	交易型（买方强势）	交易型	合作型

(三) 瓶颈采购品项的采购供应战略

(1) 在瓶颈采购品项的采购供应战略的选择过程中，需要做好以下工作：
①关注降低风险而不是价格和成本，价格和成本只是第二重要的；
②如果可能，增加从一个供应商处购买的量；
③如果需要，使用两个供应商以便当问题出现时作为备份选择；
④与供应商发展一种紧密的长期的关系；
⑤为降低风险与供应商谈判一个可以保证的数量（如每月采购量）并签署一份长期合同；
⑥做一个"好顾客"。

(2) 期望的瓶颈型项目供应商的特征如下：
①供应商应该是可靠的，并且不会以机会主义的方式做事或滥用其强势的议价地位；
②供应商应该能长期供应需要的特定采购项目；
③如果风险是来自供应链中上游，供应商应该具有足够的能力和很好的策略来应对它

的上游供应商。

瓶颈采购品项的总体采购供应战略见表2-8。

表 2-8 瓶颈采购品项的总体采购供应战略表

选择供应商数量	1个或2个
关系性质	做一个"好顾客"
合同类型	定期合同(合同有效期可能很长)
供应商类型	1. 必须在企业面临最高风险的领域具有特别强的生产能力; 2. 不会滥用其有利的议价地位; 3. 将在长期内持续供应企业所需产品

(四)关键采购品项的采购供应战略

虽然关键采购品项在支出水平与杠杆采购品项的支出水平相似,但是由于杠杆采购品项拥有多个供应源而关键采购品项一般是特殊物品且只能由相当少的供应商提供,因此,杠杆采购品项的采购供应战略一般不适用于关键采购品项。为降低风险和成本,采购企业需尽可能地提高影响供应商的能力。在许多情况下,选择伙伴关系作为供应关系类型对于提高影响供应商的能力是非常有帮助,但企业可能仅能同一个供应商形成伙伴关系,因为:

(1)合作伙伴关系需要投入大量的时间和精力并且是基于信任基础上的。
(2)企业需要乐于与供应商一起紧密合作共同分享信息。
(3)选择一个能同企业一起发展竞争优势的合作伙伴。
(4)签订合同时,需要更多地表达长期合作承诺,并且陈述基本原则。

1. 期望的关键型项目供应商的特征

(1)具有财务上的稳定性和能持续维持的市场地位。
(2)理解并接受合作伙伴关系的含义。
(3)不伺机利用各种情景盘剥购买方。
(4)没有与你公司的竞争者建立类似于你们之间关系的联系。
(5)有能力在中期或长期成为最低成本的提供者和技术领导者。
(6)具有一个与你公司业务战略一致的业务战略。
(7)能够受益于与你公司的合作关系。
(8)如果可能,能够降低上游供应风险。

2. 关键采购品项的总体采购供应战略

关键采购品项的总体采购供应战略表见表2-9。

表 2-9 关键采购品项的总体采购供应战略表

供应商数量	1 个
关系性质	伙伴关系
合同类型	长期"伙伴关系"合同
供应商类型	1. 在对企业来说属于高风险的领域必须具有特殊能力； 2. 必须有能力在中期或长期成为最低成本提供者或技术领导者； 3. 企业所需要的产品或服务必须是该供应商的核心业务； 4. 供应商的商业战略必须与企业的商业战略保持很好的一致； 5. 具有财务上的稳定性和能够长期保持的市场地位； 6. 没有同企业的竞争者建立更进一步的关系； 7. 不会滥用其优势地位对企业进行盘剥

案例分析

新发地启动农产品直营战略

新发地农产品(000061)批发市场正式签约收购河北涿州大石桥农产品批发市场，并全面进驻管理。新发地市场董事长张玉玺表示，目前收购当地农产品市场的项目，已同时在山东招远、甘肃天水、辽宁鞍山等地区进行洽谈。

据悉，新发地市场全国直营农产品市场布局成熟后，京城果蔬将直接采购于产地，批发与零售价格中将少了中间商转手的费用。

新发地市场之所以选择河北涿州作为首个农产品收购项目，主要是由于该市场是距离北京最近的河北农产品批发市场，长期以来是河北地区蔬菜供应京城的必经中转站。新发地正式进驻管理后，市场将更名为"北京新发地大石桥农产品批发市场"。新发地市场公司和新发地市场的批发商户都将通过该市场直接采购河北当地的农产品。

据了解，河北涿州大石桥农产品批发市场占地面积 318 亩(1 亩≈666.667 m^2)，占地规模是现新发地市场的 1/5，其主要经营的河北农产品辐射京津冀地区，每年交易量约为 5 亿 kg。经营范围主要包括蔬菜、水果、粮油、调料、水产等农产品系列。新发地市场对其收购后，将在今后三年投资 1 500 万元升级其软件、硬件及相关的管理设施，并将在该市场建立农产品检测系统，以保障进京农产品的食用安全。

据悉，新发地市场收购河北涿州市场，仅是其实现全国主要农产品基地产品直营战略的第一步，与此同时，新发地市场与山东招远的农产品基地市场也已经达成初步合作意向，此外，盛产大葱、大蒜的山东临沂，以及以花牛苹果闻名全球的甘肃天水、人参果故乡甘肃武威的新发地"分店"都正在洽谈中。

"通过这样全国布点，新发地市场对农产品资源将进行整合，以丰富京城菜篮子的品种和进一步降低价格。"张玉玺表示。在富产农产品的地区，以收购、入股或托管等模式建立新发地市场的直营"分店"，也将有利于新发地市场公司从当地直接采购特产、农产品和时令生鲜运往京城，再通过新发地市场建立的配送中心、社区菜店等零售链条销售到京城各个社区。"这样的链条减少了现在市场上蔬菜的几经转卖的倒手过程,在倒手过程中不断被抬高的价格也将被降低。"张玉玺表示。整个链条还没有完全运作,对零售市场上的蔬果价格下降幅度目前还无法预计。

另外,新发地市场现有的批发商也将通过新发地全国"连锁"市场的货源平台,摆脱现阶段从中间商手中接货的现状,逐渐靠近货源地,加强对产品批发价的话语权。

张玉玺透露,全国直营"新发地市场"的策略与京城社区菜店形成了产地到零售的整个链条,同时,新发地市场内部升级改造也在进行,该市场公司已经进入上市前的辅导期。

思考:
根据以上资料,分析农产品直营战略具有什么现实意义?

实训项目:制定采购供应战略

【实训背景】

林子在2000年开设了一家小超市,经过近15年的创业,超市生意日渐红火,并在当地开设了5家连锁超市,经营的货品有几百种。在进货过程中,有些货品进场断供,有些货品又被捆绑强行供货。比如:有些热销的烟在进货时要搭售一些不畅销的烟,一些热销的酒也要搭售些不畅销的酒。经常出现断货或库存增大这些情况,严重影响了超市的经营业绩。请选择一家周边的超市为分析对象,针对不同采购品项的特性,选择具有典型特点的采购品项,并有针对性地提出采购供应战略。

【实训目标】

编号	要求	成果
1	明确小组内成员之间的分工,尽可能调动所有成员参与的积极性,达到本项实训的效果	以小组为单位学习不同采购品项采购供应战略相关知识,明确人员的具体任务
2	资料收集:调研相关企业,收集相关资料	完成资料收集整理,明确采购品项的定位
3	根据不同的采购品项的特征,明确采购供应战略	1. 采购品项定位分析报告。 2. 巩固课堂学习知识,实现知识到技能的融会贯通

【实训组织】

总体组织	具体步骤
教师提出实训任务，对实训作出具体的要求；学生组建团队，学习相关理论知识，通过走访调查和资料收集等途径，收集整理相关资料，发挥团结协作精神，完成实训项目要求的各项工作	1. 教师布置实训项目需要完成的任务； 2. 本着自愿的原则，以5~6人为一组，每组选出一名小组长，由组长分工及协调实训小组的实训任务，并带领组员完成实训任务； 3. 通过实地采访调查法进行资料收集，对收集的资料进行分类整理； 4. 根据所学知识进行采购品项的定位分析； 5. 完成实训项目要求的各项工作

【实训评价】

目的	考核
1. 加深对不同采购品项采购供应战略的理解。 2. 提升信息收集、分析和整理的能力。 3. 培养团队合作精神，包括处理意外事件，与人/机沟通的能力	1. 实训过程中职业素养和专业能力是否得到体现； 2. 小组分工是否明确和均衡，小组成员的能力是否得到充分的发挥； 3. 调研方法选择是否得当，操作是否规范； 4. 小组调研报告思路是否清晰，内容是否充实，重点是否突出

素养园地

如何养成战略思维

（1）学会"老板思维"，像老板一样思考问题。在职场上，战略思维的最基本体现形式就是"老板思维"。你需要真正了解自己的老板是怎么工作的？他们的挑战和痛点是什么？什么让他们晚上睡不着觉？他们在讨论工作时的高频词是什么？只有这样，才具备老板思维，你才能想他所想，做他所做，甚至想到连他都没想到的事情。这样的下属，哪个老板不珍惜呢？

（2）自我对照：当你想问题的时候是否习惯于只想一步，那就是缺乏战略思维。而当你在做决策时，能多加一个思考的维度进去，从更长、更深、更高的维度来看问题。每次都能推演，你现在的决策引发的下一步、再下一步的结果，你就知道要如何取舍了。例如，下次再做自己部门的工作总结时，多考虑相关配合部门，甚至是关系不太好的部门的感受，想想怎么说能更好地调动这些部门一起合作，那么，在老板眼中，你就开始有一点战略思维了。

（3）在工作中，你得深刻理解公司级的目标。目标有显性的和隐性的，显性目标会写在纸上、老板们也会不断强调，如增长数字、市场地位、公司愿景等，较好理解。而隐性目标往往是分散在各个部门里，需要通过了解各部门的目标，才能整合出来。只有把目标体系梳理清楚，才能用"老板思维"看待问题，有的放矢地开展自己的工作。

项目测评

一、选择题

采购战略可分为（　　）。

A. 市场交易战略

B. 短期项目合作战略

C. 功能联盟战略

D. 创新联盟战略

二、判断题

1. SWOT分析一般是从政治环境（Political）、经济环境（Economic）、社会文化环境（Social）和技术科学环境（Technological）四大类影响企业的主要外部环境因素进行分析。（　　）

2. PEST是一种分析方法，用来确定企业本身的竞争优势（Strength）、竞争劣势（Weakness）、机会（Opportunity）和威胁（Threat）。（　　）

3. ABC分析是根据采购品项的经济、技术等方面的主要特征，运用数理统计方法，进行统计、排列和分析，抓住主要矛盾，分清重点与一般，从而有区别地采取管理方式的一种定量管理方法。（　　）

三、简答题

1. 简述SWOT分析方法的步骤。

2. 简述ABC分析法的主要程序。

项目评价

项目测评(40 分)			得分：	
计分标准： 　　得分＝5×选择题正确个数＋5×判断题正确个数＋10×简答题正确个数					
学生自评(20 分)			得分：	
计分标准：初始分＝2×A 的个数＋1×B 的个数＋0×C 的个数 　　　　　得分＝初始分/26×20				
学习任务	评价指标	自测结果	要求 (A 掌握；B 基本掌握；C 未掌握)
认识采购战略	1. 采购供应战略的分类 2. 正确认识战略思维	A□　B□　C□ A□　B□　C□	掌握采购供应战略的分类；正确认识战略思维，并能够逐步培养自身的战略思维
PEST 分析	PEST 分析法	A□　B□　C□	能够应用 PEST 分析法
SWOT 分析	1. SWOT 分析模型 2. SWOT 分析的要点 3. SWOT 分析的步骤	A□　B□　C□ A□　B□　C□ A□　B□　C□	掌握 SWOT 分析模型；熟知 SWOT 分析的要点；掌握 SWOT 分析的步骤
采购品项 类别分析	1. ABC 分析法的概念 2. ABC 管理法的主要程序 3. 采购定位模型 4. 竞争与竞合	A□　B□　C□ A□　B□　C□ A□　B□　C□ A□　B□　C□	理解 ABC 分析法的概念；掌握 ABC 分析法的主要程序；理解采购定位模型；能够理解竞争与竞合，并且学会团队合作
制定采购 供应战略	1. 采购供应战略的基本框架 2. 常规采购品项的采购供应战略 3. 杠杆采购品项的采购供应战略	A□　B□　C□ A□　B□　C□ A□　B□　C□	熟悉采购供应战略的基本框架；能够制定常规采购品项的采购供应战略；能够制定杠杆采购品项的采购供应战略
小组评价(20 分)				得分：
计分标准：得分＝10×A 的个数＋5×B 的个数＋3×C 的个数				
团队合作	A□　B□　C□	沟通能力	A□　B□　C□
教师评价(20 分)				得分：
教师评语				
总成绩		教师签字		

项目三

编制采购计划

采购计划是指导采购活动的重要依据,是对采购活动的工作安排。采购计划编制的质量直接影响采购工作的绩效,是采购管理工作的一项重要内容。

学习目标

1. 了解采购计划编制的基本作业流程;
2. 掌握制订采购计划表需要明确的问题及如何明确;
3. 掌握采购数量的确定方法;
4. 能进行采购计划的制订工作。

项目导学

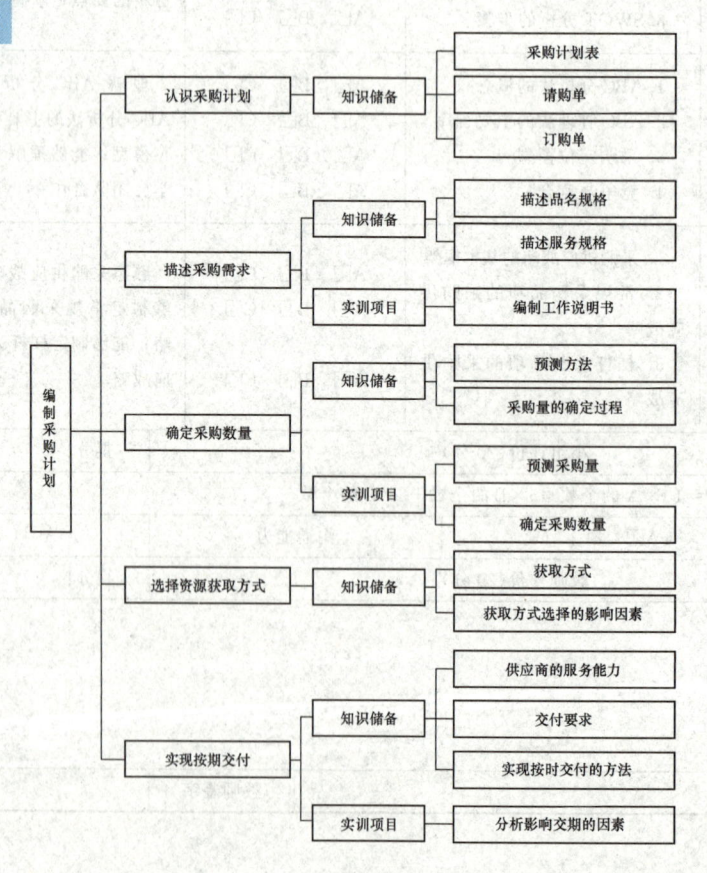

```
                          ┌─ 采购计划表
            ┌─ 认识采购计划 ─ 知识储备 ─┼─ 请购单
            │                        └─ 订购单
            │
            │                        ┌─ 描述品名规格
            │              ┌─ 知识储备 ┤
            ├─ 描述采购需求 ┤           └─ 描述服务规格
            │              └─ 实训项目 ── 编制工作说明书
            │
编制         │              ┌─ 知识储备 ┬─ 预测方法
采购 ───────┤               │           └─ 采购量的确定过程
计划         ├─ 确定采购数量 ┤
            │              └─ 实训项目 ┬─ 预测采购量
            │                          └─ 确定采购数量
            │
            │              ┌─ 获取方式
            ├─ 选择资源获取方式 ─ 知识储备 ┤
            │              └─ 获取方式选择的影响因素
            │
            │                        ┌─ 供应商的服务能力
            │              ┌─ 知识储备 ┼─ 交付要求
            └─ 实现按期交付 ┤           └─ 实现按时交付的方法
                           └─ 实训项目 ── 分析影响交期的因素
```

案例导读

联华超市采购流程

上海联华超市有限公司是我国最大的商业连锁企业。该公司近几年发展速度很快，每三天就有一家连锁店开业，目前已有 1 400 多家，销售额年均增长率规模扩展速度惊人。企业效益能否保持同步，增长是否稳健，需要强有力的技术支撑。联华超市采购流程如图 3-1 所示。

```
制订采购计划
    ↓
寻找考察基地
    ↓
签订三方协议
    ↓
进入实施运作
    ↓
三个配套体系
```

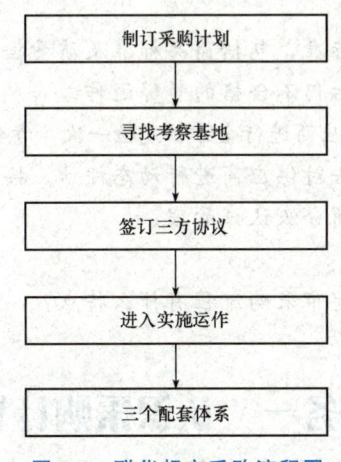

图 3-1　联华超市采购流程图

1. 制订采购计划

对选定品种进行全面分析：商品特点、主要产地、市场情况、历年进货量和销售量，商品价格变化等，最终提出采购计划，包含商品标准、采购量、采购价格、采购地等。

2. 寻找考察基地

针对各地的名特优商品主动出击，积极寻找货源，或通过各地的农产品推介会有选择性地开发商品基地，还有通过各级政府组织的农超对接活动选择具备一定规模和条件的种植基地，了解农产品的产量、产品结构及基本设施等。

如果以上指标达到基本要求，会进一步对农户在食品安全、环境保护、农药化肥、耕种技术等多个方面进行审核，以验证该基地质量管理体系的有效运作，保证其提供的农产品安全、具备良好的质量。

更重视基地的能力和潜力，忽略门槛，着重于引进开发基地后的长期建设和形成长期合作关系。

3. 签订协议与实施运作

选定基地后，我们采取"超市＋专业合作社（服务商）＋农户"的模式，签订三方协议。然后迅速进入生产（分拣包装）、物流、销售和反馈的实际运作阶段。

4. 三个配套体系

(1) 物流配送体系。

① 产地联华生鲜配送中心。与专业合作社（服务商），签订专门的物流协议以确保作物

第一时间保质保量地送达联华生鲜配送中心。从产地到销地不但提供了物流保障，同时为商品验收提供方便。

②联华生鲜配送中心门店。联华超市拥有自己的生鲜加工配送中心，可覆盖配送全部上海联华门店。

(2)营销服务体系。与常规采购商品相比，基地采购的蔬果需要超市自身进行推广。在这方面联华超市更是充分发挥了潜力形成了特有的配套营销推进模式。为增进销售，加强促销力度和频度，除正常的蔬果促销外，每月还安排了专题促销活动。

(3)建档和评估体系。

①建立各基地产品的质量标准，包括商品标准及质量控制要求。按季节对所有基地商品不定期抽样检测，责令整改后仍不合格的暂停运作。

②定牌商品每2年对相应供应商进行全方位复检一次，责令整改后仍不合格的暂停运作。

③通过每次收货、验货报告对供应商进行动态评估。按年度对供应商进行综合绩效评估，并根据评估结果进行供应商分级认证管理。

思考：

根据以上资料，说明联华超市采购流程有什么特点？

任务一　认识采购计划

一、采购计划表

采购计划是指企业管理人员在了解市场供求情况，认识企业生产经营活动过程和掌握物料消耗规律的基础上对计划期内物料采购管理活动所做的预见性的安排和部署。一般的采购计划见表3-1。

表3-1　采购计划表　　　　　　　　　　制表日期：

料号	品名规格	适用产品	上旬		中旬		下旬		库存量	订购量
			生产单号	用量	生产单号	用量	生产单号	用量		

通过表3-1采购计划表可以明确以下内容：

(1)品名规格，即需要什么。

(2)适用产品和生产单号，即什么地方需要？有什么功能要求？

(3)用量，即需要的数量。

(4)库存量，即目前企业已拥有的资源情况。

(5)订购量，即企业还需要的资源数量。通常，订购量的多少可以用以下公式来描述：

某资源订购量＝该资源需求量－(该资源库存量＋在订购期内预计可到达的资源量－已分配使用量－安全库存量)。

二、请购单

1. 请购单的定义及其示例

请购单为采购作业的起点,通常由使用单位、生产管制单位或扩建专案小组等所签发的单据。其内容主要包括所需申购的品名规格、料号、请购数量、需要日期、用途等,并涵盖请购、采购、验收三种签核流程。此种一单多功能的请购单,通称为"物料管制单"。其示例见表 3-2、表 3-3。

表 3-2 请购单(1)

请购单编号
填日期 年 月 日
需用日期 年 月 日

请购内容	品名	材料编号	规格	单位	数量	交货地点	分批交货方式
	通知单号码			说明事项			
参考资料	预估(库存)单价		本通知单需用量			厂长	主管	请购人
	库存量		可用日数					
	请购未到量		可用日数					
采购拟办	厂商	1	2	3			使用单位意见
	总价				总经理		采购
	附注						
验收记录	交货日期	验收编号	交货量	剔退及短缺量	实收合格量	单价	总价	实收累计量	检验人	经收人

表 3-3　请购单(2)

请购单				
申请部门＿＿＿＿＿			编号＿＿＿＿＿	
预算额＿＿＿＿＿			日期＿＿＿＿＿	
产品规格	需求数量	单位	描述	
需要时间＿＿＿＿＿＿＿＿＿＿＿＿＿＿＿＿＿＿＿＿＿＿＿＿＿＿＿＿＿＿＿＿＿＿＿＿				
遇有问题时通知＿＿＿＿＿＿＿＿＿＿＿＿＿＿＿＿＿＿＿＿＿＿＿＿＿＿＿＿＿＿＿＿				
特殊发送说明＿＿＿＿＿＿＿＿＿＿＿＿＿＿＿＿＿＿＿＿＿＿＿＿＿＿＿＿＿＿＿＿				
			申请方＿＿＿＿＿	
说明：一式两份，原件送采购部门，申请者保留文件副本				

按惯例，一份采购申请中只能出现一项要求，对标准化的项目而言尤其如此。由于用途不同，请购单（物料管制单）至少有两联（份），通常有数联（多份），用不同颜色加以区分以利分发传送。第一联又称准购单，由采购单位留存，作为日后稽催的依据；第二联又称验收单，由会计单位留存，作为付款凭单；第三联又称验收单副联，由计算机中心留存，作为登记资料的依据；第四联又称采购通知单，由请购单位留存；第五联又称验收单物料联，由料务单位留存；第六联又称请购单，由请购单位在开发时所留存，为将来查询追踪时用。

2. 请购相关单证的传递

（1）采购部门确认谁有权提出采购申请。如果申请的提出人不是被特别指定的，采购部门绝不能接受其提出的采购申请。

（2）核实采购申请。请购数量应该基于预期的需求，而且要考虑经济订货批量；要求的发货日期应该足以进行必要的报价确定和样品检验、发出采购订单和收货等工作，如果所给时间不充足，或需求日期将造成成本增加，这些都应及时提醒申请人加以注意。

（3）在采购申请打上时间标签，在每个申请上都要附上对应的规格卡，为了提供相关信息，采购员要在所有的合同项目上进行标注，采购申请上要注上"合同"字样，以及订单将发往的公司名称、价格、条件、FOB发货点、总价值和支付日期。

（4）发出询价单。当申请采购的项目不曾被公司采购过，就要发出询价单，采购部门在采购申请的背面列出可能的供应商名单，将经核查和签字后的公司标准的询价单以邮寄或传真的方式发往可能的供应商。表 3-4 为产品询价单示例。

表 3-4　产品询价单示例

```
                            产品询价单
                               编号

_____单位_____先生
一、本公司因业务需要拟向贵公司洽购下列物品，请速予报价，将便进一步联系。
   物品名称_____数量_____规范及品检说明。
二、来函或来电请洽本公司采购部_____先生，
   电话：_____，并请惠示贵公司联络人员及电话：
三、附件：

                                              采购部
                                              年  月  日
```

(5)下采购订单。当不同的供应商的报价到达采购部门手里以后，它们会被填写到报价表中，然后由采购部门决定和哪个供应商做生意。将准备好的采购定单发送给选定的供应商。

三、订购单

订购单示例见表 3-5。

表 3-5　订购单示例

```
                    某石油化学公司订购单
                         订购单                    编号：
Vender-ID：              Purchase Order          ORDER NO：_____
                                                 订购日期：
                                                 DATA：_____
                                                 预定交货日
                                                 SHIPPED ON：_____
                                                 交易条件（分批交货）
交货地点                                          PARTAL SHIPMENT：_____
SHIPPED TO：_____                                交货方法
                                                 SHPPING MEIHOD：_____
                                                 付款条件
                                                 PAYMENT TERM：_____
```

序号	统一编号 Control No,	科号 Code No.	名称/规格 Description/Specification	单位 Unit	数量 Qty	单价 U/P	金额 Amount
			合计 TOTAL				

```
兹同意依照本订购单所述条件交货
Shipments are to be effected in accordance with the terms stated herein
签认_____      职称_____                    签章
Accepted by     Title                         Aytgiruzed Sugbatyres
日期
Date_____

                    签认联  Acknowledgement_____
```

当采购单位决定采购对象后,通常会寄发订购单给供应商,以为双方将来交货、验货、付款的依据。国际采购因双方沟通不易,订购单成为确认交易必需的工具。国内采购可依据情况决定是否给予供应商订单。由于采购部门签发订购单后,一般会要求供应商签署并寄回才能生效;如果未要求供应商签署并寄回,这实际上形成了买方对卖方的单向承诺,对买方可能会产生不利的影响,却能使卖方安心交货,甚至可获得融资的便利。

订购单内容特别侧重交易条件、交货日期、运输方式、单价、付款方式等。因用途不同,订购单可分为厂商联(第一联),作为厂商交货时之凭证;回执联(第二联),由厂商签认后寄回;物料联(第三联),作为控制存量及验收的参考;请款联(第四联),可取代请购单第二联或验收单;承办联(第五联),制发订购单的单位自存。

通常在订购单的背面,多会有附加条款的规定,也构成订购条件的一部分。其主要内容包括以下几项:

(1)交货方式:新品交货,附带备用零件,交货时间与地点等规定。

(2)验收方式:检验设备、检验费用、不合格品的退换等规定,超交或短交数量之处理。

(3)罚则:迟延交货或品质不符的扣款、停权处分或取消合约等相关规定。

(4)履约保证:按合约总价百分之几退还或没收的规定。

(5)品质保证:保用或保固期限,无偿或有偿换条件等规定。

(6)仲裁或诉讼:买卖双方发生纷争时,仲裁的地点或诉讼的法院。

(7)其他:如卖方保证买方不受专利权侵害的控诉。

太古饮料的采购预测与计划体系

任务二 描述采购需求

在物料采购过程中,物料需求是整个采购工作中的操作对象。明确企业采购需求,一方面为企业进行采购提供依据;另一方面向供应商提供满足企业需求所需要的信息。

采购员或采购经理精通如何描述需求也是非常重要的。含混不清或错误的需求描述将导致产品或服务供应的中断或延迟;产生多余的产品或额外成本。

采购需求描述主要由以下五个方面的要素构成,如图 3-2 所示。

图 3-2 采购需求描述构成图

一、描述品名规格

(一)规格的概念与作用

规格是指需求或供应的产品或服务需要满足的必要条件,是向供应商准确传达要求的一种描述,以便供应的产品或服务能够满足组织的需要。规格也可以作为评估实际供应是否符合需求的标准。规格不仅是指产品或服务的质量内涵,而且包括"五个合适"下的所有方面,如交付地点、数量等。规格构成买卖双方之间合同的一部分。

规格作用如下三个方面。
(1)对要求进行界定。
(2)将要求清晰地传达给供应商,使他们为此作出计划。
(3)提供一种评价所提供货物或服务质量或一致性的工具。

(二)有效规格的特点

规格是买卖双方明确需求的一种描述。不同组织之间,即使是同一个组织中,起草规格的过程也不可能是相同的。规格的错误描述将导致采购的高风险、高成本,甚至采购工作的失败。一个有效的规格应当具备以下特点:
(1)非常清晰和明白地指出要求是什么。
(2)简洁(没有过度的细节)。
(3)全面(涵盖买卖需求的所有方面)。
(4)最新的(反映市场新技术、新设计方案和供应市场发展)。
(5)遵守所有相关国家的法律、法规和标准要求。
(6)尽量采用术语表达(要确认供需双方对术语是理解的)。
(7)进行价值分析(只包括能增值的要求,因为每一附加要求都会导致价格上升)。

(三)规格的类型

制订规格有很多不同的方法,并且也有很多不同类型的规格。一份产品规格可能是非常简单的(如每天使用的不同产品),或许是非常复杂的(如较大的车间和建筑物)。

产品和服务的规格在指示程度上是不同的。高度说明性的规格就如何获取所需向供应商给出了很多细节。虽然在某些环境下是合适的,但是这种规格限制了供应商提供更为节省成本的解决方案,并且如果产品或服务没有预期的性能,购买者还要承担风险。较少说明性的规格仅仅描述一些基本要求,让供应商去确定获取所需的最佳方法。在这种情况下,如果产品或服务没有预期的性能,供应商是有责任的。

规格基本上有性能规格和一致性规格两种方式。

1. 性能规格

性能规格是采购者描述自己所采购的部件或材料希望能够实现的功能、应当达到的性能水平。一个"符合质量"的产品应当是能够满足这些要求的产品,这需要供需双方就供应商物料或服务的期望性能进行沟通,对物料的使用目的、作用、应用等进行清楚的描述。利用性能规格进行需求描述,应尽可能减少过多的细节要求,这样有利于供应商利用自身优势进行创新,鼓励供应商提供更合适的产品。

某些服务产品被需求或被购买时，采用性能规格描述服务需求是比较合适的。买方只能将服务需求希望达到的效果清晰地传达服务提供商，只有服务提供商才知道如何提供服务才能满足需求。

性能规格一般包括以下细节：
(1)在规定的公差内，所要达到的功能、性能或能力。
(2)影响性能的一些关键过程输入，包括可用的公共设施。
(3)实现这些功能所处的运行环境和条件。
(4)要求产品与过程中其他要素如何连接。
(5)要求的质量水平(包括相关的标准)。
(6)要求的安全水平和控制(包括相关的标准)。
(7)要求的环境性能水平和控制(包括相关的标准)。
(8)用于测量是否达到期望功能的标准指标和方法。

2. 一致性规格

一致性规格是采购者准确且详细地给出需要什么产品、必须由什么部件或材料组成。一个"符合质量"的产品应当是符合采购者所给描述的产品，因此，运用一致性规格来描述需求是限制创新的，供应商必须按照采购方明确指示的一致性规格提供产品。一致性规格具有多种形式，可以由不同的部门来制定。

一致性规格包含以下类型：
(1)技术规格或设计规格。
(2)由化学/物理特性表示的规格。
(3)由商标表示的规格。
(4)用样品作为规格。
(5)用市场等级作为规格。
(6)用标准表示的规格。

(四)描述产品规格

1. 规格有效描述的特点

有效的规格描述应具有以下特点：
(1)非常清晰和明白地指出要求的是什么。
(2)简洁全面(覆盖要求的所有方面但又没有过度的细节)。
(3)遵守所有相关的国家或国际标准，健康、安全和环境法律与法规。
(4)反映市场技术发展最新动态。
(5)用所有关键利益相关者可以理解的术语进行表达。
(6)进行价值分析(只包括能增值的要求，因为每一附加要求都会导致价格上升)。

2. 描述规格的方法

在采购过程中，对需要采购什么作出准确的描述，以清楚明了的方式将信息传递给供应商，确保供应商所供应的物料是采购方所需要的。对所需采购的物料的品名规格描述有以下几种方法：
(1)利用商品的品牌和商标名称进行描述。品牌或商标名称是产品规格的简单形式。

品牌加上特定的型号信息,将足以向供应商传达所需的采购信息。

利用品牌和商标名称进行描述,将会对应某一特定生产制造供应源,具有描述精确、简洁和沟通清晰的特点,质量一般可以得到信赖。

利用品牌和商标名称来描述需求具有以下不足:

①在资源紧张的时候,会造成资源的可得性差和将其他品牌和商标的供应商排除在外,减少了资源供应渠道,竞争受到限制。

②品牌化产品一般比非品牌产品价格更高。

③供应商可能在未改变品牌或未同客户沟通的情况下私自改变明细规格需求。

(2)利用商品编码来进行描述。商品编码具有唯一性,因此采用商品编码来描述需求的物料可以十分准确地确定供应方需求。

(3)利用样品进行描述。通常,对于那些难以描述或不展示实物给供应商就难以描述的产品和设计等的情况使用样品来描述采购需求,如布料产品的布质要求。

利用样品具有以下优势:

①当产品难以描述时,样品可以让供应商了解其具体需求。

②样品可以让采购方在购买之前了解这种产品的适用性和性能。

利用样品具有以下的不足:采购方需要确保实际供货与样品完全一样,但当供应商能提供优于样品的产品时,样品就制约了供应商为采购方提供质量更优的产品。

(4)利用技术规格来进行描述。利用技术规格来描述采购需求时,采购方需要提交一份清楚和严谨的技术规格,以便供应商无须任何附加说明就能理解他们。技术规格一般包括文字信息和设计图纸两部分,应避免过多的文字描述,以提高供应商对重要信息的关注程度。采购方一般可从物理性质、设计细节、公差、使用材料、生产过程和方法、维护要求、操作要求等方面进行描述。例如,乐稳电器三相干式变压器技术规格,见表3-6。

表3-6　乐稳电器三相干式变压器技术规格

品牌　Brand	lewen® 乐稳电气
名称　Name	三相干式变压器
型号　Model	SG-10 KVA
输入电压　Input voltage	380 V(特殊电压可定制)
输出电压　Output voltage	220 V　200 V(特殊电压可定制)
效率　Efficiency	≥95%
波形失真　Waveform distortion	无附加波形失真
环境温度　Environment temperature	−15～+40 ℃
电气强度　Dielectric strength	工频正弦电压2 000 V历时1 min无击穿
绝缘电阻　Insulation resistance	≥50 MΩ
过载能力　Overload capacity	超出额定电流,维持1 min
尺寸　Size	500 mm×350 mm×525 mm
冷却方式　Cooling way	空气自冷

通常,在以下场合需要详细明确技术规格:买方具有专业设计技能,但是供应商没有;买方希望采用一种内部已经开发出来的特殊的设计并需要与供应商沟通;采购的物品或设备具有复杂性。

利用技术规格具有以下优势：
①技术需求确切地定义了采购方的需求；
②采购方可以利用规格来核实被供应的物品是否满足所有要求；
利用技术规格具有以下劣势：
①制定技术规格可能需要有相当的人力投入，并要求有专家参与；
②高水平的规格可能要求供应商设计定制产品。在标准化产品几乎不做任何调整就能满足需要的情况下，定制产品将大幅度增加成本；
③技术规格可能限制了能确保供应的供应商数目；
④未达到所要求绩效的设计风险将由购买者承担，因为供应商只是简单按采购方的设计进行生产。

(5)利用构成规格进行描述。当物料的特性取决于物料的构成成分时或者对某构成成分有特殊要求时，一般是从其化学和物理性质方面进行描述，如纯度、密度、成分、添加剂等。

利用构成规格具有以下优势：
①构成规格非常严谨和明确；
②采购方利用这种规格确定所供应的产品能否满足要求。

利用构成规格具有以下劣势：利用构成规格来描述需求，需要具有专业知识的人员制定，而对构成规格的认证通常需要特殊的测试设备。

(6)功能和性能规格。功能规格通常描述采购产品所要执行或达到的功能；而性能规格通常描述有关如何更好地达到这种功能的附加要求。例如，功能规格可能要求热水瓶具有保温的能力；性能要求则包括附加的要求，如要求热水瓶则要求 24 h 内温度不得降低 5 ℃。

性能规格包括以下几项：
①要达到什么功能；
②对产出的特殊水平(如生产出来的产品性质和数量，要达到的速度和施加的压力等)；
③过程输入(即将投入生产或运行过程的产品，如原材料、零部件等)；
④操作环境，包括公用设施要求细节(如电压、效率、水压等)；
⑤界面细节(比如与现有的系统或过程的相互连接，如 IT 系统)；
⑥质量水平；
⑦安全等级；
⑧所需维护与服务的最高等级；
⑨最短时间，如仪态机器正常运转的最短时间；
⑩达到所需产出水平的最高成本。

在某些场合为了确保交付的产品与预期的一致，可能还需慎重地明确检测和检验要求。检测和检验方法很多，例如，在设计阶段进行的考察或审批的有关质量保证文件；过程检验；在生产结束、装运或交货前检测；在接收货物、安装或试运转时进行验收。

检验的要求包括样品的选择与准备、检测方法、使用的检测设备、验收的范围和标准、指定独立的权威机构。

> 知识拓展

产品规格信息的来源

(1)公开出版发行的资料,如专业性行业期刊或名录、"技术发展水平"的调查报告、技术手册、消费者报告(对于有品牌的产品)及专利注册。

(2)业务联系(如供应商和其他采购方)。

(3)交易会、展览会和专题座谈会。

(4)技术研究机构,政府机关和国际组织。

二、描述服务规格

(一)认识服务

1. 服务的概念

服务是个人或社会组织为消费者直接或凭借某种工具、设备、设施和媒体等所做的工作或进行的一种经济活动,是向消费者个人或企业提供的,旨在满足对方某种特定需求的一种活动和好处。其生产可能与物质产品有关,也可能无关,是对其他经济单位的个人、商品或服务增加价值,并主要以活动形式表现的使用价值或效用。

2. 服务的特点

服务产品与实体产品相比,具有以下特点:

(1)服务产品是无形的。

(2)服务包括活动或任务的绩效。

(3)服务不能像一个产品那样被拥有。

(4)服务不能被存储。

(5)服务的样品不能在购买之前被看到。

(6)一些服务不能在遥远的地方执行。

(7)服务是由人提供的。

(8)服务是一个过程。

(二)服务的类型

如何有效地节能型服务采购对企业来说非常重要。20世纪90年代以来,随着企业横向一体化不断深入发展,越来越多的企业专注于其核心业务上,将非核心业务逐渐进行外包,就是需要购买更多的服务,如运输、员工培训、市场广告、金融服务、财务薪资管理、设计服务、管理咨询等。

服务可以划分为很多不同类型,具体如下:

(1)根据服务活动的本质,服务可分为作用于人的有形服务、作用于物的有形服务、作用于人的无形服务、作用于物的无形服务。

(2)根据服务方式及满足程度,服务可分为标准化服务(公共汽车载客服务),易于满足要求但服务方式选择度小的服务(电话服务),选择余地大而难以满足个性化要求的服务(教师授课),需求能满足且服务提供者有发挥空间的服务(美容、建筑)。

(3)根据服务供求关系，服务可分为需求波动小的服务（保险、法律），需求波动大而供应基本能跟上的服务（电力、天然气），需求波动幅度大并会超出供应能力的服务（交通运输、饭店宾馆）。

(4)根据顾客与服务组织的联系状态，服务可分为连续性、会员关系的服务，连续性、非正式会员的服务，间断性会员关系的服务，间断性非会员关系的服务。

(5)根据提供服务工具的不同，服务可分为以机器设备为基础的服务（如自动收款机、自动化汽车刷洗等）和以人为基础的服务（如管理咨询等）。

(三)服务分析框架

各种不同的服务之间的差异会影响采购的观念，在进行服务分析时从采购的角度来看应考虑价值、重复性、确定性、服务对象、服务的提供、需求的特性、交货特征、按需定制的程度、提供服务所需要的技术等。

1. 服务的价值

可以用 ABC 分析法将服务按其价值分为高、中、低三个等级。某些服务对公司会有潜在的影响，在进行这些服务项目采购时，对整个过程就应仔细分析，将注意力更多地放在高价值服务的采购上。

2. 可重复程度

对于可重复性服务的采购，在公司内部有必要开发出一套采购系统，并要求相关人员具有相应的专业知识，如对于运输服务、维护及安全采购；另外，对于一次性的服务，则应在明确项目需求的基础上寻求服务提供商。

3. 确定性程度

每种服务都有其不确定性的一面，不同的服务器确定性也不同，例如，根据建筑师绘制的草图或设计方案建成的大楼，其结构特性可以由他人审核评定，但其艺术美的特性却很难进行评价，这便导致了制定服务评价标准的困难。处理无形服务的一种方式是以对提供服务的人或设备的评价来替代对其服务质量的评价，通过负指标如不满意的人数或投诉意见的多少间接地得到反馈，虽然这只能作为参考，但是许多较为专业的服务项目还是采用这种方法。

4. 服务的对象

服务中的另一个问题是其对象是物还是人，例如，餐饮业服务的对象是人，而维修业服务的对象则是物。在以人为服务对象的项目评价时，人的意见左右着评价的结果，具有很大的不确定性。

5. 服务的提供

服务可由人或设备提供，或由两者同时提供。低劳动密集型的服务通常会需要较高的资本投入，潜在技术和资本的状况对服务的影响很大，在服务的采购阶段，可根据潜在供应商的资产能力和技术状况对其进行评估；劳动密集型的服务项目，人的素质是最重要的，对于服务人员技术要求不高的服务项目比较注重效率最高化和成本最低化，对于技术水平要求高的服务项目，需要采购人员具备相关专业知识，同时，需要与供应商在服务采购的全过程中保持联系。

6. 服务需求特性

服务需求可能是持续的或定期的，也可能是分散的。持续性服务如 24 h 安全保障服务，可通过提供监督进程的环境作为检测服务质量的重要内容指标；分散性服务如设计之类的服务，需要加强服务提供过程各阶段的监控能力，等到服务交付时再想进行变动可能就来不及了；定期服务是一项有规律的服务，可以根据需要进行改动。

7. 服务交付的特性

服务交付的地点和特性对服务的采购过程有很大的影响。如果服务的交付不在供应商所在地，则可能会涉及许多问题需要明确，如安全性问题、道路是否可通行、是否有吊装器具、工作时间、由谁来提供原材料等问题，这些问题都需要在合同拟订中一一列出。

8. 服务规范程度

规范化的服务和按客户要求提供的服务在本质上有不同。一般来说，服务的规范程度越高，客户需要提出的要求就越少，服务不确定性的一面也越少。对于定制要求较高的服务项目，由于采购商提出的服务需求会有很大的差异，对服务的阐述说明过程会比较困难，这时最终用户的介入则非常重要。

9. 提供服务所需的技术

提供不同的服务需要的技术可能出现有的服务基本没有技术含量，有的服务则技术含量非常高的情况。对于技术含量低的服务，关注的焦点往往是价格，而技术含量高的服务则更多地看重高素质的技术人员，更加注重技术人员或用户的建议。在专业程度较高的服务中，其成本通常会比预想的要低一些，例如，好的资讯建议可以使整个公司更加高效地运转，但在成本评估结果和收益评估结果之间作出选择仍然比较困难。

(四) 描述服务

服务比产品更难以描述。许多产品的要求可以明确地阐明，如尺寸、质量、原材料类型或燃料消耗量等。服务是无形的，人在提供某一同类服务时，其方式或形式是不同的，人与人在接受服务时的感受到多方面因素的影响，评判的标准不尽相同，这些都给服务在描述上造成了很大的困难。在描述服务时，比较容易使用一些较模糊的术语，如服务质量好、服务态度好等，这些说法都存在一个界定不清的状况。因此，在描述服务时要想办法将这些模糊的术语转化为可以量化的，根据服务输出结果来定义服务需求是实现量化服务的有效途径。

描述服务时应努力做到：尽可能清楚明了，能用数据表示的要尽量用数据表示；根据输出即服务取得的效果来进行描述；输出达成的时间表；陈述这些输出出现在预计的时间内未完成的情形。

1. 服务描述的时间

需要服务时才做界定。在有些情况下，由于服务不能被存储，如运输服务不得不只在需要的时候才提供，这就意味着必须清楚地规定所要求的时间，并尽可能合理地提前做好计划，以便服务提供商能够有效地组织服务的供应。当服务需求具有季节性时，良好的计划对于提高服务质量可能是决定性的。例如，双十一由于网购数量的剧增，会导致快递服务需求显著增长，如果分拣机构不能及时作出调整，会导致快递不能及时送达、快递服务不能满足客户需求的状况。

服务时间的界定是首先界定需求的时间,明确界定了服务需求时间,服务提供时间也就明确了。

2. 服务描述的内容

(1)服务规格。服务规格经常被称为"服务水平协议",可以被定义为服务提供商与客户之间的一种协议,作为量化供应商绩效的参数和基础。其内容可能包括以下几项:

①指定的服务提供商,它可能是一个个体的人,一个法人实体及其他的机构或组织。

②定义所提供服务的实质和内容,连同可能的客观措施。

③明确服务提供的时间和地点,如按每月上旬、中旬、下旬进行供货,供货地点为总公司下属各分公司所在地。

④确认提供服务的人员名单。服务是由人提供的,人员质量对最终结果有显著影响。

⑤确定采购供应前置期及紧急情况下所要求的响应时间。

⑥明确支持和备用安排,如电话支持紧急时间安排等。

⑦明确所需的文件资料。

⑧明确协议的细节,如合同类型与合同期限、双方的权利责任和义务等。

(2)其他信息。其他信息主要包括以下几项:

①采购公司信息。主要是为了方便采购方与供应商之间的沟通而需要明确的联系方式,主要包括技术联系人、采购联系人、财务联系人及其联系方式。

②法律法规。涉及相关产品的法律要求,如危险品、健康和安全、环境保护、进口限制等。

③宏观政策。如安全和环境政策等。

(3)服务规格描述的呈现。服务明细单是对服务的要求、进程或结果进行表格化的呈现,见表3-7。

表3-7 服务明细单

类别	价格	专业品牌	服务内容
婚礼当天化妆造型	680元(全天)	香奈儿、倩碧、MAC	造型不限套数,上午在新郎接新娘前,提前2 h至新娘家化妆,晚上至晚宴结束。跟出外景,贴身补妆。提供花饰、精美头饰、耳环、项链(高档时装精美饰品)、假发、假睫毛、闪钻、闪粉等。馈赠伴娘妆、妈妈妆各一次(含清爽发型)
	480元(半天)		造型不限套数。在新娘迎宾前2 h至酒店开始化妆,晚上至晚宴结束。提供头饰、耳环、项链(高档时尚精美饰品)、假发、假睫毛、闪钻、闪粉等。赠送伴娘妆、妈妈妆各一次(不含发型)
	280元(一次妆)		单纯一次化妆发型,不跟现场。提供假睫毛、闪钻、闪粉

续表

类别	价格	专业品牌	服务内容
婚礼当天摄影	480元(全天)	相机品牌 1. 专业户外人像胶卷用的相机； 2. 数码相机	造型不限，张数不限。上午在新郎接新娘前，提前2 h和化妆师一同至新娘家跟拍，晚上至晚宴结束。 　　跟出外景，贴身拍摄。拍摄新人结婚的全过程。赠送当天跟拍用1个胶卷，胶卷照片冲印，底片全部赠予。数码照片赠送数码光盘一张(近期有添置高档数码专业相机的打算，如果添置后，此赠送项会有变动)

实训项目：编制工作说明书

【实训背景】

林子在2000年开设了一家小超市，经过近15年的创业，超市生意日渐红火，并在当地开设了5家连锁超市，经营的货品有几百种。在补货时，林子只需要向供应商提出要进什么、什么时候要及要多少，供应商就会按照林子的要求进行送货。但林子多次发现，供应商送来的货有时候"货不对板"，而供应商却坚持说他们送的就是林子所要的货，是林子没有说清楚。把货退回去重新送不仅增加了成本，而且还影响到超市的生意，甚至降低超市的市场竞争力。请你选择一家周边的大型超市中的四种不同典型特性的商品为分析对象，制作一个工作说明书(Statement Of Work, SOW)。

完成任务参考知识点：

SOW是供应商应执行的具体服务的描述，内容通常包括工作范围、服务内容、服务要求、预期结果、完成期限等。复杂的SOW还包括工作分解结构WBS(按照时间阶段，子项目，进行项目管理)、项目里程碑(时间点和交付物)，以及绩效和质量评估(绩效和质量评估标准与评估方法)等。

在日常采购中，采购部门可以这样帮助业务部门开发制作SOW：

(1)首先需要业务部门懂得清晰和明确的SOW是保证采购成功的必要文件，对于获得合格的提案、准确的报价及采购的效率都至关重要，其影响的是业务部门自身的时间和利益。

(2)可以对业务部门进行一次访谈，帮助业务部门先界定项目范围(Scope)，即所需的产品或服务的界限范围，回答Why、When、Where、Who的问题；其次列明业务需求(Requirement)，即在所定的界限范围内的业务需要，回答What、How的问题。

(3)对于实在无法理解SOW为何物的业务部门，可以选择一个之前其他部门的相似项目案例，从头到尾讲给业务部门做参考。

(4)有了最基本的需求理解，可以提供SOW的空白模板给业务部门填写。

(5)根据上面的步骤，业务部门的需求应该可以作出一个雏形框架。

(6)如果仍无法细化，可以邀请一个供应商针对需求框架进行技术交流，帮助业务部门厘清思路，完善细节。

（7）为了保证制定的工作说明书更加有效，最好邀请一两个供应商进行校核反馈，一是确保考虑的全面性和可行性；二是保证供应商理解的一致性。

（8）如果项目实在过于新颖、专业或复杂，业务部门无法制定出符合要求的需求说明文件，可以采取两阶段招标的方法。先邀请几个供应商进行技术方案征集，等业务部门真正了解和确定需求后，再进行商务阶段的招标工作。

【实训目标】

编号	要求	成果
1	明确小组内成员之间的分工，尽可能调动所有成员参与的积极性，达到本项实训的效果	以小组为单位学习需求构成要素及产品或服务描述方法的相关知识，明确人员的具体任务
2	资料收集：调研相关企业，收集相关资料	完成资料收集整理，选定采购需求的描述方法
3	正确采用需求描述方法，准确描述需求	1. 完成工作说明书的编制。 2. 巩固课堂学习知识，实现知识到技能的融会贯通

【实训组织】

总体组织	具体步骤
教师提出实训任务，对实训作出具体的要求；学生组建团队，学习相关理论知识，通过走访调查和资料收集等途径，收集整理相关资料，发挥团结协作精神，完成实训项目要求的各项工作	1. 教师布置实训项目需要完成的任务。 2. 本着自愿的原则，以 5~6 人为一组，每组选出一名小组长，由组长分工及协调实训小组的实训任务，并带领组员完成实训任务。 3. 通过实地采访调查法进行资料收集，对收集的资料进行分类整理。 4. 根据所学知识进行需求的描述。 5. 完成实训项目要求的各项工作

【实训评价】

目的	考核
1. 加深对不同采购需求构成的理解。 2. 提升信息收集、分析和整理的能力。 3. 培养团队合作精神，包括处理意外事件，与人/机沟通的能力	1. 实训过程中职业素养和专业能力是否得到体现。 2. 小组分工是否明确和均衡，小组成员的能力是否得到充分的发挥。 3. 描述方法选择是否得当，描述是否规范。 4. 小组调研报告思路是否清晰，内容是否充实，重点是否突出

任务三　确定采购数量

不同的需求类别,数量确定的方法有所不同。基于需求和产品形成过程的特性,可将需求分为生产性采购和非生产性采购。

生产性采购是指企业最终产品的直接组成部分的物品采购,或直接介入生产过程的产品的采购,如材料、零部件和生产设备。该采购需求一般是由企业外部对本企业产品需求的拉动产生的。

非生产性采购是指那些既不构成企业最终产品的直接组成部分,也不是生产过程中所使用的产品或服务的采购,包括非生产性机器设备,维护、维修和运营(MRO)品项(如备件、工具和燃料),以及"白领"用品(即办公室用品)。该采购需求通常建立在内部计划(如新投资、项目等)基础上,因此,更易于公司直接控制和安排预算,相对生产性需求而言,更易于进行预测。

一、预测方法

(一)需求的特性

了解需求的特性对准确地确定预测需求数量十分重要。按需求的特性可分为连续需求和间断需求。如果需求是连续的,可以利用一系列历史数据对未来的需求进行预测;但如果需求是间断的,则不能运用相应的预测方法对其需求数量进行预测。

连续需求通常有趋势性、周期性波动、季节性变化和随机性变化四种表现形式。

1. 趋势性

趋势性需求如图 3-3 所示。图 3-3(a)反映了需求基本稳定,围绕着某一数量略有波动,在该种情况下,波动的轴线是在对未来需求数量的预测时所需要掌控的;图 3-3(b)反映了需求呈上升的趋势;图 3-3(c)反映了需求呈下降的趋势。在确定未来需求时需要考虑这一趋势才能比较准确地进行预测。

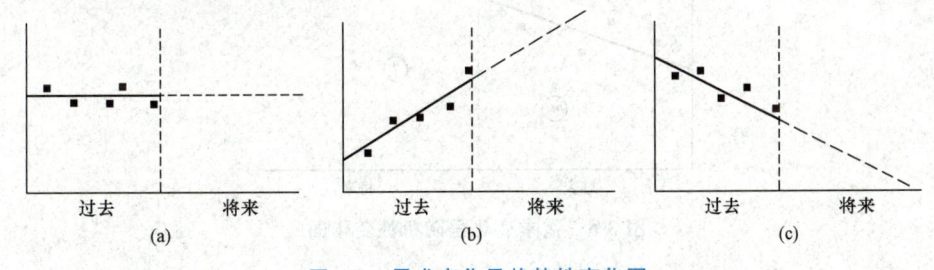

图 3-3　需求变化呈趋势性变化图

2. 周期性波动

需求随着商业周期(如经济增长或衰退)和产品生命周期等因素的变化,呈现出周期性的增长或降低的趋势,如图 3-4 所示。

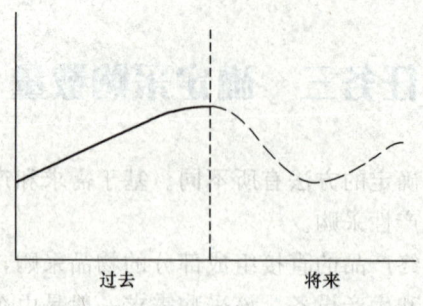

图 3-4　需求变化呈周期性变化图

3. 季节性变化

由于受季节性因素的影响，需求会在一段时期内（如在某几小时、天、周、月、季、年）出现高于或低于平均水平的情形，如图 3-5 所示。需求季节性变化的因素主要有天气情况、经常性事件如假日、春节、财政年度的开始或结束等。

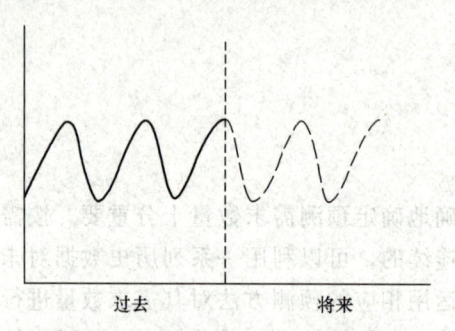

图 3-5　需求变化呈季节性变化图

4. 随机性变化

需求受某些未知因素的影响而发生随机性变化，如图 3-6 所示。

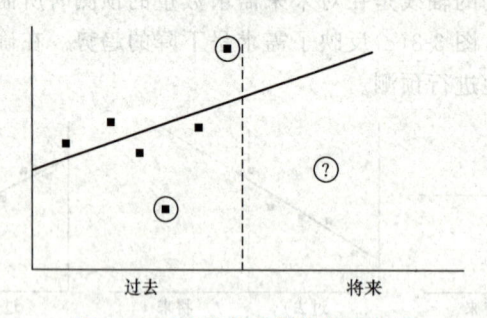

图 3-6　需求变化呈随机性变化图

需求预测的方法主要针对的是需求变化的规律，而不是偶然性的随机变化。

（二）需求量的定性预测法

预测者依靠熟悉业务知识、具有丰富经验和综合分析能力的人员与专家，根据已掌握的历史资料和直观材料，运用个人的经验和分析判断能力，对事物的未来发展作出性质和程度上的判断，再通过一定形式综合各方面的意见，作为预测未来的主要依据。

需求量的定性预测法适用于国家经济形势的发展、经济政策演变、市场形势变化、科技发展与应用、新产品开发、企业未来的发展方向、经营环境分析和战略决策等。

1. 头脑风暴法

头脑风暴法(又称智力激励法)是由美国创造学家亚历克斯·奥斯本在1939年首次提出的,于1953年正式发表的一种集体开发创造性思维的方法。

头脑风暴法是一种专家会议法,是指根据规定的原则选定一定数量的专家,按照一定的方式组织专家会议,发挥专家集体的智能结构效应,对预测对象未来的发展趋势及状况,作出判断的方法。

> **知识拓展**
>
> 头脑风暴法遵循的原则
>
> (1)自由畅谈原则:鼓励标新立异,与众不同!从不同角度、不同层次,大胆想象!鼓励异想天开!——说出能想到的任何主意。
> (2)延迟评判原则:要求一切评价和判断都要延迟到会议结束以后。
> (3)禁止批评原则:批评会对创造性思维产生抑制作用。
> (4)以量求质原则:重数量而非质量,鼓励越多越好。
> (5)结合改进原则:见解无专利!鼓励综合数种见解或在他人见解上进行发挥。
>
> 应用头脑风暴法时的注意事项
>
> (1)关于议题:明确主题。
> (2)关于专家选择:与预测对象一致;对问题理解较深;专家彼此不认识;与会者一视同仁。
> (3)关于主持人:了解会议背景,熟悉头脑风暴法的程序。
> (4)关于记录员:依照发言顺序标记;内容不清时应确认;记录要点,字迹清晰。注意记录的分类整理和综合会议结束后,分类整理记录,并补充。

2. 德尔菲法

(1)概念。Delphi是古希腊的城市,传说中的神谕之地,因有阿波罗神殿而闻名。阿波罗(Apollo)是古希腊神话中的太阳神,掌管音乐、诗歌和预言。德尔菲法是根据具有专门知识的专家的直接经验,对研究问题进行判断、预测的一种方法,又称专家调查法。它是1964年由美国兰德公司首先用于预测领域的。

(2)遵循原则。函询的问题要集中,具有针对性,先简单,后复杂,以递进的方式提出,避免包含多个方面的组合问题,让专家难以作答,组织者(或机构)应保持中立客观,防止出现诱导现象。

(三)定量分析法

定量分析法是根据以往比较完整的历史统计资料,运用各种数学模型对市场未来发展趋势作出定量的计算,求得预测结果。这类方法有助于在定性分析的基础上,掌握事物量的界限,帮助企业更正确地进行决策。常用的需求预测定量分析方法主要有因果关系分析法和时间序列分析法。

定量预测的优点：注重于事物发展在数量方面的分析，重视对事物发展变化的程度做数量上的描述，更多地依据历史统计资料，较少受主观因素的影响。定量预测的缺点：比较机械，不易处理有较大波动的资料，更难预测事物的变化。

定性预测和定量预测并不是相互排斥的，而是可以相互补充的，在实际预测过程中应将两者正确地结合起来使用。

1. 因果关系分析法

因果关系分析法是指通过某个产品的需求量与自变量之间存在的因果关系，进行分析预测的一种方法。具体如下：

(1)预期在报纸上刊登的广告数量和某些会增加报纸发行量与版面的特定事件(如体育竞赛)，会影响到新闻报纸的需求。

(2)天气预报对大范围内冷空气的报道将会影响到冬季服装需求水平。

(3)一种产品销售价格的降低在一定程度上很可能导致对这种产品需求的增加。

因果关系分析法的主要方法是线性回归分析法。

如果可以准确地分析出影响需求的变量及它们对需求的影响程度，并且这些因素本身是可靠的，这种方法就能够很精确地预测到将来很长时间内的需求。

2. 时间序列分析法

时间序列分析法是指对过去需求数据(即过去一段时间内采购的数量)利用一系列的方法进行分析，最终确定一个需求预测值的方法。这种方法假定将来的需求模式同过去的一致，即假定过去的需求变化在将来还会继续出现，市场条件相对稳定，并且历史数据真实可靠。这种方法常用于短期预测，在中长期预测中则不宜采用。

时间序列分析法主要有以下几种方法：

(1)直观法。直观法是一种简单的需求预测方法。这种方法以过去数据为基础，根据这些数据的发展趋势，绘制出符合发展趋势的图形，从而在图形上可以找到将来某个时间的需求值，如图 3-7 所示。

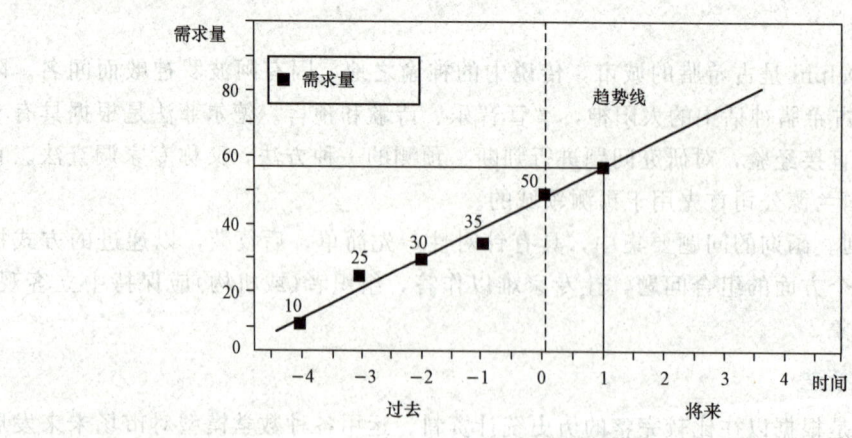

图 3-7 需求变化趋势图

直观法的应用步骤如下：

①以时间为横坐标，以需求量为纵坐标，画一个直角坐标系。

②将历史数据以画点的形式在该二维坐标系中表现出来。

③根据历史数据,画出需求波动的趋势线。

④做经过需预测的时点、与时间轴垂直的一条直线,并与趋势线相交,得到一交点。

⑤该交点所对应的需求量即在该时点的预测需求量。如图 3-7 所示,可预测得到下期的需求量约为 57 个单位。

直观法适用于趋势比较明显的情况。

(2)移动平均法。移动平均法是一种基础的数学预测方法。这种方法以设定的若干时期为计算期(如以最近 12 期为计算期),每次通过吸收新一期的数据,删除最早一期的数据,使计算期向前推移,并计算出该期间内时间序列的平均值作为下一期的预测值。由于移动平均法没有考虑需求的趋势,在需求具有上升或下降趋势时,利用该方法进行预测,其预测值将会小于或大于实际需求,因此,移动平均法适用于需求模式比较稳定的情况。

(3)移动加权平均法。移动加权平均法同移动平均法相似,只是给予每个数据一定的权重。由于越靠近预测期的数据对预测期数据的影响越大,故一般给予靠近预测期的数据比较大的权重,而离预测期远的数据权重小。这种方法侧重于近期的数据,如果需求呈增长或减少趋势时,采用这种方法可以提高预测的准确性。

(4)指数平滑法。指数平滑法与移动平均法相似,只是权数是从指数系列中选取。与加权移动平均法相比,指数平滑法不再需要重复计算每期的预测值。

利用这种方法进行下期预测的公式如下:

$$下期预测值 = 上期预测值 + \alpha(上期预测误差)$$

其中,$0 < \alpha < 1$。

指数平滑预测值依赖平滑常数 α 的选择。α 的大小主要取决于预测者对未来变化的判断。

表 3-8 为运用指数平滑法预测某物品的需要量的计算过程表。

表 3-8 指数平滑法预测某物品的需要量计算过程表

月份	需求量观测值	指数平滑值		
		$\alpha = 0.1$	$\alpha = 0.5$	$\alpha = 0.9$
1	3 000			
2	2 879	3 000	3 000	3 000
3	3 121	2 988	2 940	2 891
4	2 865	3 001	3 031	3 098
5	2 867	2 987	2 948	2 888
6	3 100	2 988	2 908	2 869
7	2 854	2 999	3 004	3 077
8	2 989	2 985	2 929	2 876
9	2 732	2 985	2 959	2 978
10	2 900	2 960	2 846	2 756

续表

月份	需求量观测值	指数平滑值		
		$\alpha=0.1$	$\alpha=0.5$	$\alpha=0.9$
11	3 156	2 894	2 873	2 886
12		2 920	3 015	3 129

预测需求量＝上期预测值＋(上期观测值－上期预测值)×α

假定预测是准确的,那么2月的预测值即1月的观测值。

现以$\alpha=0.9$为例,运用指数平滑法来计算3月的预测值:

3月需求量＝2月预测值＋(2月的观测值－2月的预测值)×α
＝3 000＋(2 897－3 000)×0.9＝2 891(取整)

将上述结果做一个图,来观察选择不同的α对结果的影响。

从图3-8中可以看出,α选得越大,预测值的响应性越强;α选得越小,则稳定性越强。

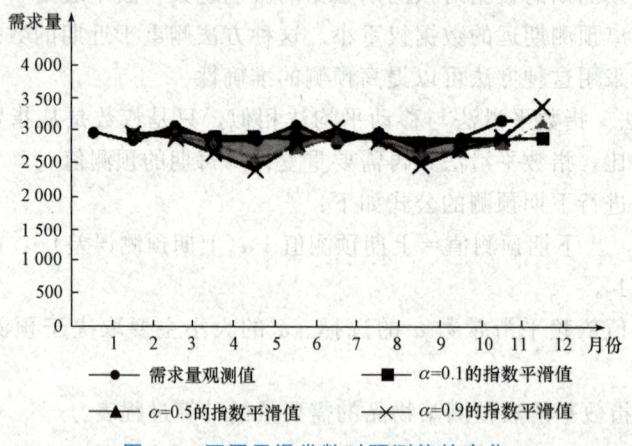

图3-8 不同平滑常数时预测值的变化

(四)需求预测的步骤

(1)数据的收集。数据的收集与分析是进行预测分析的基础。主要收集过去的需求数据及影响需求的变量。收集多少期数据对预测值有着较大的影响。

(2)分析收集的数据。对收集的数据还需要分析,剔除那些因为特殊情况而不能反映基本变化趋势的数据。

(3)选择预测模型,进行预测。为保证预测能反映最新情况,有必要进行经常性的更新,一般情况,预测结果每月更新一次。

二、采购量的确定过程

如果已签订了销售产品或服务的合同,则可以根据签订的合同、BOM和企业库存情况确定要采购物品的数量和品种。

1. 生产计划

由销售预测,加上人为的判断,便可拟订销售计划或目标。这一销售计划表明各种产品在不同时间的预期销售数量;生产计划即依据销售数量,加上预期的期末存货减去期初存货来拟订。

2. 用料清单表

生产计划只列示产品的数量,并无法直接知道某一产品需用哪些物料,以及数量多少,因此必须借助用料清单表(BOM)。用料清单表是由研究发展或产品设计部门所拟订的,内容则是各种产品由哪些材料所制造或组合而成。根据此表可以精确计算制造某一种产品的用料需求数量。用料清单表所列的耗用量,即统称的标准用量,与实际用量相互比较,作为用料管制的依据。

P_2 产品的 BOM 图如图 3-9 所示,表示每个 P_2 产品由一个单位的 R_1 原材料或零部件和一个单位的 R_2 原材料或零部件构成,如果需要生产 100 个 P_2 产品,则需要 R_1、R_2 原材料或零部件各 100 个。

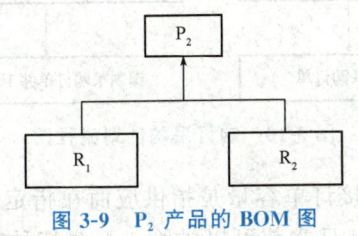

图 3-9　P_2 产品的 BOM 图

3. 存量管制卡

若产品有存货,则生产数量不一定要等于销售数量;同理,若材料有库存数量,则材料采购数量也不一定要等于根据用料清单表所计算的材料需用量。因此,必须建立物料的存量管制卡,以表明某一物料目前的库存状况;再根据数量,然后才开具请购单,进行采购活动。

4. 制订采购计划

制订采购计划工作需要考虑两个方面的内容,即订购的数量及谁有能力接受订单。其基本流程如图 3-10 所示。

(1)确定供应商可接受订单容量。计算物料采购订单容量是采购计划的重要组成部分。只有准确地计算订单容量,才能对比需求和容量,经过综合平衡,才能较准确地制订订单计划。计算订单容量主要有以下四个方面的内容。

①分析采购项目供应资料。物料采购计划人员只有掌握供应商的物料供应,才能在下达订单计划时做到心中有数。

②计算总体订单容量。总体订单容量是指在一定的交货时间内,几个不同的供应商所能够提供的某种物料的总和。总体订单容量一般包括两个方面的内容:一是可供给的物料数量;二是可供给物料的交货时间。例如,供应商 A 公司在 8 月 31 日之前可供应 3 万个特种轮胎(其中 A 型 2 万个,B 型 1 万个),供应商 B 公司在 8 月 31 日之前可以供应 5 万个特种轮胎(其中 A 型 2 万个,B 型 3 万个),那么 8 月 31 日之前 A 和 B 两种轮胎的总订单容量为 8 万个。其中,A 型轮胎的订单容量是 4 万个,B 型轮胎的订单容量是 4 万个。

```
                    ┌─ 分析采购项目供应资料
   ┌─────────────┐  │
   │ 确定采购订单容量 │──┤  计算总体订单容量
   └─────────────┘  │
                    │  计算总体订单容量
                    │
                    └─ 确定剩余订单容量
                          │
                          ▼
                    ┌─ 对比采购需求与供应容量
   ┌─────────────┐  │
   │  制订采购计划  │──┤  供需综合平衡
   └─────────────┘  │
                    │  确定余量认证计划
                    │
                    └─ 制订订单计划
          │                    │
          ▼                    ▼
   ┌─────────────┐      ┌─────────────┐
   │  编制请购单  │      │  编制请购单  │
   └─────────────┘      └─────────────┘
          │                    │
          ▼                    ▼
   ┌─────────────┐      ┌─────────────────┐
   │  下达采购订单 │      │ 编制采购订单并下达采购│
   └─────────────┘      └─────────────────┘
```

图 3-10　制订采购计划流程图

③计算承接订单容量。承接订单容量是指供应商在指定的时间内已经签下的订单量。例如，供应商 A 公司在本月 30 日之前可以供给 4 万个特种轮胎（其中 A 型 2 万个，B 型 2 万个），则该公司已经承接 A 型轮胎 2 万个，B 型 1 万个。但有时供应商各种物料容量之间可以借用，并且存在多个供应商的情况下，其计算就比较复杂。

④确定剩余订单容量。剩余订单容量是指某物料所有供应商群体的剩余订单容量的总容量。例如，供应商 A 公司的总体订单容量为 5 万个，已经承接订单容量 2 万个。供应商 B 公司的总体订单容量为 4 万个，已经承接的订单容量为 3 万个，供应商群体的总体订单容量为 5+4=9（万个），已承接订单容量为 5 万个，则物料剩余订单容量为 4 万个。

（2）制订采购计划。制订采购计划主要包括以下四个方面的内容。

①对比采购需求与供应容量。对比采购需求与供应容量是制订订单计划的首要环节，只有比较物料需求与供应容量的关系才能有针对性地制订订单计划。如果经过对比发现物料需求小于供应容量，则无论需求多大，供应容量总能满足需求，企业可以根据物料需求来制订订购计划；如果供应商的容量小于企业的物料需求，则要求企业根据容量制订合适的物料需求计划，这样就产生了剩余物料需求，需要对剩余物料需求重新制订认证计划。

②供需综合平衡。供需综合平衡是指综合考虑市场、生产、订单容量等要素，分析物料订单需求的可行性，必要时调整订单计划，计算订单容量不能满足的剩余订单需求。

③确定余量认证计划。在对比物料需求与供应容量时，如果供应容量小于物料需求就会产生剩余需求。对于剩余需求，需要交给认证计划制订者进行处理，并确定能否按照物料需求规定时间内进行交货。

④制订订单计划。制订订单计划是制订采购计划的最后一个环节，订单计划做好之后

就可以按照计划进行采购工作了。一份订单包含的内容有下单数量和下单时间两个方面。它们的计算公式分别如下：

下单数量＝生产需求量－计划入库量－现有库存量＋安全库存量

下单时间＝要求到货时间－认证周期－订单周期－缓冲时间

（3）编制请购单。完成请购单的填写工作，见表3-9。

表3-9 请购单

岗位/场地：		技术员	发货地址：	请购单编号：
申请类型： □新购物品 □仅需报价 □长期供应订单 最大价值：_____ 起/讫日期：_____	申请人： 姓名 分机号 _____ 签名 日期 _____ 部门/科室_____	姓名 分机号 _____ 签名 日期 _____ 要求检验： □是 □否 若是，细节：_____	_____ 联系人：_____ 电话：_____ 传真：_____ 电子邮箱：_____	订单号： 前期订单号： 无定额合同号： 要求交货日（日期）：

序号	物品代码	每年的预计用量	数量	续订库存	采购单位	物品/服务特征	预计成本	
							单价	合计

要求的用途/厂区地址：	工厂工位号：	成本分配 ％ 预算线	总预计成本： 采购审批人 姓名_____
建议供应商：			分机号_____ 签名_____
		财务/预算主管对提供资金的确认： 预算年度：	日期_____
□批准此申请 □单一投标者 原因：_____		库房管理员确认： 采购部门确认：	超越以上审批人权限时，有效审批人： 姓名：_____ 分机号_____ 签名_____ 日期_____

(4)下达采购订单。

①采购部收到 PMC 的物料采购申请单和生产排期后,应制作采购订单。采购订单的内容应包括但不限于下述内容:供应商名称、供应商/本公司联系人电话及传真、物料名称、物料规格、数量、交货日期、物料编号、成品型号、订单编号、交货地点、价格等。采购订单制作完成后交采购主管审核工厂经理批准。

②采购订单的发出。批准后的采购订单盖上回传章后再传真给相关供应商。供应商接到本公司采购订单后应对订单上的内容进行确认,确认无误后应传回给本公司。本公司在采购订单发出两天后应打电话向供应商确认,如供应商回复不能接受订单上的要求,则应与供应商商讨解决或另找其他供应商。

供应商应及时将物料的生产、品质情况传达给采购部,采购部也需要向供应商了解物料的相关情况,对不能按期交货等异常情况应及时向 PMC 等部门传达。

③订单的更改。当本公司对已发出的订单内容进行修改时,须将修改后的订单经采购主管审核、工厂经理批准后重新传给供应商,并作废原订单,供应商收到本公司的更改订单后,应对订单修改内容进行评估,并将接受的订单传回给本公司。如不能接受则应与之协商解决。

当供应商对已接受的订单内容进行更改时,须向采购部询问是否可以修改订单要求,采购部须与 PMC 或其他部门如工程、品管沟通,了解是否可以接受供应商提出的要求并回复供应商结果。

5. 请购、验收、付款流程

请购、验收、付款流程见表 3-10。

表 3-10 请购、验收、付款流程

类别	请购单位	仓储组	采购单位	上级单位	会计室
请购	1 填写请购资料——请购单	2 填写请购库存资料	4 填写询价资料,并统一编号 6 将请购单各联分送有关单位(1、2 联暂自存;3、4 联暂存仓库)	3 经各级主管部门核准后送采购部门 5 上级主管部门依权限办理准购	7 请购单验收及资金准备
验收、付款		8 填写验收资料后将 3 联及发票送采购	9 在 1、2、3 联盖章验讫后将来联及发票转会计		10 凭 3、5 联及发票做账 11 付款核准 12 付款后 3、5 联存档

实训项目：预测采购量

【实训背景】

林子超市附近的几个新楼盘入住后，周边居民人数大幅度上升，林子超市的纸巾销量也随之上升，因之前×品牌餐巾纸存在质量问题，故林子超市采购决定向新供应商（深圳鑫鑫纸业有限公司）采购鑫鑫品牌的纸巾，以替代×品牌纸巾上架销售。因此，作为家居百货的采购主管林小庆需要对鑫鑫品牌纸巾的采购需求量进行预测和计算，以便尽快确定鑫鑫纸巾的采购需求量。

根据往年数据，林子超市年采购×品牌纸巾6 000提，单价是23元/提，处理订单和组织送货需要150元的费用，每件产品的储存成本为5元，采购不确定的经济采购时间为3 d，正常订货时间需要7 d，并且近期内卷筒纸巾用量呈正态分布。根据×品牌纸巾的资料数据信息，林小庆需要对鑫鑫品牌纸巾的采购订货量进行预测和计算。

确定预测目标之后，林小庆要求采购员丽丽收集相关预测分析的资料数据，对于收集来的资料，林小庆需要进行整理分析，剔除由于偶然因素造成的不正常情况的资料，筛选出对预测分析有用的数据，见表3-11。

表3-11 产品周期采购量

产品名称	×品牌卷筒纸巾				产品型号		112 mm×180 mm(3层)×10卷			
商品质量	200 g				性质		天然纯白，吸水性好			
周期数(t)	1	2	3	4	5	6	7	8	9	10
采购量	460	470	480	500	510	520	530	550	560	560

收集了相关资料后，林小庆需要选择一定的预测方法对采购需求进行预测，最后根据预测分析的结果，编写预测分析报告。

【实训目标】

编号	要求	成果
1	明确小组内成员之间的分工，尽可能调动所有成员参与的积极性，达到本项实训的效果	以小组为单位学习采购数量预测方法相关知识，明确人员的具体任务
2	资料收集：调研相关企业，收集相关资料	完成资料收集整理，为采购数量的预测提供依据
3	选择正确的预测模型和方法，实施采购数量的预测	1. 通过预测获得采购数量； 2. 巩固课堂学习知识，实现知识到技能的融会贯通

【实训组织】

总体组织	具体步骤
教师提出实训任务，对实训作出具体的要求；学生组建团队，学习相关理论知识，通过走访调查和资料收集等途径，收集整理相关资料，发挥团结协作精神，完成实训项目要求的各项工作	1. 教师布置实训项目需要完成的任务。 2. 本着自愿的原则，以 5~6 人为一组，每组选出一名小组长，由组长分工及协调实训小组的实训任务，并带领组员完成实训任务。 3. 通过实地采访调查法进行资料收集，对收集的资料进行分类整理。 4. 根据所学知识进行采购数量的预测。 5. 完成实训项目要求的各项工作

【实训评价】

目的	考核
1. 加深对采购数量预测模型知识的掌握和运用。 2. 提升信息收集、分析和整理的能力。 3. 培养团队合作精神，包括处理意外事件，与人/机沟通的能力	1. 实训过程中职业素养和专业能力是否得到体现。 2. 小组分工是否明确和均衡，小组成员的能力是否得到充分的发挥。 3. 预测方法选择是否得当，操作是否规范。 4. 小组调研报告思路是否清晰，内容是否充实，重点是否突出

实训项目：确定采购数量

【实训背景】

你所在的公司已开发生产了 P_1、P_3，目前又成功开发了 P_2 产品。根据市场需求分析，这三种产品目前都处于供不应求的状况，公司决定把握现在的良好市场机会，尽公司的最大生产能力为市场提供 P_1、P_2、P_3 产品。你作为公司的采购总监，现需要制订月采购计划，如何在资金极其紧张的情况下保证生产所需原材料的供应成为要解决的问题。

目前拥有两条生产线，一条为手工生产线，生产周期需要 3 d，分别用于生产 P_1 产品和 P_3 产品，另一条为半自动生产线，生产周期需要 2d，用于生产 P_2 产品。根据市场需求，公司目前已投资建成了 3 条新的全自动生产线，生产周期需要 1 d，分别用于生产 P_1、P_2、P_3 产品。此三种产品需要的原材料为 R_1、R_2、R_3。各产品的 BOM 如图 3-11 所示。

```
     P₁              P₂                  P₃
     ↑              ↗ ↖              ↗    ↖
     R₁         R₁      R₂         R₂      2R₃
```

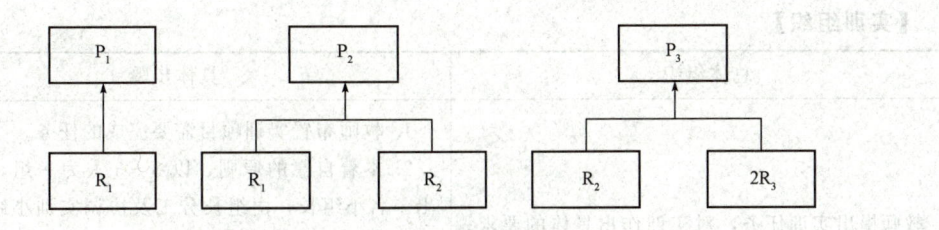

图 3-11 各产品的 BOM

采购 R₁、R₂ 原材料从下订单到入库需要 2 d，而采购一个 R₃ 原材料需要一天的订货周期、一天的在途运输周期和一天的入库周期。

目前你公司原材料库情况如下：库有 R₁ 原材料两个单位、R₂ 原材料有一个单位、R₃ 原材料有一个单位；一个 R₃ 原材料昨天已经下单订购，现已在途运输。

目前生产线上生产的情况如下：

第一条生产线为手工生产线，已有一个 P₁ 产品在该生产线上处于第一天，正在进行生产；

第二条生产线为手工生产线，已有一个 P₃ 产品在该生产线上处于第二天，正在进行生产；

第三条生产线为半自动生产线，用于生产 P₂ 产品；

第四条生产线为新投产的全自动生产线，用于生产 P₂ 产品；

第五条生产线为新投产的全自动生产线，用于生产 P₁ 产品；

第六条生产线为新投产的全自动生产线，用于生产 P₃ 产品。

请你在保证生产能力全面实现和持续生产，以及"零库存"的前提下，确定企业采购计划中的月采购数量。

【实训目标】

编号	要求	成果
1	明确小组内成员之间的分工，尽可能调动所有成员参与的积极性，达到本项实训的效果	以小组为单位学习采购计划的相关知识，明确人员的具体任务
2	学习实训背景资料，掌握物料清单相关知识	明确各产品所需原材料的构成
3	根据物料清单，计算各原材料的采购数量	1. 原材料的采购数量。 2. 巩固课堂学习知识，实现知识到技能的融会贯通

【实训组织】

总体组织	具体步骤
教师提出实训任务，对实训作出具体的要求；学生组建团队，学习相关理论知识，通过走访调查和资料收集等途径，收集整理相关资料，发挥团结协作精神，完成实训项目要求的各项工作	1. 教师布置实训项目需要完成的任务。 2. 本着自愿的原则，以5~6人为一组，每组选出一名小组长，由组长分工及协调实训小组的实训任务，并带领组员完成实训任务。 3. 通过各条生产线的生产能力，计算所需消耗的原材料数量。 4. 汇总所需的原材料数量，与现有的资源量进行对比，同时考虑生产的连续性要求，计算需要采购的数量。 5. 完成实训项目要求的各项工作

【实训评价】

目的	考核
1. 掌握物料清单相关知识和生产计划等相关知识。 2. 提升信息收集、分析和整理的能力。 3. 培养团队合作精神，包括处理意外事件，与人/机沟通的能力	1. 实训过程中职业素养和专业能力是否得到体现。 2. 小组分工是否明确和均衡，小组成员的能力是否得到充分的发挥。 3. 方法选择是否得当，操作是否规范。 4. 小组调研报告思路是否清晰，内容是否充实，重点是否突出

任务四 选择资源获取方式

一、获取方式

物料获取方式是指企业围绕由内、外部获得的零部件、服务的获取方式进行选择决策。内部获取主要是指通过企业自行组织生产而获得，即自制；外部获得主要是指通过采购或外包生产的方式获得所需的零部件或服务的方式。

1. 自制

通常，在以下情况下企业会选择自制的获取方式。

(1)物料需求较少，且生产的特殊性造成供应商少。

(2)对该物料质量要求高、特别，导致供应商难以满足本企业的需求。

(3)需要对本企业的专有技术或专利实施保护时。

(4)自制成本比外购低时。

（5）为避免被供应商控制时。

（6）受特定的竞争、政治、社会或环境等某些特定因素的限制，迫使企业必须选择自制。

自制的优势：提高企业对自身运营的控制能力；如达到规模经济所要求的产出数量，还能为企业带来成本的节约；将物料生产控制在企业内部，有利于企业的保密工作；自制还有助于企业形成核心竞争力。

自制的劣势：投资较高可能给企业带来风险，同时，可能降低企业的生产及战略柔性；资源可能不能集中在核心领域，可能会降低企业的核心竞争力；企业无法得到潜在供应商带来的优质产品和服务供应。

2. 采购

通常，在以下情况下企业会选择自制的获取方式。

（1）企业缺乏管理或技术经验，无法自制产品或自行提供所需的服务。

（2）可以可靠地从供应商处获得所需的物料。

（3）该产品或服务的生产不是企业的核心竞争力，自己生产可能降低企业的经济性，不利于企业获利。

选择采购这一获取资源或服务的方式能给企业带来如下优势：保持高度的柔性，便于企业专注于核心竞争力的发展；利用供应商在该领域的新技术、新发展快速接受现代化的产品及生产流程；降低投资风险，获得优质的产品或服务，通过较少的投资获得显著的效益。

采购本身也会给企业带来一些劣势：与供应商之间需要建立高效的协同合作协调机制；与供应商之间的博弈管理也是企业无法回避的难题。

3. 外包

外包是企业从总成本的角度出发，将企业不能或不擅长的非核心业务交给成本更低、效率更高的专业企业，在保证质量的前提下，通过整合优势资源实现企业总成本最低。

选择外包的方式来获取所需的资源或服务能给企业带来如下优势：集中优势资源，打造企业的核心竞争力；节约成本，获得外部企业的专业化服务；加快新产品进入市场的速度；支持企业的价值提升；分担风险，提高组织对市场的反应速度；利用优秀供应商的品牌提高企业的声誉。

外包在给企业带来优势的同时，也给企业带来如下风险：外包可能导致企业核心信息的流失或泄露；依赖供应商容易导致被供应商束缚；增加协调的难度；丧失该部分产品或服务的学习机会和培养该业务竞争能力的机会，从而削弱企业的新产品研发能力；多重分包容易导致控制失败，造成外包绩效低。

二、获取方式选择的影响因素

成功的自制、采购或外包决策都有利于帮助企业达到降低总成本、提高业务水平、改善产品质量、提高利润率和生产效率等目的，而不恰当的获取方式和决策却将给企业带来成本的增加、供应商控制失败、重要信息资源流失甚至丧失核心竞争力等风险或威胁。因此，在获取方式决策上应充分考虑相关因素的影响，并在此基础上作出决策。

1. 企业核心竞争力

在获取方式决策时，首先需要确认该业务是否能给企业带来竞争优势。只有非竞争优势来源业务才可能被考虑外包，而对于企业竞争优势的来源业务，包括可能发展成为未来竞争优势的业务，即使成本较高，公司也绝不能将该业务外包出去。

2. 成本

成本是物料获取方式决策必须考虑的因素之一。通过对自制的全部成本与外部采购的成本进行比较，低成本的运营方式是获取决策想要达到的目的。决策时应从长远的角度，综合考虑各项资源的成本，估计总的获取成本。如企业拥有设备生产能力的部分闲置，在考虑自制时只需要计算该业务的变动成本，从而很容易导致自制的成本低于采购或外包的价格，但一旦劳动力成本持续走高的速度快于其他生产成本，那么在自制方面的低成本的优势就会消失，甚至成为劣势。

3. 质量

当该业务不涉及企业的核心竞争力时，如外部供应商拥有更加先进的工艺或技术，且能以更高的效率、更大的规模组织生产，采购企业能在获取高质量产品的同时降低该项产品或业务的成本，此时外包优于自制；如果零部件质量要求非常严格，而外部供应商又不具备生产这一质量的能力，企业就必须自制。

4. 技术

技术是影响企业物料获取方式的一个重要因素。技术的不断变化体现技术的不成熟及生命周期的短暂，用这类技术生产的零部件不仅风险大，而且可能导致需要大规模的基础建设投资，此时选择自制是不明智的，将这类更新速度快的技术外包，或通过采购获取物料，可以将风险转嫁给供应商。

5. 时间

时间是影响企业物料资源获取方式的一个重要因素。消费者个性化、多样化的需求特点决定了市场瞬息万变，导致很多产品的生命周期不断缩短，竞争呈现出"快鱼吃慢鱼"的态势。加快企业产品的更新速度就能迎合消费者的最新需求，从而抢占先机。此时，公司通过物料采购或外包决策可减少产品开发时间和生产时间，成为企业赢得竞争优势的关键战略。

任务五　实现按期交付

一、供应商的服务能力

供应商的服务能力主要是对供应商对所采购方订单的响应能力、技术支持、维护和修理服务等方面的要求。

1. 供应商对所采购方订单的响应能力

供应商对所采购方订单的响应能力主要表明采购方对供应商的服务水平要求。通常可以通过供应方是否有专职人员来处理采购方的需求和问题、对采购方的需求能否在很短的时间作出快速的响应来加以明确。

2. 技术支持

当采购技术复杂的机器设备时，供应商是否提供安装调试和技术培训？对此一般在采购订单或采购合同中需加以明确。

3. 维护和修理服务

维护和修理服务主要是指当供应商接收到机器发生故障通知后多长时间可以赶到进行修理，或者可否保证提供关键零部件及送达采购方所需要的时间。

二、交付要求

交付要求主要包括交货方式和交期、交货地点、运输方式和包装形式等内容。

1. 交货方式和交期

交货方式是指所订购的物料是一次性交货还是分次交货；交期是指交货的具体时间。为保证及时交货，采购前置期的确认和科学地设定是非常重要的。供应商所需的前置期越短，越有利于保证供应。

2. 交货地点

供应商的前置期取决于交货的地点。在其他条件相同的情况下，交货地点越远，所需设定的前置期越长。

3. 运输方式

运输方式会影响前置期和采购成本。在前置期不能再压缩的情况下，采购方为保证及时交货，需要对运输方式作出明确的规定。例如，空运比海运速度快，但运输成本往往比较高。故在其他条件相同的情况下，选择所需前置期较短的供应商对采购方比较有利。

4. 包装形式

运输方式会影响货物损害程度，货物损坏可能导致货物与采购要求的品质不符。为使运输中货物损害的风险降到最低，同时考虑降低采购成本的要求，采购方需要对包装的形式作出详细的规定。

三、实现按时交付的方法

实现按时交付是标准的采购目标。延迟交付货物或材料，或者未能按时完成工作，可能会导致销售失败、生产停滞或客户满意度下降等。另外，一旦收到订单，大多数企业就将组织货物进行交付，按支付方式产生应收款或预付款，如果无法实现按时供货，就可能会出现现金循环减缓或索赔，从而降低组织效率或利润率。

供应商不能按期交付可能有以下原因：供应商为了订单不流入竞争对手，承诺了他们无法实现的交付日期，但这是不道德的行为和策略，将会影响买卖双方长期合作关系；或许供应商所报的日期是出于诚意提出的，但实际情况发生了变化，交付日期必须重新制定。

一般来说，未能按时交付的公司往往体现了公司在生产计划的编制和生产管理能力方面较弱，体现了公司较低的管理能力和水平。

实现按期交付需要做好以下工作。

1. 规定前置期

"前置期"(Lean Time)经常用于代替交付时间或与交付时间并用。"前置期"有不同的含义，限定交付时间或前置期的含义是非常有必要的。前置期可分为内部前置期和外部前置期。

(1)内部前置期(Internal Lean Time)是指从确认产品或服务需求到发出完整的采购订单(Purchase Order)所占用的时间。其包括准备规格、识别合适的供应商、询价/报价过程、最终选择供应商及签订合同。

(2)外部前置期(External Lean Time)是指从供应商收到采购订单到完成采购订单(通常是指交付产品或服务)所占用的时间，通常也被称为供应商交付时间。

采购前置期(Total Lead Time)是指从确定产品或服务需求到供应商完成采购订单所占用的时间。其是内部前置期和外部前置期的总和，再加上从购买者发出采购订单到供应商接收到采购订单之间的时滞(Lean Lag)。

2. 明确影响前置期的因素

内部前置期常常是总前置期的一个重要的组成部分，却不确定性很大，但往往被忽视。缩短前置期既要重视外部(供应商)前置期又要重视内部前置期。

影响前置期有很多因素，具体如下：

(1)购买者未能向供应商提供充足或正确的信息，导致供应商的前置期可能会延长。

(2)购买者在供应商设施所在地实施检验可能会增加总前置期。

(3)漫长的进货程序可能会增加总前置期。

(4)前期准确的预测可能会减少供应商对订单的反应时间，缩短前置期。

(5)选择一个能迅速作出反应的供应商，并让该前期介入，有利于缩短前置期。

(6)供应商烦琐且复杂的订单处理流程会增加前置期。

(7)供应商使用订单处理系统，如 ERP 系统会极大提高订单处理速度。

(8)货物的运输方式会影响总前置期。

(9)供应商的生产方式(MTO 或 MTS)也会影响前置期。MTO(Make To Order)按单生产，供应商接到订单后才开始生产，因此前置期较长；MTS(Make To Stock)库存生产，前置期相比 MTO 要短。

3. 衡量前置期的可信度

买、卖双方对前置期的期望是不同的。采购方希望前置期尽可能短，而供应商则可能希望前置期长一些；供应商可能会不择手段地提出他们实现不了的交付日期，以便赢得生意，采购方应该确定供应商同意了采购方规定的交付日期，并在采购文件中清楚写明。

判断前置期的可信度可以从以下几个方面进行：

(1)该供应商是否具有足够的能力。

(2)该供应商是否有可信的绩效统计。

(3)该供应商对前置期较长的部件是否拥有可利用的库存。

(4)该供应商是否有适当的供应战略。

(5)该供应商是否完全采用 MTO 的生产方式。

4. 催货

催货是检查供应商的交付计划并识别可能出现问题的过程，购买者可以要求供应商提供一份说明何时完成主要活动的生产计划，以确定哪些活动要催交。之所以需要催货，可能源于供应方的疏忽，也可能源于采购方工作存在缺陷。催交的形式可以是电话、信函、访问供应商或者通过管理输出人员完成。

催货需要耗费采购人员的时间和精力，同时也增加成本，因此，应该选择性地实施催货工作，采取订单分类是一个好的催货方法。为便于选择需要催货的订单，可对订单进行A、B、C、D分类。

(1)A类订单：非常重要、值得进行供应商访问、需要重点保证履行的订单。
(2)B类订单：需要通过电话或电子邮件提醒供应商的订单。
(3)C类订单：只有当供应商不能按合同要求进行发运时才进行催交的订单。
(4)D类订单：只有当有特殊要求时才进行跟踪的订单。

催货通常有以下方法：
(1)由采购员或负责采购的其他人员进行催货。
(2)在采购部门内部专门设置催货部门。
(3)在生产控制、设计部门或其他部门专门设置催货部门。

催货也可以采用以上方法的组合。

如果确保了下列事项，可以实现较少催货：
(1)买卖双方之间存在共同关心的问题，如供应商已经非常清楚地认识到准时供货的重要性。
(2)采购方不经常更改需求时间表。
(3)了解并接受供应商的交货周期。
(4)催货人员不经常提出不必要的警告。
(5)买卖双方共享库存、生产或其他交货相关信息。
(6)签订合同前检查供应商的能力。
(7)对交付时间要进行详细的说明(避免使用"尽快""紧急"或"根据情况"等字样)。
(8)规格能被供应商清楚理解并在其技术能力范围内。
(9)不经常更改规格。
(10)供应方的推销员所说的情况符合实际情况。

实训项目：分析影响交期的因素

【实训背景】

林子在2000年开设了一家小超市，经过近15年的创业，超市生意日渐红火，在当地开设了5家连锁超市，并且有进一步扩大发展的趋势。但在供应商供货方面总是存在供应商不能按约定的时间交货的情况，林子抱怨供应商未按期交货，供应商则将问题归咎林子超市订货工作不到位，这不仅影响了超市的经营，长期下去还会影响双方之间的合作。请你选择一家企业作为分析对象，对延期交货产生的原因进行分析，绘制树状图，并提出严控交期的分析报告。

任务参考资料：

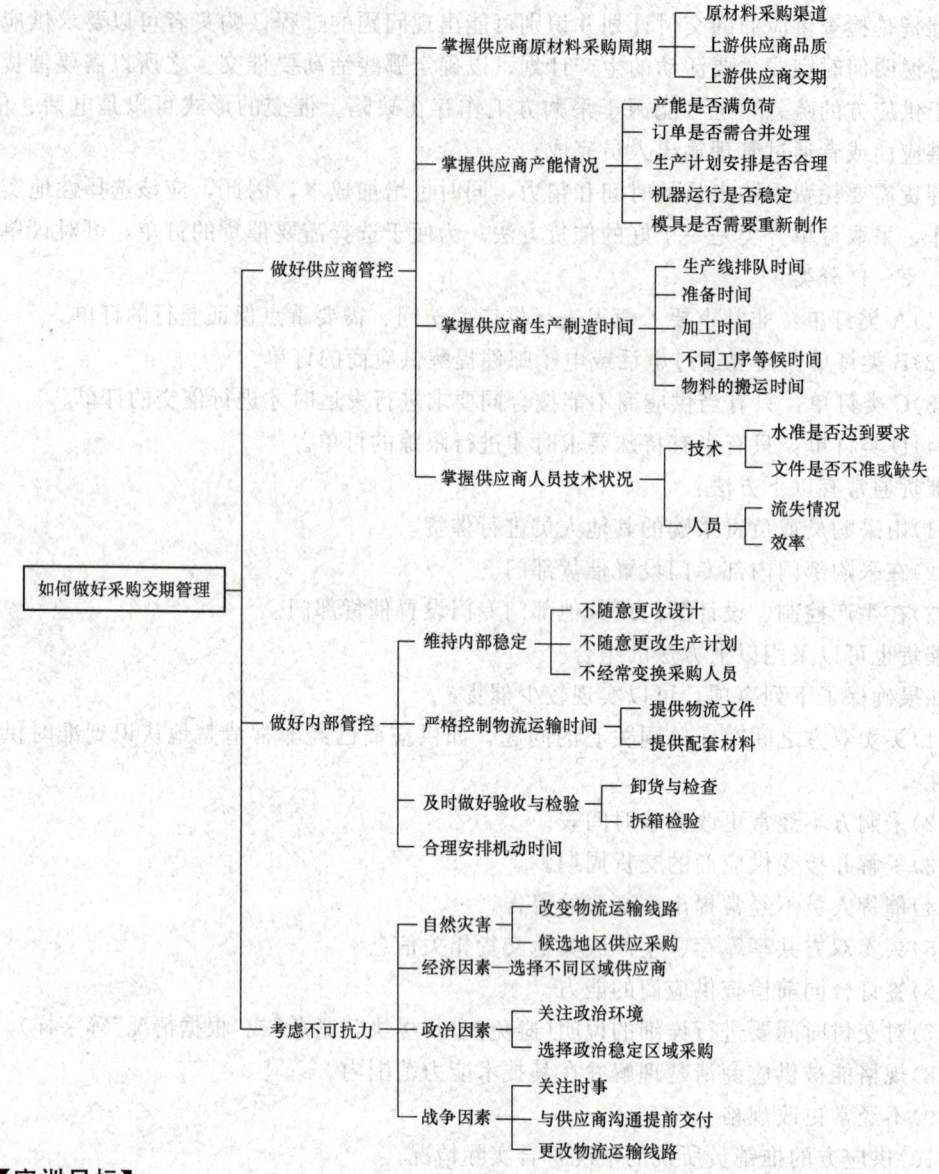

```
                                            ┌─ 原材料采购渠道
                      ┌─ 掌握供应商原材料采购周期 ─┼─ 上游供应商品质
                      │                     └─ 上游供应商交期
                      │                     ┌─ 产能是否满负荷
                      │                     ├─ 订单是否需合并处理
                      ├─ 掌握供应商产能情况 ──┼─ 生产计划安排是否合理
                      │                     ├─ 机器运行是否稳定
                      │                     └─ 模具是否需要重新制作
                      │                     ┌─ 生产线排队时间
          ┌─ 做好供应商管控 ─┤                 ├─ 准备时间
          │           ├─ 掌握供应商生产制造时间 ─┼─ 加工时间
          │           │                     ├─ 不同工序等候时间
          │           │                     └─ 物料的搬运时间
          │           │                         ┌─ 技术 ─┬─ 水准是否达到要求
          │           └─ 掌握供应商人员技术状况 ──┤       └─ 文件是否不准或缺失
          │                                     └─ 人员 ─┬─ 流失情况
          │                                             └─ 效率
          │                            ┌─ 不随意更改设计
如何做好采购交期管理 ─┤         ┌─ 维持内部稳定 ─┼─ 不随意更改生产计划
          │           │                └─ 不经常变换采购人员
          │           │                         ┌─ 提供物流文件
          ├─ 做好内部管控 ──┼─ 严格控制物流运输时间 ─┤
          │           │                         └─ 提供配套材料
          │           │                     ┌─ 卸货与检查
          │           ├─ 及时做好验收与检验 ──┤
          │           │                     └─ 拆箱检验
          │           └─ 合理安排机动时间
          │           ┌─ 自然灾害 ─┬─ 改变物流运输线路
          │           │           └─ 候选地区供应采购
          │           ├─ 经济因素 ─── 选择不同区域供应商
          └─ 考虑不可抗力 ─┤         ┌─ 关注政治环境
                      ├─ 政治因素 ─┤
                      │           └─ 选择政治稳定区域采购
                      │           ┌─ 关注时事
                      └─ 战争因素 ─┼─ 与供应商沟通提前交付
                                  └─ 更改物流运输线路
```

【实训目标】

编号	要求	成果
1	明确小组内成员之间的分工，尽可能调动所有成员参与的积极性，达到本项实训的效果	以小组为单位学习交期的相关知识，明确人员的具体任务
2	资料收集：调研相关企业，收集相关资料	完成资料收集整理
3	根据收集的资料，运用系统分析法和树状图法，对影响交期的因素进行分析	1. 影响交期的因素树状图，交期管理的分析报告。 2. 巩固课堂学习知识，实现知识到技能的融会贯通

【实训组织】

总体组织	具体步骤
教师提出实训任务，对实训作出具体的要求；学生组建团队，学习相关理论知识，通过走访调查和资料收集等途径，收集整理相关资料，发挥团结协作精神，完成实训项目要求的各项工作	1. 教师布置实训项目需要完成的任务。 2. 本着自愿的原则，以 5～6 人为一组，每组选出一名小组长，由组长分工及协调实训小组的实训任务，并带领组员完成实训任务。 3. 通过实地采访调查和网络等途径进行资料收集，对收集的资料进行分类归纳整理。 4. 根据所学知识完成影响交期的因素树状图。 5. 完成实训项目要求的各项工作

【实训评价】

目的	考核
1. 通过明确影响交期的因素，实现在实际工作中对交期的有效管控。 2. 提升信息收集、分析和整理的能力。 3. 培养团队合作精神，包括处理意外事件，与人/机沟通的能力	1. 实训过程中职业素养和专业能力是否得到体现。 2. 小组分工是否明确和均衡，小组成员的能力是否得到充分的发挥。 3. 调研方法选择是否得当，操作是否规范。 4. 小组调研报告思路是否清晰，内容是否充实，重点是否突出

素养园地

凡事预则立，不预则废

凡事预则立，不预则废。意思是说，要想成就任何一件事情，必须有明确的目标，认真的准备和周密的安排。这句话出自《礼记·中庸》一书，完整记载是："凡事预则立，不预则废；言前定，则不跲；事前定，则不困；行前定，则不疚；道前定，则不穷。"毛泽东在引用这句名言时说："凡事预则立，不预则废。没有事先的计划和准备，就不能获得战争的胜利。"

项目测评

一、判断题

1. 采购计划表为采购作业之起点，通常由使用单位、生产管制单位或扩建专案小组等所签发的单据。（   ）
2. 定量预测法包括头脑风暴法、德尔菲法。（   ）
3. 内部获取主要是指通过企业自行组织生产而获得，即自制；外部获得主要是指通过采购或外包生产的方式获得所需的零部件或服务的方式。（   ）
4. 获取方式选择的影响因素包括企业核心竞争力、成本、质量、技术、时间。（   ）

5. 供应商的服务能力主要是对供应商对所采购方订单的响应能力、技术支持、维护和修理服务等方面的要求。（　　）

二、简答题

1. 简述采购量的确定过程。
2. 简述交付要求。
3. 简述描述规格的方法。

项目评价

项目测评(40分)			得分：
计分标准： 　　得分＝5×判断题正确个数＋5×简答题正确个数			
学生自评(20分)			得分：
计分标准：初始分＝2×A的个数＋1×B的个数＋0×C的个数 　　　　　得分＝初始分/26×20			
学习任务	评价指标	自测结果	要求 (A掌握；B基本掌握；C未掌握)
认识采购计划	1. 采购计划表； 2. 请购单； 3. 订购单； 4. 计划的重要性	A□　B□　C□ A□　B□　C□ A□　B□　C□ A□　B□　C□	能够制作采购计划表；能够制作请购单；能够制作订购单；明白计划的重要性
描述采购需求	1. 描述品名规格； 2. 描述服务规格	A□　B□　C□ A□　B□　C□	能够描述品名规格；能够描述服务规格
确定采购数量	1. 预测方法； 2. 采购量的确定过程	A□　B□　C□ A□　B□　C□	熟悉预测方法；掌握采购量的确定过程
选择资源获取方式	1. 获取方式； 2. 获取方式选择的影响因素	A□　B□　C□ A□　B□　C□	理解资源获取方式；熟悉获取方式选择的影响因素
实现按期交付	1. 供应商的服务能力； 2. 实现按时交付的方法； 3. 交付要求	A□　B□　C□ A□　B□　C□ A□　B□　C□	认识供应商的服务能力；实现按时交付的方法；掌握交付要求
小组评价(20分)			得分：
计分标准：得分＝10×A的个数＋5×B的个数＋3×C的个数			
团队合作	A□　B□　C□	沟通能力	A□　B□　C□
教师评价(20分)			得分：
教师评语			
总成绩		教师签字	

项目四

分析确定采购价格

获取与选择报价是与供应商接触的开始,选择了哪家供应商的报价,其实就是选择了该供应商作为获取资源的来源,也就决定了公司获取资源的成本、质量和企业的效益。获取报价的途径、选择多少家公司参与报价及如何评判与选择供应商的报价,是本项目需要掌握的知识和技能。

学习目标

1. 了解获取与选择报价的流程及工作内容;
2. 了解影响邀请报价的供应商数的因素,能对供应商成本和定价进行分析;
3. 掌握不同采购品项的报价标准、报价方法和评价方法;
4. 懂得选择合适的获取报价的渠道;
5. 能独立进行获取报价工作;
6. 掌握供应商报价进行选择和评价的技能。

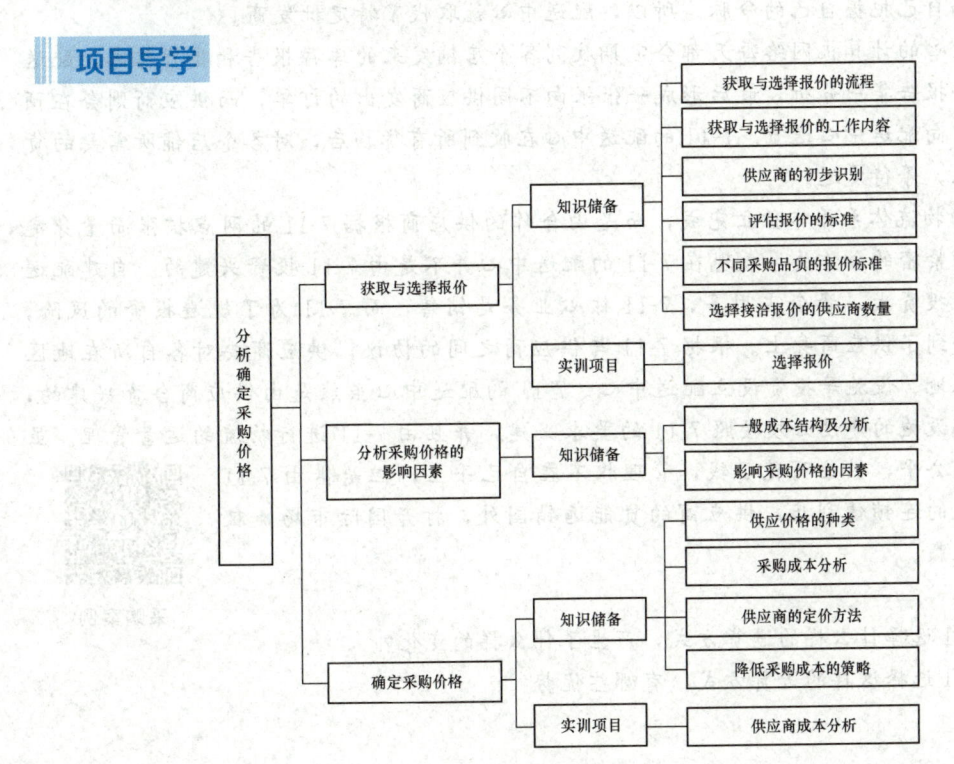

项目导学

```
                                    ┌─ 获取与选择报价的流程
                                    ├─ 获取与选择报价的工作内容
                      ┌─ 知识储备 ──┼─ 供应商的初步识别
                      │             ├─ 评估报价的标准
         ┌─ 获取与选择报价         ├─ 不同采购品项的报价标准
         │            │             └─ 选择接洽报价的供应商数量
         │            └─ 实训项目 ── 选择报价
         │
分析     │                           ┌─ 一般成本结构及分析
确定 ────┼─ 分析采购价格的 ─ 知识储备 ┤
采购     │   影响因素                 └─ 影响采购价格的因素
价格     │
         │                           ┌─ 供应价格的种类
         │                           ├─ 采购成本分析
         │            ┌─ 知识储备 ──┼─ 供应商的定价方法
         └─ 确定采购价格              └─ 降低采购成本的策略
                      └─ 实训项目 ── 供应商成本分析
```

> **案例导读**

7-11 的进货方式变革

一间普通的 7-11 的面积一般只有 100 m², 却要提供 2 000～3 000 种商品, 不同的商品有可能来自不同的供应商, 运送和保存的要求也都不同, 每种食品又不能短缺或过剩, 而且还要根据顾客的不同需要随时调整货物的品种, 这就对连锁店的物流配送提出了很高的要求。为此, 7-11 不断调整进货管理模式。

起初, 7-11 的货物配送是依靠批发商来完成的。以日本的 7-11 为例, 早期日本 7-11 的生产商都有自己特定的批发商, 而这个批发商就是联系 7-11 和生产商之间的纽带, 也是 7-11 和生产商间进行货物传递、信息交流的通道。生产商把自己的产品交给批发商之后对产品的销售就不再过问, 所有的配送和销售都由批发商完成。对 7-11 而言, 批发商所要做的就是将生产商生产的产品迅速有效地运送到 7-11 手中。

随着 7-11 业务规模的扩大, 批发商需要更大限度地扩大自己的经营, 尽力向更多的便利店送货。渐渐地, 这种分散化的由各个批发商分别送货的方式无法满足规模日渐扩大的 7-11 的需要。由于一些送货时间的不确定性, 批发商送货效率低下等原因, 7-11 改变了以往由多家批发商分别向各个便利商店送货的方式, 改由一家在一定区域内由特定批发商统一管理, 其运作模式是在特定批发商的统筹安排和统一调度下, 共同对某一地区进行配送。这种方式有效地降低了批发商的数量, 减少了配送环节, 为 7-11 节省了成本。

业务扩展越大, 店铺越多, 业务越多, 7-11 就想自己掌握物流。商业机密必定不想泄露。这种特定批发商的出现提醒了 7-11 何不建一个配送中心。与其让其他人掌控自己的命脉, 不如自己把握自己的命脉。所以, 配送中心就取代了特定批发商。

配送中心的计算机网络每天都会定期收到各个店铺发来的库存报告和要货信息, 配送中心把这些报告集中分析, 最后形成一张张向不同供应商发出的订单, 而供应商则会在预定的时间内向配送中心送货。7-11 的配送中心在收到所有货物后, 对各个店铺所需要的货物分别打包, 等待发送。

7-11 的物流体系并非独立完成, 而是由合作的供应商根据 7-11 的网点扩张而量身定做的。这种紧密的合作关系表现在 7-11 的配送中心并不是由 7-11 投资兴建的。自建配送中心一次性投资大, 资金占用多, 7-11 核心业务是销售, 而 7-11 为了规避投资的风险, 将风险转移到了供应商身上。根据 7-11 与供应商之间的协议, 供应商要对各自所在地区内的闲置土地、设施等投资设立配送中心。7-11 的配送中心虽然是由供应商合资兴建的, 但是其内部设施的建设必须按照 7-11 的要求兴建, 并且由 7-11 进行物流的运营管理。虽然是有些不公平, 供应商花了钱, 管理权不在自己手上, 但是借由 7-11 是全球最大的连锁便利店, 供应商的货能远销国外, 打开国际市场, 双方可谓是双赢。

思考:

(1) 7-11 选择什么样的进货方式, 产生了什么样的变化?

(2) 7-11 选择这样的进货方式, 有哪些优势?

采购案例

任务一　获取与选择报价

在进行获取与选择报价工作时，通常需要从三个方面来考虑：一是使用的方法或流程及其正式的程度；二是评价供应商报价的标准；三是接洽报价的供应商数量。

一、获取与选择报价的流程

如图 4-1 所示为获取与选择报价的基本工作流程。

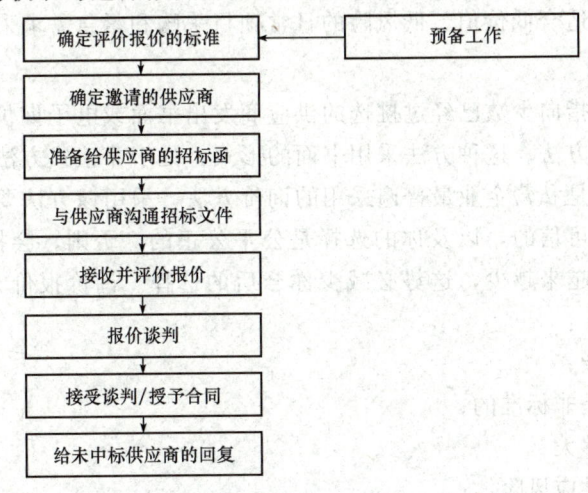

```
预备工作 → 确定评价报价的标准
          ↓
          确定邀请的供应商
          ↓
          准备给供应商的招标函
          ↓
          与供应商沟通招标文件
          ↓
          接收并评价报价
          ↓
          报价谈判
          ↓
          接受谈判/授予合同
          ↓
          给未中标供应商的回复
```

图 4-1　获取与选择报价的基本工作流程

预备工作主要包括以下内容：

(1)设定供应目标和优先级。如该项采购对企业的重要程度、该品项采购对供应商的吸引程度和成本等。

(2)分析供应市场。如能提供该采购品项的供应商数量的多少、采购价值占供应商业务量的比例大小等。

(3)定位采购品项。利用供应定位模型来决定采购品项的类型，确定花费多少时间和精力是比较合适的。

(4)确定特定品项的采购供应策略。不同的采购供应策略意味着不同的供应商关系类型，因而也就确定了获取与选择报价的方法。

(5)识别和评估潜在的供应商。对于那些涉及高支出或高供应风险的采购，应进行谨慎的供应商评估，以此来识别并确定邀请投标的供应商。

二、获取与选择报价的工作内容

根据报价程序的正式性和严格性程度不同，报价方法可分为非正式方法、询价报价方法和正式招标方法。

1. 非正式方法

非正式方法是指利用打电话、发传真、发邮件，以及在线订购等方式来获取供应商报价的方法。使用非正式方法通常是当处理订单的价值本身比较小而管理成本比较大、需要重点考虑降低管理成本时采用，如办公用品的采购报价。但这种方法可能会因为报价的供应商家数过多而处理报价的管理成本过高，因此，通常需要限定报价的供应商数量。非正式方法具有以下特征：

(1)交易双方互相了解并相互信任；
(2)公司花费最少的精力和成本，而不会有过程延迟；
(3)信任程度会决定采购数量；

非正式方法通常适合低价值、低风险的日常项目采购和紧急需求采购。

2. 询价报价方法

询价报价方法是指向少数已经过挑选的供应商发出书面或电子询价、供应商回复书面报价单来获取报价的方法。这种方法采用书面的形式，处于非正式方法和正式招标方法之间，相对比较正式，是私营企业最普遍采用的询价方法，采用该方法要确保供应商感到与你公司打交道是完全可信的，以及你的选择是公平公正的，否则，会损害你公司的形象，回复你询价的企业会越来越少，这势必减少你今后的选择。询价报价方法通常适用于（但不限于）以下几种情况：

(1)采购十分复杂；
(2)采购的物品是非标准的；
(3)支出水平足够大；
(4)存在一定的供应风险。

3. 正式招标方法

正式招标方法是最正式的获取报价的方法，通过很全面的和文件化的方式向潜在的投标人传递需求信息，供应商以投标的形式发出报价信息，该报价信息一经发出，则不允许进行更改，通过评标委员会进行评标，以中标企业的报价作为最终的报价。正式招标方法具有以下特征：

(1)最正规的方法：最复杂和高成本的采购方法。
(2)手续正式，明确并备有文件证明的程序。
(3)道德规范：对所有投标供应商一视同仁，公平公正。
(4)促进竞争是公司实现利益最大化的最有效工具。
(5)所有获取报价方法中付出的时间和精力是最大的。

正式招标方法有以下形式：

(1)公开招标。公开招标是指采购人按照法定程序，通过发布招标公告，邀请所有潜在的、不特定的供应商参加投标，采购人通过某种事先确定的标准，从所有投标供应商中择优评选出中标供应商，并与之签订采购合同的一种采购方式。公开招标具有以下特征：

①广泛地公告吸引感兴趣的供应商；
②向所有满足标准感兴趣的供应商发出招标文件包；
③对所有的投标进行评估；
④实现最大程度的公开竞争。

采用公开招标方法适用于以下几种情形：
①需求相对简单，能在招标文件中描述清楚；
②有许多相互之间公开竞争的供应商，且都没有明显优势；
③公司评估投标的成本小于竞争带来的价格好处；
④价格是最重要的评估标准。

如果需求高度专业化和认为与供应商早期的合作经历很重要的时候，采用公开招标是不合适的。

(2)限制性招标。限制性招标也称为邀请招标、选择性招标，适用于潜在供应商数量有限或为了提高效率、降低成本的情况，是公开招标方式的变体，是针对不同的采购环境对公开招标的修改和补充。其优点是比公开招标来得迅速，成本低、效率高；缺点是竞争性不如公开招标。

限制性招标仅面向特定的供应商，对这些特定供应商的选择取决于对供应商市场的了解程度。如果了解供应商市场，选择那些最适合的供应商，如果不了解供应商市场，可先进行一个确认供应商的程序，再选择那些最适合的供应商。公司核准名单时应进行以下管理：
①公开承认名单的存在；
②对名单上的供应商定期进行资格再审查；
③允许不在名单上的供应商进行资格审定并加入；
④确保投标机会能在名单上的供应商之间公平地轮转。

网上招标在 SG 原料采购中的实践

限制性招标适用于以下情形：公司需求专业化，已经知道哪一个供应商最好，可能仅有少数适合的供应商；要求的提前期或采购价值不能证明招标花费的时间/成本的合理性。

(3)两段式招标。对于由于需求复杂的技术特性、需求会遭遇快速的技术进步，且可通过多种方式实现而事先不能确定使用哪种技术时，使用两阶段招标时比较合适。在招标过程中可分为两个阶段：第一阶段供应商提交基于设计概念或性能规格的技术提案，但不报价格；第二阶段依据前期咨询进行技术修正，提交最终提案，并提出价格。

三、供应商的初步识别

(一)供应商资格条件的设定

(1)资格条件要合法，不能有倾向性、排斥性，不得对潜在投标人实行歧视待遇。

(2)资格条件的数量要适当控制，除《中华人民共和国政府采购法》第 22 条规定的条件外，一般仅限于行业资质、特定行业生产经营许可等法定强制要求（防止流标。重要的要求可作为评分因素，并适当提高分值）。

(3)根据政府采购促进中小企业发展政策规定，注册资本、资产总额、营业收入、从业人员、利润、纳税额六种规模条件不能作为资格条件。不得将除进口货物外的生产厂家授权、承诺、证明、背书等作为资格条件，对投标人实行差别待遇或歧视待遇[《政府采购货物和服务招标投标管理办法》(财政部令 87 号)]。

(4)模糊性、有歧义的要求不宜作为资格条件。

(5)不能随意多设条件限制其他供应商参加竞争。根据《中华人民共和国招标投标法》

规定,设定的资格、技术、商务条件与招标项目的具体特点和实际需要不相适应或者与合同履行无关的,属于以不合理条件限制、排斥潜在投标人或者投标人。

(6)采购人也可结合项目的实际,设定一些限制性条件,以确保正常履约。

> **案例导读**

路桥公司资格条件

4.1 营业范围要求:在中华人民共和国境内依法经国家工商、税务机关登记注册,符合钢材经营范围,能够独立承担民事责任,具有独立企业法人资格。

4.2 财务能力要求:具有良好的财务资金状况。

4.3 质量保证能力要求:国家标准:线材按《钢筋混凝土用钢 第1部分:热轧光圆钢筋》(GB 1499.1—2024)标准,螺纹钢按《钢筋混凝土用钢 第2部分:热轧带肋钢筋》(GB 1499.2—2024)标准执行。

4.4 供货业绩要求:具有招标物资两个及两个以上类似工程使用的业绩,并提供相关证明材料(供货合同至少3份,与中交路桥建设有限公司及中交路桥华南工程有限公司合作的同类工程供货业绩优先)。

4.5 履约信用要求:投标人须具有近三年良好的履行合同能力并有对应的记录,投标人在以往履行供应合同过程中,没有中止或不及时供应的记录,不接受近一年内在公路、铁路建设工程网公布有违法行为记录及物资供应不良记录的供应商。

4.6 其他要求:投标人具有良好的社会信誉和财务状况,且为增值税一般纳税人。

4.7 准入资质:投标人须为中国交建物资采购管理信息系统注册合格钢材供应商。

(二)供应商识别的基本准则

当今社会,企业之间的竞争逐渐转化为企业供应链之间的竞争。而供应商是整个供应链的"狮头",供应商在交货、产品质量、提前期、库存水平、产品设计等方面都影响着下游制造商的成功与否。

而供应商所供产品的质量和价格决定了最终消费品的质量与价格,影响着最终产品的市场竞争力、市场占有量和市场生存力。

影响供应商选择的主要因素:企业业绩、业务结构与生产能力、质量系统、企业环境。

供应商开发的基本准则是"Q、C、D、S"原则,也就是质量、成本、交付与服务并重的原则。在这四者中,质量因素是最重要的。

首先要确认供应商是否建立有一套稳定有效的质量保证体系,再确认供应商是否具有生产所需特定产品的设备和工艺能力。其次是成本与价格,要运用价值工程的方法对所涉及的产品进行成本分析,并通过双赢的价格谈判实现成本节约。在交付方面,要确定供应商是否拥有足够的生产能力,人力资源是否充足,有没有扩大产能的潜力。最后也是供应商的售前、售后服务的记录。

四、评估报价的标准

评估报价的方法一般有最低价格法、最低所有权总成本法、加权评分法和价值评估法四种。不同的采购供应品项所选择的方法是不同的。

1. 最低价格法

最低价格法是一种最简单的评价方法，即在供应商报价中选择报价最低的供应商作为优选的供应商。需要注意的是，这并不意味着该供应商就一定自动成为你的供应商，在采用该方法进行评价时，还必须考虑到产品质量或交货条件等因素，只有能满足采购商其他最低需求标准和能提供最低价格的供应商，才能成为你的供应商。

在采购需求相对明确且能以公认的标准或广泛认可的规格说明进行采购的场合，最低价格法是理想的方法。

2. 最低所有权总成本法

最低所有权总成本法是指从获得物品时开始直到全部使用或处置的时刻为止的所有成本。与一般成本不同，所有权成本中某些成本项目可能是"负"的，即有现金流入，如生命周期结束时报废的残值。最低所有权总成本法是以所有权总成本作为评价标准来评估报价，而不是简单的比较采购时的价格。

由于有些成本（如购买的机器设备）需要在以后的消费过程中产生，在价值时点上存在着不同，因此不能简单将各种耗费进行相加，而必须考虑货币的时间价值因素，应用净现值法（NPV）来计算所有权总成本，以此作为评估的依据。

最低所有权总成本法适用于以下几种情形：

（1）在完成采购后仍有很大的继续运行的相关成本的场合；

（2）在采购成本和其他成本（如运行成本）之间需要平衡取舍的时候；

（3）当货币价值很重要时，真实价值只能在涉及的所有成本都清楚的前提下确定。

所有权总成本通常与主要资产型采购相联系，但也会用于一些重要的采购项目。由于所有权总成本的不同成本要素是在不同部门产生，需要由不同部门给出，这在某些时候会阻碍用最低所有权成本法来评估报价。

3. 加权评分法

加权评分法是依据反映供应商相对重要性的一系列"加权"标准对其进行评分，全部得分最高的供应商将被授予合同/订单。在运用加权评分法时，应遵循以下原则：

（1）成本应与全部其他标准一样对待。

（2）开始前，应确保对供应商的选择是建立在对许多相关标准进行全面评估的基础上，成本仅仅是标准之一。

（3）评选的重点在于供应商整体的绩效水平（绩效＝能力×积极性）。

4. 价值评估法

价值评估法是将一个报价的非成本优势与它的关联成本（采购成本或所有权总成本）进行比较。在价值评估法中可以利用加权评分模型，但成本不需要作为用权重衡量的标准，只有在加权评分完成全部得分后才能与相应的成本进行比较。

运用价值评估法选择的供应商可能不是投标价最低的。

五、不同采购品项的报价标准

1. 常规采购品项的报价标准

由于采购的价值低并且采购时更多关注的是如何节省时间和精力，而支付价格则是次要因素，故在评价时应以减少采购管理成本为出发点和原则，选择基于价格的标准比较合适，尽可能采用直接且简单的评价方法。

2. 杠杆采购品项的报价标准

由于支出水平较高，选择通过强化竞争获得更好的价格补偿是该类品项报价选择的出发点和原则，选择基于价格的标准比较合适。采购支出水平越高，越会趋向使用正式的招标方法。

3. 瓶颈采购品项的报价标准

由于瓶颈采购品项支出水平较低、对供应商的依赖程度较大，而交易量可能对供应商缺乏吸引力，供应商不希望花费过多的时间和精力来准备报价活动。为争取供应商的支持，应以方便供应商进行报价工作，同时又能降低采购供应风险为出发点和原则，重点关注供应商的能力和积极性，选择基于价格的标准、采用询价文件的方式比较合适。

4. 关键采购品项的报价标准

关键采购品项具有高支出水平和高风险，因此，应采取基于积极性与能力的评价标准。高支出水平能够使供应商产生较大的兴趣，对供应商的吸引力水平高，供应商会愿意投入较多的时间和精力去准备他们的报价；高风险要求企业对供应商的成本能力做深入的评估。所以，对该类采购品项，正式招标方法不仅是可行的，而且也是必要的。

图 4-2 概括了四种采购品项获取与选择报价的方法及选择标准。

	瓶颈	关键
高影响/供应机会/风险等级	使用询价报价法 基于积极性与能力的评价标准 接洽选定数目的供应商	使用询价报价法或正式招标方法 基于积极性与能力的评价标准邀请尽可能多的供应商
低	使用简单、非正式方法 基于降低管理成本能力评价标准 接洽少量的供应商	使用询价报价法或正招标方法 基于价格/成本能力的评价标准 邀请尽可能多的供应商
	常规	杠杆
	低　　　　支出　　　　高	

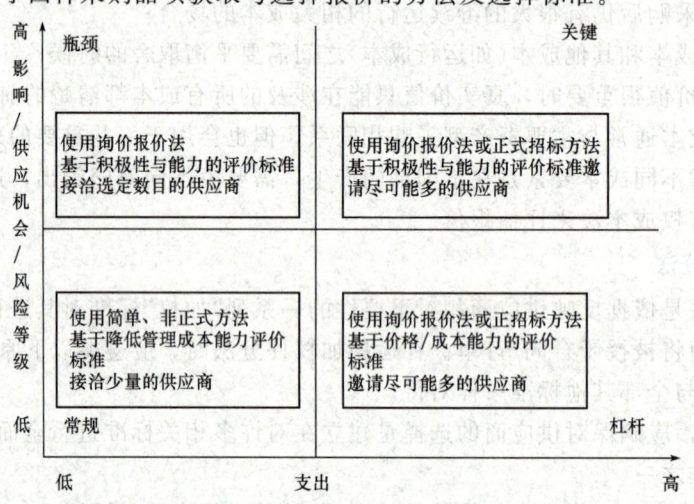

图 4-2　采购品项获取与选择报价的方法及选择标准

六、选择接洽报价的供应商数量

（一）影响企业决定选择接洽报价的供应商数量的因素

影响企业决定选择接洽报价的供应商数量的因素主要有以下几个：

(1) 你希望达到的竞争程度。

(2) 你需要多长时间来满足需求。

(3) 采购品项的类别。

(4) 在获取与选择报价的过程中要花费的费用。

(二)选择数量与理由

1. 采购品项的类型

一般来说，随着支出的增加和供应风险的增加，会倾向选择更多家供应商。

(1)常规型采购品项。由于常规型采购品项具有以下一些特征：存在许多供应商，且要采购的产品或服务容易获得；采购品项为标准件；该品项的年支出水平低；该品项对企业来说风险较低；采购额在单个供应商营业额中所占比重很低。在采购这些品项时，采购人员不必花费太多的精力。因此，选择报价的供应商数量较少。

(2)杠杆型采购品项。由于杠杆型采购品项具有以下一些特征：存在许多供应商，且要采购的产品或服务容易获得；采购品项为标准件，专业性极强；该品项的年支出水平较高；该品项对于企业来说风险较低。企业希望尽可能压低价格，因此，选择报价的供应商数量应多。

(3)瓶颈型采购品项。由于瓶颈型采购品项具有以下一些特征：该品项的风险水平高；供应商数量极少；品项为非标准件，专业性极强；企业在该品项上的年度支出水平很低。因此，企业没有很大的选择余地。

(4)关键型采购品项。由于关键型采购品项具有以下一些特征：采购品项为非标准件；供应商数量极少；不存在替代品；会给企业带来较高的风险；年度支出水平高。因此，企业目前虽然没有很大的选择余地，但是企业有机会发掘新的供应商。

2. 选择模式

(1)只寻找一个供应商。选择一个供应商主要适合下列情况：

①仅仅只是少量采购。采购价值太少以至于不值得去寻找不同供应来源，比较处理报价花费的时间和精力甚至超过成本的节约。

②唯一可用的供应商。这种情况往往存在如下情形：专有的或独家生产的产品、备件和其他后续采购、资金来源受到束缚、应急的情况、已成惯例的供应源。

③与供应商签订有特定的协议。

④时间不允许，应急采购时。

(2)邀请少数几个事先选定的供应商。这是私营企业最常用的采购方法，只是从公司已有记录的供应商卡片中寻找供应商，数量取决于所面临的供应风险和采购价值的大小。另外，仅仅邀请已履行过试验订单的供应商报价，通过试验订单表明了这些供应商满足公司需求的能力。

(3)让所有潜在感兴趣的供应商展开竞争。即通过广告、互联网等的形式告知尽可能多的供应商，让他们来进行报价。通常适用于以下情形：当花费大量资金购买标准的品项，且这些项目的供应商能够提供不同的价格时；当采购成本或风险相当大时，并且公司只有有限的技术知识和供应市场状况及选项时。

实训项目：选择报价

【实训背景】

林子超市在我国南方某市开有5家连锁店，该市一年中基本有4个月气温过高。面对激烈的市场竞争，林子超市希望采购 15 台 3 匹的空调来改善消费者的购物环境，提升超市的竞争力。林子超市通过对空调市场调查得知，市场销售的空调主要有定频和变频两种类型。定频在使用时比变频的耗电要大，但销售价格低。林子超市决定采购某品牌空调，但在选择采购定频的还是变频的，采购人员一时拿不定主意。空调购置费用及使用所需电费情况见表 4-1，请你为林子超市作出选择决定。

表 4-1　空调购置费用及使用所需电费情况

空调类型	第一年采购价格	第一年电费	第二年电费	第三年电费	第四年电费	第四年年末残值
定频	2 600 元/台	535 元/台	550 元/台	570 元/台	590 元/台	260
变频	6 600 元/台	120 元/台	125 元/台	135 元/台	150 元/台	400
贴现系数			0.925 9	0.857 3	0.793 8	0.735 0

（总成本）

【实训目标】

编号	要求	成果
1	利用资金时间价值的计算方法，对两种类型的空调进行所有权总成本的计算	学习获取与选择报价、资金时间价值的相关知识，在给定的资料背景下，得出两类空调的所有权总成本
2	对比成本，作出选择	1. 完成空调选型。 2. 巩固课堂学习知识，实现知识到技能的融会贯通

【实训组织】

总体组织	具体步骤
教师提出实训任务，对实训作出具体的要求；学生学习相关理论知识，完成实训项目要求的各项工作	1. 教师布置实训项目需要完成的任务。 2. 学生学习实训背景资料。 3. 运用资金时间价值的计算方法，测算各类型空调的所有权总成本。 4. 根据成本的高低，作出选型决策

【实训评价】

目的	考核
1. 加深对所有权总成本的理解。 2. 巩固课程所学知识	1. 实训过程中职业素养和专业能力是否得到体现。 2. 选择评判标准是否得当。 3. 计算是否正确。 4. 结论是否正确

任务二　分析采购价格的影响因素

一、一般成本结构及分析

1. 一般成本结构

一般情况下，供应商的成本结构属于商业机密，采购人员要想知道供应商的实际成本结构并不容易。通过国内、国际通行的工业企业成本结构可间接地了解成本的情况，财务损益表则是反映企业成本结构的最直接工具，它包括产品销售收入、产品销售成本、产品销售毛利、销售费用、管理费用、财务费用、产品销售利润、所得税、净利润等主要项目。其计算方法如下：

产品销售收入－产品销售成本＝产品销售毛利

产品销售毛利－（销售费用＋管理费用＋财务费用）＝产品销售利润

产品销售利润－所得税＝净利润

其中，产品销售成本包括原材料费用和工人（或直接劳动力）成本，产品销售毛利与产品销售收入之比是反映企业盈利能力的一项重要指标，称为毛利率；销售费用包括市场营销、广告及销售部门的固定资产折旧等费用，管理费用则包括企业内所有管理人员的工资、部门费用、固定资产折旧、能耗等，财务费用包括利息、汇兑收支等，产品销售利润是反映企业生产经营好坏的财务指标。

一般来说，在产品的成本构成中，固定成本比例越高，价格的弹性就越大，随市场季节变化及原材料的供应而变化波动也就越强烈，因此，这些产品在采购时可以采用加大订购数量、在消费淡季订购等方法来降低采购成本。相应地，对于可变成本比例较高的产品，应着力于优化供应商管理，提供管理水平，以期降低管理费用。

2. 成本分析以及对成本结构的理解

对成本及其构成进行分析，有助于帮助人们合理地确定采购价格。

（1）成本分析的工作内容。成本分析是指就供应商所提报的成本估计，逐项做审查及评估，以求证成本的合理性与适当性。通常，成本估计中应包括下列项目：

①工程或制造的方法。

②所需的特殊工具、设备。

③直接及间接材料成本。

④直接及间接人工成本。

⑤制造费用或外包费用。

⑥营销费用及税捐、利润。

（2）成本分析的运用。采购人员要求进行成本分析，通常以下列情形最为常见：

①底价制定困难。

②无法确定供应商的报价是否合理。

③采购金额巨大,成本分析有助于将来的议价工作。
④运用制式的成本分析表,可以提高议价的效率。
(3)成本分析的途径。
①利用自己的工作经验。
②和厂商学习(了解他们的制程)。
③建立简单的制度,如成本计算公式等。
④养成分析成本、比价和议价的观念。
(4)成本分析表。表 4-2 为某冲压制品成本分析表示例。

表 4-2　冲压制品成本分析表示例

本表及提供之图面请务必于　年　月　日　　　　　　　　　　　　　　厂商　　章
送返敝公司采购经办　　　　　　　　　　　　　　　　　　　　日期：　年　月　日

机种名称	零件品名	零件料号	估价数量	备注

A. 材料费				
素材规格	素材尺寸	素材质量/SH	元/kg	元/SH
成型尺寸	成型质量	取数/SH	不良率/%	零件料费①

B. 加工费②				模具费　□免　□计
NO.	工程内容	使用机具/t	日产量	单价 U/P	模具费
1					
2					
…					
*加工费合计					

C. 加工后费			
NO.	加工名称	单位	加工单价	说明
1				
2				
…				
*后加工费合计　③				

NO.	加工名称	单位	加工单价	说明
1				
2				
…				

D. 运包　%　④
E. 税利　%　⑤

总价	①材料费	②加工费	③后加工	④运包	⑤税利	*合计*

审核　　　经办

表 4-3 为××厂家成本分析情况表。

表 4-3　××厂家成本分析情况表

项目		×××××××厂 (年产量 3 万 m²)	×××××××厂 (年产量 10 万 m²)
		元/m²	元/m²
原料(××)		27.45	63.24
辅料(×××)		1.80	5.00
燃料动力(煤、电、水)		1.50	2.00
人工工资		11.50	8.20
制造费	修理费	1.00	1.00
	折旧费	3.00	2.65
管理费		3.00	1.50
财务费		0.40	1.90
林业规费			2.00
税收		15.50	11.00
成本合计		65.15	98.49

二、影响采购价格的因素

影响供应价格的因素主要有市场结构和成本结构两个方面。除此之外，企业管理的水平对采购价格的影响也是不容忽视的。成本结构受生产要素的成本如原材料、劳动价格、产品技术要求、产品质量要求、生产技术水平等影响，是影响供应价格的内在因素；市场结构则具体有宏观经济条件、供应市场的竞争情况、技术发展水平及法规制约包括经济、社会政治及技术发展水平等因素，是影响供应价格的外在因素。市场结构会强烈影响成本结构，而供应商自己的成本结构往往不会对市场结构产生影响。市场结构对供应价格的影响直接表现为供求关系。

(一)市场结构的影响

1. 供求关系及其变化

商品的市场价格是由市场上的供求关系决定的。市场上某商品的供求关系及其变化均会直接影响这种商品的价格。在其他条件不变或变化极小的情况下，当市场上某种商品的供给增加，该商品的价格下降，供给减少，价格上升；当该商品的需求增加，其价格便上升，需求减少，价格下降。从需求方面看，如果某一时期对石油的消费量增加，石油及以石油为原料的价格就会上升；而价格相对低、供应相对充裕的石油替代品出现，从而减少市场对石油的需求，石油的价格便会下降。

2. 市场竞争

商品的市场竞争包括各卖主之间的竞售、各买主之间的竞购、买主与卖主之间的竞争。这三个方面的竞争均会影响商品的市场价格。在市场上，卖方竞销某一商品则使这一商品的市场价格下降；买主竞购某一商品则使这一商品的市场价格上升；各买主和卖主之间的竞争对某一商品的价格影响则取决于两者竞争力量的对比，当某一商品处于"卖方市场"时，卖方凭某些有利条件抬高价格。

3. 市场上的垄断力量

在市场上垄断组织为了追求最大限度的利润，往往凭借它们所具有的经济力量，通过相互协议或联合，采取瓜分销售市场，规定统一价格，限制商品产量、销售量等措施直接或间接地控制某一部门或几个部门的产品的价格。此时，买方无法影响市场的价格。

4. 经济周期

经济周期不同阶段产销的变化直接影响世界市场上商品的供求关系，从而影响商品的市场价格。在危机阶段，生产下降，商品滞销，大部分商品的市场价格下降。危机解除后，经过一段时期的恢复调整，经济逐渐复苏，以至高涨，生产逐渐上升，需求逐渐增加，价格便逐渐上涨。

5. 商品的质量、包装及销售中的有关因素

商品都按质论价，优质优价、劣质低价。此外，包装装潢、付款条件、运输条件、销售季节、成交数量、消费者的喜好、广告宣传的效果、售后服务质量的好坏等也影响商品的价格。

6. 非经济因素

自然灾害、战争、政治动荡及投机等非经济因素对市场价格都会有影响，如中国台湾是我国计算机配件的主要供应源，台湾出现地震曾导致我国计算机零配件价格上升。

7. 国际贸易环境

对国际贸易而言，国际通用货币币值的变动也会引起市场价格的跌涨。另外，各国政府和国际性组织所采取的有关政策措施等对价格也会产生巨大的影响，如价格支持、出口补贴、进出口许可制、外汇管制、政府抛售等。

(二)成本结构的影响

表 4-4 给出了不同种类的产品供应价格影响因素构成。

表 4-4 不同种类的产品供应价格影响因素构成

产品类别	成本结构为主	侧重于成本结构	50%成本结构、50%市场结构	侧重于市场结构	市场结构为主
原材料				√	√
工业半成品			√		
标准零部件		√	√		
非标零部件	√	√			
成品	√	√	√		
服务	√	√	√	√	√

(三)学习曲线

学习曲线(The Learning Curve)是考虑采购成本、实施采购降价的一个重要工具和手段。学习曲线最早由美国航空工业提出,其基本概念是随着产品的累计产量增加,单位产品的成本会以一定的比例下降,如图4-3所示。

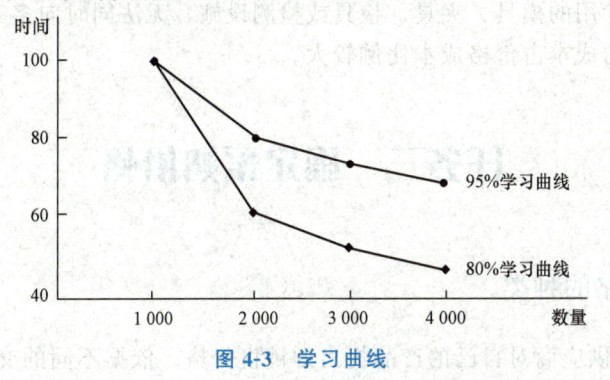

图 4-3 学习曲线

需要明确的是,这种单位产品价格成本的降低与规模效益(Effects of Scale)并无任何关系,它是一种学习效益(Learning Effect)。这种学习效益是指某产品在投产的初期由于经验不足,产品的质量保证、生产维护等需要较多的精力投入以至带来较高的成本,随着累计产量的增加,管理渐趋成熟,所需的人力、物力逐渐减少,工人越来越熟练,质量越来越稳定,前期生产学习期间的各种改进逐步见效,因而成本不断降低,主要表现在以下几个方面:

(1)随着某产品逐步进入成长期、成熟期,其生产经验不断丰富,所需的监管、培训及生产维护费用不断减少。

(2)随着累计产量增加,工人越趋熟练,生产效率会不断提高。

(3)生产过程中的报废率、返工率及产品的缺陷不断降低。

(4)生产批次不断优化,设备的设定、模具的更换时间不断缩短。

(5)随着累计产量的增加,原材料的采购成本可不断降低。

(6)经过前期生产学习,设备的效率及利用率等方面不断得以改进。

(7)通过前期生产学习,物流不断畅通,原材料及半成品等库存控制日趋合理。

(8)通过改进过程控制,突发事件及故障不断减少。

(9)随着生产的进行,前期的工程、工艺技术调整与变更越来越少。

学习曲线所带来的学习效益遵循着百分比的规则,即每当某产品的累计产量翻一番时,该产品的平均生产时间就会下降到最初生产时间的 $X\%$(其中 $X<100$),如80%的学习曲线意味着当产品累计产量翻一番时,单位产品的生产时间可降至原来所需时间的80%。表4-5是某产品学习曲线效益的一个实例。

表 4-5 某产品学习曲线效益(80%学习曲线)

累计产品生产数量/件	1 000	2 000	4 000	8 000	16 000
相应的单位产品生产时间/h	20	16	12.8	10.2	8.2

了解供应商的产品生产"学习曲线",有助于采购人员在将来进行降价谈判。一般来说,"学习曲线"适用于以下情形:
(1)供应商按客户的特殊要求生产的零部件制造。
(2)涉及需大量投资或新添设备设施的产品生产。
(3)需要开发专用的模具、夹具、检具或检测设施,无法同时向多家供应商采购。
(4)直接劳动力成本占价格成本比例较大。

任务三 确定采购价格

一、供应价格的种类

供应价格是指供应商对自己的产品提出的销售价格。依据不同的交易条件,供应价格会有不同的种类。供应价格一般由成本、需求及交易条件决定,一般有送达价、出厂价、现金价、期票价、净价、毛价、现货价、合约价、实价等。

1. 送达价

送达价是指供应商的报价中包含负责将商品送达指定地点时,其间所发生的各项费用。以国际而言,即到岸价加上运费(包括在出口厂商所在地至港口的运费)和货物抵达买方之前一切运输保险费,其他有进口关税、银行费用、利息及报关费等。这种送达价通常由国内的代理商以人民币报价方式(形同国内采购)向外国原厂进口货品后,售予买方,一切进口手续皆由代理商办理。

2. 出厂价

出厂价是指供应商的报价不包括运输费用,即由买方负担运输及相关费用。这种情形通常出现在买方拥有运输工具或供应商加计的运费偏高时,或当卖方市场时,供应商不再提供免费的运送服务。

3. 现金价

现金价是指以现金或相等的方式支付货款,但是"一手交钱,一手交货"的方式并不多见。按零售行业的习惯,月初送货,月中付款或月底送货,下月中付款,即视同现金交易,并不加计延迟付款的利息,现金价格可使供应商免除交易风险,买方也享受现金折扣。例如,在美国零售业的交易条件若为2/10,n/30,即表示10天内付款可享受2%的折扣,否则30天内必须付款。

4. 期票价

期票价是指买方以期票或延期付款的方式来采购商品。通常,卖方会加计迟延付款期间的利息于售价中。如果卖方希望取得现金周转,会将加计的利息超过银行现行利率,以使供应商舍期票价取现金价。另外,从现金价加计利息变成期票价,用贴现的方式计算价格。

5. 净价

净价是指供应商实际收到的货款,不再支付任何交易过程中的费用,这点在供应商的报价单条款中，通常会写明。

6. 毛价

毛价是指供应商的报价可以因为某些因素加以折让。例如，供应商会因为商品采购金额较大，而给予超市某一百分率的折扣。如采购空调设备时，商家的报价已包含货物税，只要买方能提供工业用途的证明，即可减免增值税的50%。

7. 现货价

现货价是指每次交易时，由供需双方重新议定价格，若有签订买卖合约，也以完成交易后即告终止。买卖双方按交易当时的行情进行，不必承担预立约后价格可能发生的巨幅波动的风险或困扰。

8. 合约价

合约价是指买卖双方按照事先议定的价格进行交易，合约价格涵盖的期间依契约而定，短的几个月，长的一两年。由于价格议定在先，经常造成与时价或现货价的差异，使买卖时发生利害冲突。因此，合约价必须有客观的计价方式或定期修订，才能维持公平、长久的买卖关系。

9. 实价

实价是指实际上所支付的价格。特别是供应商为了达到促销的目的，经常提供各种优惠的条件给买方，如数量折扣、免息延期付款、免费运送等，这些优惠都会使商品的采购价格降低。

二、采购成本分析

在采购过程中，原材料或零部件的采购价格固然是重要的财务指标。但作为采购人员，不仅要看到价格本身，还要将采购价格与交货、运输、包装、服务、付款等相关因素结合起来考虑、衡量采购的实际成本。

对于生产用的原材料或零部件，采购成本除价格外，还应明确或考虑的因素包括以下几项：

(1)价格的稳定性或走向。
(2)不同订购数量的价格变化。
(3)付款方式与结算方式、币种。
(4)交运成本。
(5)交货地点。
(6)包装与运输。
(7)保险。

三、供应商的定价方法

1978年，Corey提出供应商定价不外乎有三种方法，即成本导向定价法（Cost based Pricing）、需求导向定价法[又称市场导向定价法（Market-based Pricing）]和竞争导向定价（Competitive Bidding）。成本导向定价法是以产品成本为基础确定供应价格；市场导向定价法是随行就市的方法，即以市场价格作为自己的产品价格；竞争导向定价是结合市场因素及成本因素一起考虑来确定自己的产品价格。竞争导向定价是最常见的方法。供应商在考虑其产品的供应价格时，通常会考虑到供应市场的供应关系，具体如下。

(1)市场对其产品的需求估计：如果市场需求大，供应商一般会趋向将价位定高。

(2)供应市场中竞争对手的数量：供应商毫无例外地会参考竞争对手的价位来确定自己的价格，除非其处于垄断地位。

(3)对单位产品的价格预期：随着产品的生产规模扩大，单位产品的成品会降低，供应商在确定产品价格时会考虑到这一点(参见本项目任务二中的"学习曲线")。

(4)客户的订单数量：对于长期的大宗客户，供应商会提出较优惠的价格。

(5)客户与供应商的关系：与供应商关系好的客户通常都能拿到较低的价格。

在考虑以上供应市场的因素后，结合自己的成本结构，供应商的定价方法又可细分为成本加成定价法(Cost-plus Pricing)、目标利润定价法(Target-profit Pricing)、理解价值定价法(Pricing Based on Value as Perceived by the Buyer)、竞争定价法(Pricing Based on Competitor Prices)及投标定价法(Tender Based Pricing)。

(1)成本加成定价法：是供应商最常用的定价法。它以成本为依据在产品单位成本的基础上加上一定比例的利润而构成确定的价格。该方法的特点是成本与价格直接挂钩，但它忽视市场竞争的影响，也未考虑采购商(或客户)的需要。由于其简单、直接，又能保证供应商获取一定比例的利润，因而许多供应商都倾向于使用该方法。实际上由于市场竞争日趋激烈，这种方法只有在卖方市场或供不应求的情况下才真正可行。

招标文件
标准与公平

(2)目标利润定价法：是一种以利润为依据制定卖价的方法。基本思路是供应商依据固定成本、可变成本及预计卖价，通过盈亏平衡分析计算出保本产量或销售量，根据目标利润算出保本销售量以外的销售量，然后分析在此预计的卖价下销售量能否达到，否则调整价格重新计算，直到制定的价格下可实现销售量能满足利润目标为止。

(3)理解价值定价法：是一种以市场的承受力及采购商对产品价值的理解程度作为定价的基本依据来决定卖价的方法。常用于消费品尤其是名牌产品，也有时适用于工业产品如设备的备件等。

(4)竞争定价法：最常用于寡头垄断市场、具有明显规模经济性的行业如较成熟的市场经济国家的钢铁、铝、水泥、石油化工，以及汽车、家用电器等，其中少数占有很大市场份额的企业是市场价格的主导，而其余的小企业只能随市场价格跟风。寡头垄断企业之间存在着很强的相互依存性及激烈的竞争，某一企业的产品价格制定必须考虑到竞争对手的反应。

(5)投标定价法：这种公开招标竞争定价的方法最常用于拍卖行、政府采购，也用于工业企业如建筑施工、大型设备制造，以及非生产用原材料如办公用品、家具、服务等的大宗采购，一般是由采购商公开招标，参与投标的企业事先根据招标公告的内容密封报价、参与竞争，密封报价是由各供应商根据竞争对手可能提出的价格及自身所期望的利润而确定的，通常中标者是报价最低的供应商。

知识拓展

盈亏平衡分析模型

工业企业在开发新产品或投资建厂时都会进行盈亏平衡分析。盈亏平衡分析又称量本利分析或保本分析，它是通过分析生产成本、销售利润和生产量之间的关系来了解盈亏变化并据此确定产品的开发及生产经营方案。生产成本（包括工厂成本和销售费用）可分为固定成本和可变成本。可变成本是随着产品的产量增减而相应提高或降低的费用，包括原材料、能耗等；固定成本则在一定时期内保持稳定，不随产品产量的增减而变化，包括管理费用、设备折旧等。

根据量本利之间的关系，有：

$$销售收入 S = 产品的产量 Q \times 单价 P$$

生产成本 C = 固定费用 F + 可变费用 = 固定费用 F + 产品产量 Q × 单位产品可变费用 C_v

当盈亏达到平衡，即销售收入等于生产成本或单价等于单位产品成本时，有

$$S_0 = Q_0 \times P = F + Q_0 \times C_v$$

盈亏平衡点：$Q_0 = F/(P - C_v)$

其中，$P - C_v$ 是指单位产品销售收入扣除可变费用后的剩余，称为边际贡献或毛利；单位产品的边际贡献与单件产品售价之比（=单位边际贡献/P），称为边际贡献率或毛利率。

毫无疑问，供应商在制定产品的价格时都会考虑到其边际贡献率或毛利率应该大于零，也就是说，产品的单价应该大于成本，即单位固定费用摊销与单位产品可变费用之和。作为采购人员要想了解供应商的成本结构，就要了解其固定费用及可变费用的内容。事实上许多企业在运作时，其产品的单价往往是低于成本的。因为一方面尽管该产品的销售价格低于成本，但公司为了保持产品结构的合理性可从其他产品的利润中进行弥补；另一方面从保本分析和成本结构本身来说，尽管某产品的单价低于成本，但只要大于可变费用，则该企业生产此产品时，除可收回变动费用外，还有一部分可用于补偿已经支付的固定费用，因而，该产品的生产还是有意义的。

四、降低采购成本的策略

1. 依产品生命周期来定

采购专案在其产品生命周期的过程中，可分为以下四个时期，各有其适用的手法。

(1) 导入期（Emergence）：新技术的制样，或产品开发阶段。供应商早期参与、价值分析、目标成本法以及为便利采购而设计都是可以利用的手法。

(2) 成长期（Growth）：新技术正式产品化量产上市，且产品被市场广泛接受。采购可以利用需求量大幅成长的优势，进行杠杆采购获得成效。

(3) 成熟期（Maturity）：生产或技术达到稳定的阶段，产品已稳定的供应到市场上。价值工程、标准化的运用可以更进一步地找出不必要的成本，并达到节省成本的目的。

(4) 衰退期（Decline）：产品或技术即将过时（Obsolescence）或将衰退，并有替代产品出现，因为需求量已在缩减之中，此时再大张旗鼓降低采购成本已无多大意义。

2. 依采购特性及与供应商的关系来定

如果与供应商的关系是短期、一次性的，可采取压榨，实施"单赢"的策略；如果与供应商需要建立长期的合作伙伴关系，则需要采取"双赢"策略，价格要尽量合理。

3. 运用价值工程

运用价值工程的策略主要适用于新产品工程设计阶段。针对产品或服务的功能加以研究，以最低的生命周期成本，通过剔除、简化、变更、替代等方法，来达成降低成本的目的。

4. 谈判法

谈判是买卖双方为了各自目标，达成彼此认同的协定过程，这也是采购人员应具备的基本能力。谈判并不只限于价格方面，也适用于某些特定需求时，使用谈判的方式，通常所能期望达到价格降低的幅度一般为3%~5%。

5. 目标成本法

目标成本法是以市场乐意支付的价格为前提来制定公司产品的价格，以此为标准来决定采购价格。

6. 早期供应商参与

在产品设计初期，选择具有伙伴关系的供应商参与新产品开发小组。经由早期供应商参与的方式，新产品开发小组对供应商提出性能规格（Performance Specification）的要求，借助供应商的专业知识来达到降低成本的目的。

7. 杠杆采购

各事业单位，或不同部门的需求量，以集中扩大采购量，而增加议价空间的方式来达到获取低价格的目的。

8. 标准化

实施规格的标准化，以规模经济量，达到降低制造成本的目的。

供应商成本分析

实训项目：供应商成本分析

【实训背景】

某企业生产小型螺栓，有 A 与 B 两种材料可供采购选择，详细信息见表4-6，综合考虑后，应选择 A 材料还是 B 材料？

表4-6　材料成本

序号	成本项目	A 材料的成本	B 材料的成本
1	每千克材料价格/(元·kg^{-1})	0.40	0.80
2	每个产品需要材料/(个·kg^{-1})	0.05	0.04
3	每个产品加工费/(元·个$^{-1}$)	0.005	0.003
4	产品的小时产量/(个·h^{-1})	50.00	100.00
5	生产工人小时工资/(元·h^{-1})	2.00	2.00
6	设备每小时维护费用/(元·h^{-1})	3.00	3.00

【实训目标】

编号	要求	成果
1	学习价格的影响因素及相关定价方法等方面知识,掌握供应成本的构成	掌握供应成本的构成及影响因素,掌握供应商定价的方法
2	利用供应成本的构成及影响因素,能核算供应成本	在给定的资料背景下,计算出不同采购物料的成本

【实训组织】

总体组织	具体步骤
教师提出实训任务,对实训作出具体的要求;学习相关理论知识,完成实训项目要求的各项工作	1. 教师布置实训项目需要完成的任务。 2. 学生学习实训背景资料。 3. 运用供应成本构成及其影响因素的相关知识,测算不同采购物料的成本

【实训评价】

目的	考核
1. 加深对供应成本的构成及影响因素的理解。 2. 巩固课程所学知识	1. 实训过程中职业素养和专业能力是否得到体现。 2. 选择评判标准是否得当。 3. 计算是否正确。 4. 结论是否正确

知识拓展

中国在全球供应链构建中的贡献

《全球供应链促进报告》(以下简称《报告》)分析了当前全球供应链发展趋势,指出中国为全球供应链合作提供了超大规模的市场机遇、部门齐全的产业机遇、对外开放的政策机遇和不断涌现的创新机遇。

《报告》指出,中国是全球供应链稳定畅通的建设者、贡献者,也是维护者和捍卫者。中国始终坚持深化国际合作,维护全球供应链稳定畅通,为全球供应链开放合作指明航向、搭建平台、提供机遇。

《报告》系统总结了中国促进全球供应链的成功实践,以及给世界带来的新机遇,包括"消费市场规模大、成长性好""消费结构升级步伐加快""新型消费发展动力强劲"等市场机遇,"工业门类完备""产业创新发展""产业开放深化"等产业机遇,"积极主动对外开放""打造开放合作平台"等政策机遇及"加强知识产权保护""加速创新要素集聚"等创新机遇。

《报告》从基础设施互联互通、多双边经贸规则、主要经济体的政策、技术进步、金融服务5个维度构建了全球供应链促进分析体系。

《报告》认为，当今世界经济复苏艰难、经济全球化遭遇逆流，全球供应链面临重构，各国应共同努力，推动全球供应链技术创新、加强全球供应链开放合作、深化共建全球供应链基础设施、促进全球供应链包容与共享发展。

《报告》由中国贸促会组织统筹、中国贸促会研究院撰写。中国贸促会副会长陈建安介绍，报告撰写工作历时7个多月，调研了境内外526家企业，访谈了两院院士、国际组织代表和专家学者百余人次，最终形成了15万字的报告，有中英文2个版本。报告包括总报告和5个分报告，涵盖智能汽车、智能手机、光伏发电、药品和绿色小麦5条供应链。

项目测评

一、选择题

1. 根据报价程序的正式性和严格性程度不同，报价方法可分为（　　）。
   A. 非正式法
   B. 询价报价法
   C. 正式招标法
   D. 限制性招标法

2. 影响供应商选择的主要因素有（　　）。
   A. 企业业绩
   B. 业务结构与生产能力
   C. 质量系统
   D. 企业环境

二、判断题

1. 限制性招标是指采购人按照法定程序，通过发布招标公告，邀请所有潜在的不特定的供应商参加投标，采购人通过某种事先确定的标准，从所有投标供应商中择优评选出中标供应商，并与之签订采购合同的一种采购方式。（　　）

2. 净现值法是评价投资方案的一种方法。该方法是利用净现金效益量的总现值与净现金投资量算出净现值，再根据净现值的大小来评价投资方案。（　　）

3. 质量成本（Cost of Quality）是采购人员审核供应商成本结构、降低采购成本所应看到的另一个方面。（　　）

三、简答题

1. 简述供应商资格条件的设定。
2. 简述影响企业决定选择接洽报价的供应商数量的因素。
3. 简述成本分析的途径。

项目评价

项目测评(40分)			得分：
计分标准： 　　得分＝5×选择题正确个数＋5×判断题正确个数＋5×简答题正确个数			
学生自评(20分)			得分：
计分标准：初始分＝2×A的个数＋1×B的个数＋0×C的个数 　　　　　得分＝初始分/28×20			
学习任务	评价指标	自测结果	要求 （A掌握；B基本掌握；C未掌握）
获取与选择报价	1. 获取与选择报价的流程； 2. 获取与选择报价的工作内容； 3. 供应商的初步识别； 4. 评估报价的标准； 5. 管理理念——善用比我们更优秀的人	A□　B□　C□ A□　B□　C□ A□　B□　C□ A□　B□　C□ A□　B□　C□	了解获取与选择报价的流程；知道获取与选择报价的工作内容；能够进行供应商的初步识别；熟悉评估报价的标准；理解善用比我们更优秀的人的管理理念
分析采购价格的影响因素	1. 一般成本结构及分析； 2. 影响采购价格的因素； 3. 管理理念——尊重人才的成长规律	A□　B□　C□ A□　B□　C□ A□　B□　C□	了解采购的一般成本结构及分析；知道影响采购价格的因素；理解尊重人才的成长规律的管理理念
确定采购价格	1. 供应价格的种类； 2. 价格与成本的关系； 3. 采购成本分析； 4. 供应商的定价方法； 5. 降低采购成本的策略； 6. 管理理念——及时清除烂苹果	A□　B□　C□ A□　B□　C□ A□　B□　C□ A□　B□　C□ A□　B□　C□ A□　B□　C□	掌握供应价格的种类；明白价格与成本的关系；能够进行采购成本分析；掌握供应商的定价方法；知道降低采购成本的策略；理解及时清除烂苹果的管理理念
小组评价(20分)			得分：
计分标准：得分＝10×A的个数＋5×B的个数＋3×C的个数			
团队合作	A□　B□　C□	沟通能力	A□　B□　C□
教师评价(20分)			得分：
教师评语			
总成绩		教师签字	

项目五

选择与管理供应商

供应商的选择和管理是采购与供应管理工作的重要工作。供应商的产品质量、服务质量对采购绩效起着决定性的作用。供应商的选择与管理作为企业的一项战略,是提升企业的核心竞争力的关键所在。

学习目标

1. 了解供应商管理的基本阶段和步骤;
2. 了解供应商评估标准时需考虑的因素;
3. 掌握识别供应商的方法和途径、供应商调查的内容;
4. 掌握选择供应商评估标准、评价选择方法;
5. 能独立进行供应商的各项管理工作;
6. 懂得供应商的激励与控制的方法措施。

项目导学

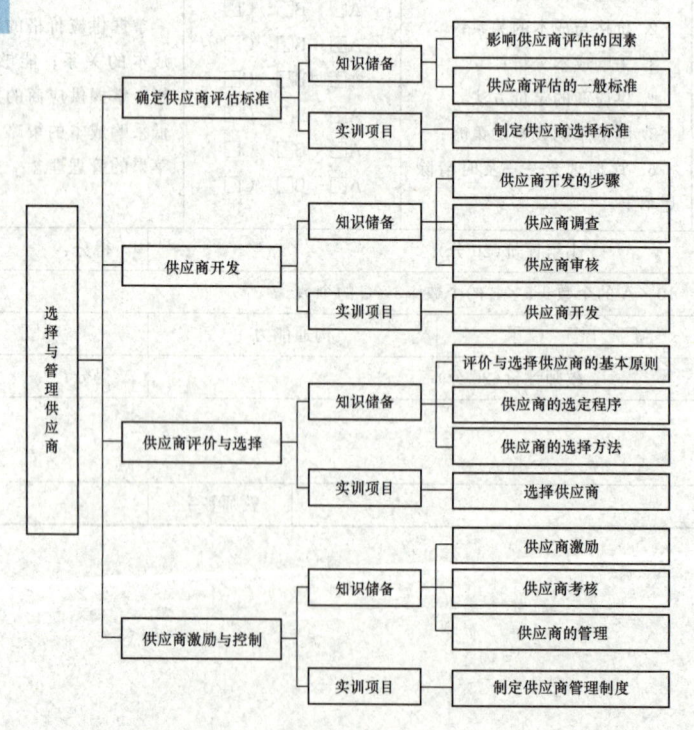

```
                                   ┌─ 知识储备 ┬─ 影响供应商评估的因素
                ┌─ 确定供应商评估标准 ┤          └─ 供应商评估的一般标准
                │                  └─ 实训项目 ── 制定供应商选择标准
                │
                │                  ┌─ 知识储备 ┬─ 供应商开发的步骤
                ├─ 供应商开发      ┤          ├─ 供应商调查
  选择           │                  │          └─ 供应商审核
  与             │                  └─ 实训项目 ── 供应商开发
  管理           │
  供             │                  ┌─ 知识储备 ┬─ 评价与选择供应商的基本原则
  应             ├─ 供应商评价与选择 ┤          ├─ 供应商的选定程序
  商             │                  │          └─ 供应商的选择方法
                │                  └─ 实训项目 ── 选择供应商
                │
                │                  ┌─ 知识储备 ┬─ 供应商激励
                └─ 供应商激励与控制 ┤          ├─ 供应商考核
                                   │          └─ 供应商的管理
                                   └─ 实训项目 ── 制定供应商管理制度
```

案例导读

采购经理的采购智慧

一家大型控股公司兼并接管了一家名为"技展公司"的经营办公产品的小公司。很多年以前,技展公司是一家办公室设备和办公文件系列产品的制造商,雇用大约 1 000 名员工,并向国内及亚洲的各行业的客户供应办公用品。过去的 10 多年,因为国内劳动力成本不断上升,技展公司的规模逐渐缩小,变成了一个商号和制造商的分销商,本身只拥有一个很小的设计队伍。现在,该公司所有的产品都是采购的,最后一些生产制造的业务大约在 3 年前也停止了。公司现有 35 名员工,年营业额在 8 000 万美元左右。

尽管技展公司的管理层要求实施"紧缩政策",但是核心人物仍据理力争要公司进行变革。为了生存,变革才是积极的回应。经过他们的努力,公司还是生存了下来,并且无论业务量还是利润率都有了可喜的长进,需求由降变升,但总体来说,这是整个经济形势转暖所导致的。

技展公司在订书机、打孔机和名片分类夹等办公桌上小文具的供货上保持了良好的声誉,并且仍然专注于这一类产品。其实生产类似的产品所需要的资本投入不大,所应用的技术也不是特别先进,因此,大多数生产外包给供应商。现如今,货源大多数来自周边劳动力成本较低的国家,公司的大量精力放在质量控制管理上。因此,技展公司的产品在与其合作的客户那里保持了良好的声誉。

技展公司的品牌在零售市场上的知名度并不高,但市场上的客户似乎是根据价格来购买的,至于对质量的判断则是在销售现场通过实际使用的反映情况来决定的,只要在可能的范围内可以接受就满足了,几乎所有的客户都不会对办公用品做来料检验,对品牌的追求也不甚强烈。

技展公司的采购业务经理雷××已在公司工作四年,这正是公司的利润率下降到适度增长的翻身时期。她是随着公司任命一批新的管理团队而进入角色的,并且她以坚韧不拔的精神,干练的品格赢得了尊重。她是想为了公司不断发展的前景做些什么。在一次总公司的年度总结会上,雷××有机会阐述了她的采购工作理念,以及取得成功的感想,表达了如下主要观点:

(1)成本是一个采购部门能否取得成功的关键因素。在采购谈判中,每省出一分钱就能多出一分钱的利润。与供应商打交道,需要坚韧不拔的精神。当我提出要求后,如果供应商不能完全满足,我会毫不犹豫地另找出路。

(2)市场中,供应商之间充满竞争。只要我有大宗订货合同,我就充分利用这种竞争,在众多的供应商中收集它们的投标。不需要花多少时间就可以挑出有吸引力好的卖家,因为只要有竞争,商家们都会迅速行动。

(3)在国际货币市场上,汇率呈现出反复无常的波动,这迫使我特别小心地关注从海外组织货源的那些产品。我很想利用发展海外业务的机会为公司谋取更多的利益,但也要避免长期的投入,因为这样做有失灵活性。

(4)清晰、明确的技术规范是十分重要的。我所要找的供应商应能生产制造 100% 符合我们的设计和规范的产品。供应商有时会对我们的设计提出一些改进意见,有时会抱怨

100%地按照我们的要求生产太困难了。但在我看来，对此不能表示同情，供应商想修改技术规范只有一个理由，就是使产品更容易制造，从而获得更多的利润。

(5)发现既能满足技术规范供价又是最低的供应商并不意味着整个故事到头了。供应商通常是不能轻易相信的。我们必须不断地督促，以确保其履行合同的所有义务。我们也要仔细检验所有的供货，确认供应商没有把残次品供给我们。无论供应商是哪里的，一旦我们发现某些供应商的产品存在质量问题，就要讨回我们所支付的仔细检验的费用。

(6)生意本质上是很简单的。设计出你认为能销售很好的产品，这要假设你能以较低的成本生产产品。如果自己生产的成本太高，就转包给供应商，与其签订合同。剩下的事情就是认真地管理供应商，确保其能履行合同中的条款和义务。

与会者都是控股公司的董事，他们正在全面评估技展公司高级主管所做的贡献。此时他们对雷××的观点是否合理也存有疑问。

思考：

(1)此案例体现了采购管理在哪些方面的地位？

(2)技展公司的采购部门在公司的发展中发挥了什么作用？

(3)雷××阐述了她在采购工作中的6个主要观点，你认为这6个观点是否都是合理的？请对这6个观点逐一进行分析，并指出它们可能存在的问题。

任务一　确定供应商评估标准

一、影响供应商评估的因素

在确定供应商评估标准的过程中，必须考虑下列因素的影响。

(1)不同采购品项的特定供应策略及期望与供应商建立的关系类型。采购品项的类型不同，公司所采用的供应策略就不同，与该品项的供应商建立的关系类型就不同，因而，对供应商的评价标准的选择也会不同。

(2)供应目标和优先级别。要了解公司采购货物或服务时所需实现的目标及该目标的重要性。这些供应目标一般包括质量要求、可获得性、供应商的支持和总成本等。

①质量要求：是指公司希望得到的符合规格要求的产品和服务，并且希望了解其可靠性和耐用性。

②可获得性：是指供应商能随时随地提供公司所需的产品或服务的能力。

③供应商的支持：是指当公司要采购的是新的、经常变化的产品或复杂的需要供应商支持和服务的产品时，供应商是否能满足公司的需求。

④总成本：主要是指供应商成本的构成，该供应商与其上游供应商的议价能力和该供应商未来成本变化情况。

(3)采购品项的定位。供应定位模型有助于帮助我们实现以下两个目标。

①指导公司确定各采购品项在供应商评估中的优先级别。例如，常规型采购品项因其支出和给企业带来的风险很小，在进行采购决策中，该类采购品项的优先级别最低，在选

择供应商评估标准时，也是以高效率、低成本为原则。

②指导公司确定供应商评估的重点。供应定位模型中根据支出水平和影响、供应机会、风险水平因素，将采购品项分为常规型、杠杆型、瓶颈型和关键型四种。

a. 常规型采购品项：该品项影响、供应机会、风险和支出水平都很低，公司的主要目的是将花费在管理方面的精力最小化。因此，这类采购品项的供应商评估重点应该是判断哪个潜在供应商能够帮助公司将管理费用降至最低。

b. 杠杆型采购品项：该品项影响、供应机会、风险低，但支出水平却很高，市场上表现为买方市场。由于绝对支出很高，企业需要在这类采购品项上充分利用供应商之间的竞争，尽最大努力降低成本。这类采购品项的供应商评估重点应是哪个供应商能够通过降低价格及总成本为企业作出最大贡献。

c. 瓶颈型采购品项：该品项的特征是风险级别高，但年支出水平低。这类品项一般是非常专业的，因此，只有很少供应商能够提供产品和服务。在这种情况下，可能的高风险来源是产品或服务的可获得性而非技术性因素。同时，又由于这类品项的支出水平很低，对供应商没有特别的吸引力，公司几乎无法对这类品项的采购施加影响或控制。因此，这类采购品项的供应商评估重点应该集中在以降低供应风险为目标的问题上。

d. 关键型采购品项：关键型采购品项与瓶颈型采购品项一样，这类品项的供应商也很少，会给买方公司带来很大风险。但由于公司对这类品项的支出水平较高，因此，对这类品项的供应的影响能力也较强。关键型采购品项是使本公司产品区别于其他公司产品，或者具备成本优势的基础，因此对公司盈利性的贡献也最大。针对此类采购品项，公司进行供应商评估的主要目的是在降低成本的同时确保供应的质量和连续性。

二、供应商评估的一般标准

在对不同供应商进行对比分析的过程中，公司应尽量使用某些特定且共同的评估标准以保证对比结果的可靠性。一般在评估供应商的标准时最终都是从以下几个方面来进行的。

1. 质量要求

无论是什么类型的采购，公司都希望得到符合规格要求的产品和服务，并且希望了解可靠性和耐用性。

一般可以从目前的质量能力和未来的质量能力两个方面进行供应商质量能力的评估。

(1)供应商目前的质量能力。衡量供应商满足质量能力要求的测评标准有很多，公司应针对所采购的是标准品项还是非标准品项来选用不同的测评标准。

对提供标准品项的供应商的质量评价时，下面一些测评标准可供在评估供应商质量时选择使用：

①规格说明书。通过规格说明书来评价供应商提供的产品是否与公司要求一致。

②进行"量体裁衣"式生产的柔性和能力。供应商能够根据客户的特定要求对产品生产规格进行调整的能力，这种能力对于公司来说很重要。

③废品率。废品率是供应商自己衡量其产品是否符合规格要求的数据记录，废品率越低，说明该公司生产质量越稳定。

④产品退货率。退货率越高，说明该公司产品的可靠性越差。

⑤保养间隔期。保养间隔期越长，设备的耐用性就越强。

⑥可更换部件的消耗水平。产品中需要更换部件的消耗水平是衡量产品可靠性的一个标准，同时，也是衡量产品寿命周期成本高低的一个经济性指标。

⑦平均无故障时间和运转中断率。平均无故障时间是指在预期出现故障前，产品可工作时间的长短。此项指标通常适合对类似设备等产品进行质量评价时使用。平均无故障时间越长，说明设备的可靠性和耐用性越好。运转中断率是指设备无法运转的时间占应该运行时间的百分比。运转中断时间可能是计划中的，也可能是计划外的，计划外的运转中断会造成公司的损失，是质量问题的一种表现。

⑧耐用性。耐用性是衡量产品在必须被替换前能够使用的时间长短。

⑨保修的全面性。如果供应商仅在法律要求的最短保修期内提供基本的保修，这可能意味着该产品的可靠性和耐用性不是很高；如果供应商能承诺在很长的时间内提供全面的保修，可以说明供应商本身对自己的产品质量是有信心的。

（2）供应商未来的质量能力。当公司希望与供应商建立长期合作关系时，评估的重点会相应调整，更为关心供应商的发展趋势。

对供应商未来质量能力可以通过测评供应商提供符合公司采购品质量要求的积极性这一方面进行评价。很多可以用来测评供应商目前能力绩效的标准，同样可以用于对供应商的未来绩效进行评估。

①供应商是否乐意通过开展联合价值分析/价值工程，介入公司的产品设计。

②提供柔性化产品规格。

③建立特别的质量控制检验，或安排所需的监测服务。

④指派具备所需专业技能的员工参与公司的产品设计等。

⑤赋予公司转让技术及知识产权的权利。

2. 可获得性

可获得性是指供应商能够随时随地提供公司所需的产品或服务的能力。针对公司与供应商期望建立的合作关系不同，可获得性可以从目前的可获得性能力和未来可获得性能力两个方面进行评价。

（1）供应商目前可获得性的能力评估。供应商目前可获得性的能力评估可以从以下几个方面进行测评。

①供应商是否为公司所在的市场提供服务和采购品项在供应商标准产品范围中所占的比例。如供应商只为批发或其他中介提供服务，则采购方可能很难直接从供应商处获得资源；采购品项尤其是采购方主要的采购品项在供应商标准产品范围中所占比例越大，说明供应商能为采购方提供的产品范围越大，与其合作的商业机会也就越多。

②供应商是否为本公司的竞争者提供资源。如果供应商为本公司的竞争者提供服务，要想从该供应商获取所需要的资源或服务就会变得困难或缺乏优势。

③供应商本身的能力。供应商是否能提供满足采购方要求的产品或服务。如果供应商使用了分包人，公司应对分包人的能力进行了解。

④库存水平。供应商的库存水平会影响供应商对采购公司的响应时间和前置期。

⑤出口经验。当公司进行国际采购时,是否具有对公司所在国家供应商具有出口经验显得尤为重要。

⑥供应前景。供应商能在未来多长时间内保证供应。该项评估指标反映了供应商能否与采购方长期合作的能力,对需要长期供应的合同方式尤为重要。

⑦供应保障。如果公司将要在很长一段时期内采购某产品或服务,那么供应商的供应保障能力就是公司应考虑的一个因素。

(2)供应商未来可获得性的能力测评。测评特定供应商未来供应可获得性的相关标准可以包括以下几项:

①供应商的产品范围(与公司需要相关的)是否曾经被扩大或缩小?

②公司感兴趣的产品范围是否属于其核心业务范畴?

③供应商供应的产品处于该产品市场生命周期的哪个阶段?

(3)供应商满足公司对供应可获得性要求的积极性的测评。除对供应商的基本能力要了解外,还需要了解供应商是否愿意为保障供应而采取措施的积极性,这一点首先表现在其是否有兴趣给公司提供所需的有关供应可获得性的资料。还可以表现在以下几个方面:

①根据公司的采购要求,投资开发新产品线;

②与公司共享进行预测所需的信息;

③愿意采取提高供应效率和缩短前置期的措施;

④使产品在数量和前置期方面具有更强的灵活性,提高对公司紧急需求的响应等;

⑤提供长期供应保障;

⑥帮助处理国际货运安排。

3. 供应商的响应性

当公司要采购的是新的或经常变化的产品,或复杂的需要供应商支持和服务的产品时,供应商的响应就很重要。

(1)响应性能力评估标准。不同供应商对响应性标准的理解不同。如有的供应商可能用解决问题的平均快慢程度来衡量其响应性能力,也有用产品出现问题的频率来衡量其响应性能力,还可能用对客户支持方面进行的客户调查的结果来衡量其响应性能力。因而,很难找到能够用于对不同供应商的响应性能力进行一致评价的标准和信息。通常,在考虑响应性能力标准时,可以通过下列问题进行评估:

①在供应商的使命陈述或业务目标中是否特别体现了客户支持或响应?

②供应商是否制定了客户服务方针?是否制订了能够满足公司要求的客户服务计划?

③供应商是否有顾客投诉及过失纠正报告制度?供应商对问题的响应和处理速度如何?

④供应商是否建立客户服务团队?如果已建立,该团队员工的素质如何?专业水平如何?

⑤供应商是否提供所售产品(如设备)的使用培训和现场指导、支持?是否拥有有效的信息系统和诊断工具,用以帮助其客户支持员工快速处理客户的疑问和问题?

⑥供应商是否有持续改进客户服务的策略和体系？

(2)供应商满足公司对响应性要求的积极性测评标准。供应商的积极性表现在：当公司需要有关供应商对不同客户的支持服务和响应水平的资料时，供应商积极予以配合并提供相应资料；优先安排满足和处理采购方如专业培训、参与联合应变计划等的各种需求。

4. 成本

(1)供应成本能力的评估标准。对于标准化品项，采购方可以从以下几个方面获得相关的信息：

①可以提供的优惠条件，如标准价格或费率表、折扣水平、支付条件、可否赊销等。

②采购品项的寿命周期成本的高低。

(2)供应成本的未来能力绩效的评估。如果公司期望与供应商建立长期的合作关系，则需要公司在对供应商成本的评价过程中，还考虑供应商的长期成本结构和成本竞争力。通常，在评估过程中需要考虑以下因素：

①直接原材料成本。主要考察供应商直接原材料占其产品总成本的比例的大小，其议价能力如何？是否与其上游供应商之间达成了长期供应协议、合伙关系或其他合作关系？是否有持续降低供应成本的方案及其方案的可行性？

②直接劳动力成本。可根据劳动力费用率的变化趋势来考察劳动力费用率的变化情况。

③公司管理成本。供应商的公司管理成本不合比例的偏高，将使供应商处于成本劣势。但从另一方面来看，如果公司管理成本比率偏高是因为管理软件方面（如管理制度的不合理）的原因造成，则公司在此方面有较大的降低成本的空间。

④生产效率。在进行生产效率评价时，可以设定一些标准通过评价下列因素来得出结论：生产设备是现代化的、高效的，还是过时的？生产是否受到瓶颈的束缚？库存水平是否过剩？工厂分布是否合理、高效？生产计划体系是现代化的、成熟的，还是手工的和非正式的？是否正在采取提高生产力的措施？是否有提高生产能力的计划？

⑤外向物流成本。外向物流成本主要用于公司产品的分销。位于遥远国家的供应商或距离较远的供应商相对于距离交货地点很近的供应商将处于竞争劣势。而供应商的外向分销成本在未来是否会有很大变化在很大程度上取决于在距离采购商交货地点较近的地方建立新机构的可能性及可行性。如果一个供应商缺乏融资能力而不能对其业务进行投资，那么与其他可以进行投资的供应商相比，其成本竞争地位就会逐渐恶化。

⑥支付条件。对于公司，尤其是公司规模相对较小、资金有限的情况下，供应商的优惠的支付条件往往能降低成本或减少额外的成本负担。

5. 供应商的综合能力和商业态度

在考核供应商的质量、可获得性、响应性和成本相关的特殊问题外，公司还需要对供应商的一些综合因素进行评价。公司越是希望与供应商建立长期的合作关系，这种综合因素的评价就越显得重要。这些综合因素主要有以下几项：

(1)供应商的总体信誉。下面的问题有助于公司对供应商总体信誉的评估：

①该供应商建立并开始从事业务时间有多长？

②该供应商的所有者和管理者的能力、经验和信誉如何?
③该供应商和产品的市场形象如何?
④该供应商对待客户采取的行为是公平合理还是苛刻强硬?
⑤该供应商的员工在为公司工作时是否敬业?
⑥公司对该供应商在管理、组织和效率方面的总体印象如何?
⑦该供应商使用现代信息技术的手段能力如何?
(2)供应商与公司的兼容性。评价两公司间的兼容性可以从以下几个方面进行:
①供应商与采购公司的文化是否一致?
②两公司的业务定位和计划的相似性程度有多高?
③两公司是否存在平等合作的基础,在规模和业务量方面是否一致?
④两公司在客户定位、所关心的环境和社会问题、商业道德、健康与安全、雇佣惯例和员工保护、遵守法律等方面的政策是否一致?
⑤两公司从事商业活动的条件和环境是否大体一致?

供应商愿意接受采购商提出的合约条件或愿意在此基础上进行谈判的程度,可以反映出该供应商与公司进行业务合作的积极性。

上面探讨了供应商评估的一般标准,在具体评估时,需要结合不同的采购品项的特征来进行。图 5-1 所示为某一公司所设定的供应商要素。

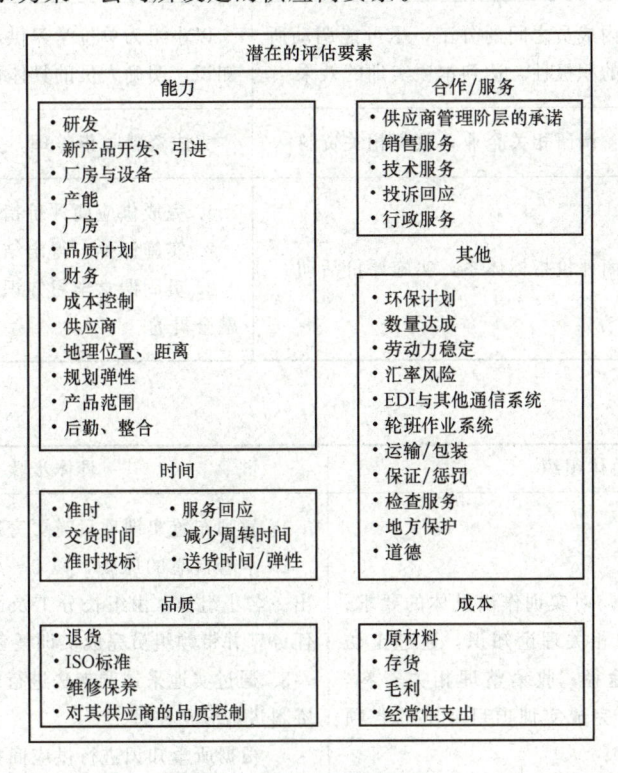

潜在的评估要素	
能力 · 研发 · 新产品开发、引进 · 厂房与设备 · 产能 · 厂房 · 品质计划 · 财务 · 成本控制 · 供应商 · 地理位置、距离 · 规划弹性 · 产品范围 · 后勤、整合	**合作/服务** · 供应商管理阶层的承诺 · 销售服务 · 技术服务 · 投诉回应 · 行政服务 **其他** · 环保计划 · 数量达成 · 劳动力稳定 · 汇率风险 · EDI与其他通信系统 · 轮班作业系统 · 运输/包装 · 保证/惩罚 · 检查服务 · 地方保护 · 道德
时间 · 准时 · 服务回应 · 交货时间 · 减少周转时间 · 准时投标 · 送货时间/弹性	
品质 · 退货 · ISO标准 · 维修保养 · 对其供应商的品质控制	**成本** · 原材料 · 存货 · 毛利 · 经常性支出

图 5-1 供应商评估要素

实训项目：制定供应商选择标准

【实训背景】

考虑到电子商务对传统商超的影响，林子超市决定从传统的超市经营模式向传统超市经营＋电子商务的经营模式转型升级，在全市范围内开展送货上门，实施快递服务，目前需要选择一家合适的快递企业。

（1）请为林子超市设计并制作一份快递公司调查表，要求明确供应商的名称、总部地址、联系电话、联系人、网点覆盖范围、收费标准、服务标准、保险费率、网店拓展方式等信息。

（2）就名称、总部地址、联系电话、联系人、网点覆盖范围、收费标准、服务标准、保险费率、网点拓展方式等调查三家快递公司，分别说明三家快递公司以上各方面的信息，收费标准及服务标准方面需说明各快递公司的收费标准及到达时限。

（3）列出一些选择快递公司时需要考虑的因素。

（4）根据以上了解，选出一家你认为最合适的快递公司，并给出理由。

【实训目标】

编号	要求	成果
1	明确小组内成员之间的分工，尽可能调动所有成员参与的积极性，达到本项实训的效果	以小组为单位学习供应商评价标准的相关知识，明确人员的具体任务
2	资料收集：调研相关企业，收集相关资料	完成资料收集整理，完成相关调查表格
3	建立供应商评价指标体系，实施评价活动	1. 完成供应商评价指标体系的编制。 2. 实施评价，得出结论。 3. 巩固课堂学习知识，实现知识到技能的融会贯通

【实训组织】

总体组织	具体步骤
教师提出实训任务，对实训作出具体的要求；学生组建团队，学习相关理论知识，通过走访调查和资料收集等途径，收集整理相关资料，发挥团结协作精神，完成实训项目要求的各项工作	1. 教师布置实训项目需要完成的任务。 2. 本着自愿的原则，以5～6人为一组，每组选出一名小组长，由组长分工及协调实训小组的实训任务，并带领组员完成实训任务。 3. 通过实地采访调查法进行资料收集，对收集的资料进行分类整理。 4. 根据所学知识进行供应商指标体系的编制 5. 对选定供应商进行评价活动，得出结论。 6. 完成实训项目要求的各项工作

【实训评价】

目的	考核
1. 加深对供应商评价内涵的理解。 2. 提升信息收集、分析和整理的能力。 3. 培养团队合作精神，包括处理意外事件，与人/机沟通的能力。	1. 实训过程中职业素养和专业能力是否得到体现。 2. 小组分工是否明确和均衡，小组成员的能力是否得到充分的发挥。 3. 评价指标体系是否得当，评价是否科学。 4. 小组调研报告思路是否清晰，内容是否充实，重点是否突出

任务二　供应商开发

一、供应商开发的步骤

1. 物料分类

(1)将主生产物料和辅助生产物料等按采购金额比重分为 A、B、C 三类。

(2)按材料成分或性能分类，如塑胶类、五金类、电子类、化工类、包装类等。

2. 收集厂商资料

根据材料的分类，收集生产各类物料的厂家，每类产品 5～10 家，填写在厂商资料表上。

3. 供应商调查

根据厂商资料卡名单，采购部门将供应商调查表传真至供应商填写。

4. 成立供应商评估小组

由副总经理任组长，采购、品管、技术部门经理、主管、工程师组成评估小组。

5. 调查审核

根据反馈的调查表，按规模、生产能力等基本指标进行分类，按 A、B、C 物料采购金额的大小，由评估小组选派人员按"供应商调查表"所列标准进行实地调查。

所调查项目如实填报于调查表上，然后由评估小组进行综合评估，将合格厂商分类按顺序统计记录。

6. 送样或小批量试验

比价议价是对送样或小批量合格之材料评定品质等级，并进行比价和议价，确定一个最优的价格性能比。

7. 供应商辅导

列入合格供应商名册的供应商，公司应给予管理、技术、品管上的辅导。

8. 追踪考核

(1)每月对供应商的交期、交量、品质、售后服务等项目进行统计，并绘制成图表。

(2)每个季度或半年进行综合考核评分一次,按评分等级分成优秀、良好、一般、较差 4 个等级。

9. 供应商之筛选

(1)对于评分等级为较差的供应商,应予以淘汰,或将其列入候补名单,重新评估。
(2)对于评分等级为一般的供应商,应予以减少采购量,并重点加以辅导。
(3)对于评分等级为优秀的供应商,应加大采购量。

二、供应商调查

1. 供应商的调查内容

供应商的调查主要有以下几个方面的内容。
(1)管理人员水平。
①管理人员素质的高低。
②管理人员工作经验是否丰富。
③管理人员工作能力的高低。
(2)专业技术人员素质的高低。
①技术人员素质的高低。
②技术人员研发能力的高低。
③技术人员各种专业技术能力的高低。
(3)机器设备情况。
①机器设备的名称、规格、厂牌、使用年限及生产能力。
②机器设备的新旧、性能及维护状况等。
(4)材料供应状况。
①其产品所用原材料的供应来源。
②其材料的供应渠道是否畅通。
③其原材料的品质是否稳定。
④其供应商原料来源发生困难时,其应变能力的高低等。
(5)品质控制能力。
①其品管组织是否健全。
②品管人员素质的高低。
③品管制度是否完善。
④检验仪器是否精密及维护是否良好。
⑤原材料的选择及进料检验的严格程度。
⑥操作方法及制程管制标准。
⑦成品规格及成品检验标准是否规范。
⑧品质异常的追溯是否程序化。
⑨统计技术是否科学及统计资料是否翔实等。
(6)供应商履行能力。
①采购方的业务对供应商是否重要。

②供应商处理订单平均时间需要多长。
③供应商是否有能力和条件按照采购方可接受的时间交付所订购的产品。
④是否实施全面质量管理系统。
⑤采购的产品是供应商的核心产品还是"副线"产品。
⑥订单是否已超过供应商的生产能力。
⑦供应商作出或适应变化的愿望和能力。
⑧供应商信息化能力。
⑨供应商是否有能力制造多种产品或提供不同的服务。
⑩供应商与自己的重要供应商之间的关系如何。
（7）财务及信用状况。
①每月的产值、销售额。
②来往的客户。
③来往的银行。
④经营的业绩及发展前景等。
（8）管理规范制度。
①管理制度是否系统化、科学化。
②工作指导规范是否完备。
③执行的状况是否严格。

2. 供应商调查的方法

初步供应商调查的基本方法一般可以采用访问调查法。

3. 供应商深入调查

供应商深入调查是指对经过初步调查后，准备发展为自己的供应商的企业进行的更加深入细致的考察活动。这种考察是深入到供应商企业的生产线、各个生产工艺、质量检验环节甚至管理部门，对现有的设备工艺、生产技术、管理技术等进行考察，此过程确保所采购的产品能满足本企业所应具备的生产工艺条件、质量保证体系和管理规范要求。有

供应商问卷调查表

的甚至要根据所采购的产品的生产要求，进行资源重组、并进行样品试验，试验成功以后，才算考察合格。只有进行深入的供应商调查，才能发现可靠的供应商，建立起比较稳定的物资采购供需关系。

进行深入的供应商调查，需要花费较多的时间和精力，调查的成本高。并不是所有的供应商都是必需的，它只是在以下情况下才需要：

（1）准备发展成紧密关系的供应商。例如，在进行准时化（Just in Time）采购时，供应商的产品需要准时、免检、直接送上生产线就能进行装配。这时，供应商已经成了企业一个生产车间一样。如果开始要选择这供应商，就必须进行深入的供应商调查。

（2）寻找关键零部件产品的供应商。如果所采购的是一种关键零部件，特别是精密度高、加工难度大、质量要求高、在产品中起核心功能作用的零部件产品，在选择供应商时，就需要特别小心，要进行反复认真的深入考察审核，只有经过深入调查证明确实能够达到要求时，才能发展成为我们的供应商。

除以上两种情况外，对于一般关系的供应商，或者是非关键产品的供应商，一般可以不必进行深入的调查，只需进行简单初步的调查。

4. 建立供应商卡片

通过访问有关人员而获得信息。例如，可以访问供应商单位市场部有关人员，或访问有关用户，或有关市场主管人员，或其他的知情人士。通过访问建立起供应商卡片（表 5-1）。

表 5-1　供应商卡片

公司基本情况	名称					
	地址					
	营业执照号			注册资本		
	联系人			部门、职务		
	电话			传真		
	E-mail			信用度		
产品情况	产品名	规格	价格	质量	可供量	市场份额
运输方式			运输时间		运输费用	
备注						

表 5-1 也可以作为调查表的形式，由供应商填写。

供应商卡片是获得供应商信息的基础工作。供应商卡片要根据实际情况的变化，经常进行维护、修改和更新。

在实行了计算机信息管理的企业中，应当将供应商管理纳入计算机管理中。把供应商卡片的内容输入到计算机中，利用数据库进行操作、维护和利用。

三、供应商审核

供应商审核除要参考供应商审核调查问卷所获取的信息，并据此作出下一步行动决定外，针对可能性较大的或重要的供应商往往进一步实施现场审核。供应商现场审核通常依事先制定好的审核检查标准进行，审核的标准通常可以从以下几个方面进行：基本情况、企业管理、质量体系及保证、设计、工程与工艺、生产、企划与物流、环境管理、市场及顾客服务与支持等，每个方面又分为若干审核要素。表 5-2 给出了一个供应商审核检查标准的企业环境部分的实例。其各审核要素中单个要素最高为 100 分，最低为 0 分，各相关要素的总分除以要素总数所得的要素总平均分即该供应商的总水平。供应商审核检查标准是对供应商审核的各要素打分量化的评审工具。在实际执行中，针对不同的供应商，审核检查标准中的有些要素可做相应的增减。

表 5-2　供应商审核检查表

评审内容要素	是/否	观察记录	得分
1. 企业环境			
1.1 政治社会及经济法律	是否		0—25—50—75—100
1.2 进出口限制	是否		0—25—50—75—100
1.3 货币可兑换性	是否		0—25—50—75—100
1.4 近3年来通货膨胀率	是否		0—25—50—75—100
1.5 基础设施	是否		0—25—50—75—100
1.6 地理限制	是否		0—25—50—75—100
			平均得分：

经过审核的供应商才能成为公司可发展的供应商。

实训项目：供应商开发

【实训背景】

林子超市客服部最近收到客户投诉，反映该超市部分品牌的纸巾和湿巾有泛黄、污点、异味等质量问题，不仅给超市带来了严重的损失，还破坏了超市的信誉和形象，严重影响了超市的竞争力。为此，客服部要求采购部在采购纸巾时严格把控质量关。

根据调查了解，出现问题的纸巾为×纸业有限公司的产品。鉴于目前×纸业有限公司无法保证产品质量，采购部经理认为有必要进行新的供应商开发工作，并安排采购部主管林××负责此次新供应商的筛选及调查工作。

林××接到该任务后，需要拟定工作步骤，设计供应商信息登记表和供应商筛选标准并根据此标准，制订供应商筛选表，完成初步筛选后，建立入选供应商卡片，为深入调查提供资料。在获取信息建立大量供应商卡片后，为方便深入调查，需要制作深入调查供应商名单，里面应包含供应商名称、地址、联系人和联系方式。将深入调查的供应商相关信息填入供应商卡片。为谨慎起见，林××建立了一个三人调查评价组，主要对供应商的产品和服务、客户市场、关键生产设备进行深入调查。

经过深入调查，综合三人团队意见，林××最终得到了合格供应商的具体名单，并建立了林子超市合格供应商信息表。

【实训目标】

编号	要求	成果
1	掌握供应商开发的步骤和评价标准等方面知识	1. 编制供应商开发的工作方案。 2. 设计供应商信息登记表。 3. 设计供应商评价表。 4. 设计并完成企业供应商卡片
2	利用供应成本的构成及影响因素，能核算供应成本	在给定的资料背景下，计算出不同采购物料的成本

【实训组织】

总体组织	具体步骤
教师提出实训任务，对实训作出具体的要求；学习相关理论知识，完成实训项目要求的各项工作	1. 教师布置实训项目需要完成的任务。 2. 学生学习实训背景资料。 3. 运用供应成本构成及其影响因素的相关知识，测算不同采购物料的成本

【实训评价】

目的	考核
1. 加深对供应成本的构成及影响因素的理解。 2. 巩固课程所学知识	1. 实训过程中职业素养和专业能力是否得到体现。 2. 选择评判标准是否得当。 3. 计算是否正确。 4. 结论是否正确

任务三 供应商评价与选择

一、评价与选择供应商的基本原则

1. 全面兼顾与突出重点原则

评价和选择供应商的指标体系必须全面反映供应商企业目前的综合水平，同时，对于重点指标要给予重点考虑。

2. 科学性原则

评价和选择供应商的指标体系的大小必须适宜，即指标体系的设置应有一定的科学性。如果指标体系过大，指标层次过多、指标过细，势必将评价者的注意力吸引到细小的问题上，而且容易将评价工作烦琐化；指标体系过小，指标层次过少、指标过粗，又不能充分反映供应商的水平。

3. 可操作性原则

评价和选择供应商的指标体系应具有足够的灵活性与可操作性，使评价与选择工作易于进行。

二、供应商的选定程序

不同的企业对供应商的选择程序往往会存在一定的差异，但有几个基本步骤是许多企业共同有的，可以将其归纳如下：

（1）建立供应商选定工作小组，由质量管理部门牵头，由产品开发、生产、供应、服务等部门派人参加，由企业主管质量领导担任组长，统筹评估与选择工作。

（2）选定工作小组确定供应商候选名单，并对候选供应商提交的材料逐个进行审核。

（3）对候选供应商所供应的原材料或零部件进行检验，应符合企业的质量要求和法定标准。

（4）由选定小组派人到供应商现场考察，现场考察小组必须有质量管理部门人员参加，对现场考查和取样检查结束后应有综合分析意见的书面报告。必要时，应进行供应商审核。

（5）选定工作小组对评价结果进行分析，选定供应商，将其纳入供应商管理系统。

三、供应商的选择方法

选择符合要求的供应商，需要根据具体的情况采用合适的方法。常用的方法主要有定性分析法和定量分析法。定性分析法主要包括直观判断法、招标投标法和协商选择法；定量分析法主要包括采购成本比较法、ABC成本法和综合评分法。

1. 直观判断法

直观判断法常用于企业选择非主要原材料的合作伙伴。该方法是通过倾听和采纳有经验的采购人员的意见或直接由采购人员凭经验对合作伙伴进行分析、评价，进而对合作伙伴进行选择的一种方法。该方法简单易行，效率高，判断是否正确主要取决于决策者的个人素质、能力和经验。

2. 招标投标法

招标投标法是指采购企业采用招标的方式，吸引多个有实力的供应商来投标竞标，评标委员会根据事先确定的评标标准分别给予竞标企业进行分析评比，选择出最优供应商的方法。《中华人民共和国招标投标法》对于采购数量达到一定规模时必须运用招标投标的方法进行供应商选择有着强制性规定。一般来说，当采购物资数量大、供应市场竞争激烈时，采用招标投标法来选择供应商有利于降低采购价格、获得质量好的供应商，但实施招标投标法进行供应商选择，采购企业话语权小，对选择哪家供应商作为合作伙伴缺乏控制能力，且操作周期较长，在紧急需求的情况下不适合采用。

3. 协商选择法

在供货企业较多、企业难以抉择时，可以采用协商选择的方法，即由采购企业优先选出供应条件较为有利的几个合作伙伴企业，在分别同他们进行协商的基础上，确定适当的合作伙伴。该方法同招标投标法相比，能使供需双方充分协商，在物流质量、交货期限及售后服务等方面较有保障，但选择范围有限，不一定可以得到价格合理、供应条件最有利的供应商。当采购时间紧迫、投标单位少、竞争程度低、订购物资规格和技术条件复杂时，采用协商选择较招标投标法选择供应商更为合适。

4. 采购成本比较法

在质量和交货期都难以满足采购方要求的条件下，采购成本这一因素就成了选择供应商的一个非常突出的因素。采购成本比较法是指通过分析各个不同合作伙伴的采购成本，以成本高低为评判的主要依据，选择成本低的供应商作为合作伙伴的方法。采购成本一般等于售价、采购费用、运输费用、运营费用等各项支出的总和，对于采购后的后期投入不可忽略、需要较长时间持续投入的相关费用，需要从寿命周期成本出发，运用资金的时间价值来计算其寿命周期成本并以此作为比较依据。

5. ABC成本法

ABC成本法又称作业成本分析法或作业成本算法。ABC成本法着眼于强化基于活动的成本管理，将人们能够看到的成本消耗与所从事的工作直接关联起来，关注具体活动及其相应的成本，从而有利于人们分析哪些成本投入是有效的，哪些成本投入是无效的。

6. 综合评分法

(1)设定供应商能力评估标准的总权重。这一过程是将评估标准转变为可用于测量的标准，如果缺乏可测量性，公司就很难客观地评价供应商。权重的设定一般根据公司对该评估项目的重视程度进行，重视程度越高，赋予的权重越大。如用1代表"最低标准要求"，用10代表"绝对需要的，对合约成功起关键作用的标准"。

(2)将总权重分配给该评估项目的各个要素。如测评标准：可靠性(10分)；低平均故障间隔期(3分)；低检修停工率(3分)；设备耐用性(4分)。

(3)利用测评标准和分值来评定供应商的能力等级。下面以平均故障间隔期为例，来说明供应商能力等级的评定方法。

①设定能力等级得分标准，评估标准的组成要素见表5-3。

表5-3 评估标准的组成要素

能力等级分数	评估标准的组成要素：平均故障间隔期(3分)					
	不可接受的——未符合任何适当标准的要求(0分)	可能不会被接受——仅仅符合最低要求(1分)	可接受的(底线)(2分)	可接受的——符合所有要求并且还超过了部分标准的要求(3分)	可接受的——超过了所有标准的要求(4分)
能力描述＼供应商	故障平均间隔期低于100d	故障平均间隔期为100~119d	故障平均间隔期为120~129d	故障平均间隔期为130~139d	故障平均间隔期等于或大于150d
供应商A				√	
供应商B			√		
供应商C				√	

②根据该特定测评标准的组成要素对三个供应商进行评价的结果：供应商A和C各得3分，供应商B得2分。

③将供应商该项目的得分乘以该评估要素的权重，得到该供应商在该评估要素上的得分，如供应商A的加权分为3×3=9(分)。

④按上述方法，可以得出所有供应商的各项评估要素的加权得分；将该供应商各评估要素的加权得分相加，即该供应商的最终得分。

⑤将各评估要素的满分(如表5-3中平均故障间隔期这一要素的满分为4分)乘以该评估要素的总权重(3分)，即该评估要素的总权重得分：4×3=12(分)。将各评估要素的总权重得分相加，即满分。

⑥计算供应商综合能力等级。其计算公式如下：

$$综合能力等级 = \frac{某供应商最终得分}{满分}\%$$

⑦确定供应商级别。供应商级别可分为以下几项：

a. 合格的供应商是指已经达到采购商的选择标准的供应商，如供应商综合得分超过公司要求的最低综合得分不得低于70分的标准。

b. 可信任的供应商是指已经让采购公司满意，完成了试订单交货，从而比"被认可的供应商"更让公司信任的供应商。

c. 优选供应商是指比"合格的"和"可信任"的供应商更让公司满意的供应商。

d. 丧失资格的供应商是指无法满足采购公司在供应商评估过程中制定的标准的供应商。

当供应商的综合能力等级得分与预先设定的分数等级相比较，确定该供应商的级别和是否可作为本公司的供应商。如设定的供应商综合能力得分达到70%为可接受的供应商，经过计算，某供应商达到了72%，则该供应商的级别为可接受，该供应商可作为公司的供应商。

实训项目：选择供应商

【实训背景】

林子超市将传统商超经营模式改革升级为传统商超经营模式＋电子商务经营模式，并在广东省内拓展了批发仓经营业务，为降低物流成本，提高物流质量，决定于近期对2019年度公路干线运输、零担运输、配送等进行公开、全面招标。现就招标有关事宜予以公告，竭诚欢迎国内外符合要求的各类物流供应商参加投标。

(1)招标项目内容。从深圳发往全省各地的公路运输。

(2)主要承运产品。微波炉、空调、洗衣机、电饭煲、电磁炉、电水壶、电烤箱等小家电产品及相关赠品、宣传物料、售后配件等。

(3)投标资格要求。

①物流项目的投标人注册资本不得少于人民币50万元。

②本次招标不接受两家及两家以上供应商联合投标。

③运输供应商须是专业的物流企业，具有2年以上物流营运经验，并具有铁路或公路运输经营的相关资质证明。

④自有车辆不低于10辆(需提供车辆行驶证复印件)。

⑤提供装卸服务。

⑥提供7d×24h服务，具有流畅的信息沟通渠道。

⑦具备抗运输风险能力和运输质量保障能力，承担在运输中造成的损失。

要求：

(1)请为林子超市设计一个供应商评价指标体系，并制定一份物流供应商评价表。

(2)需要至少调查3家符合要求的物流企业。

(3)需在实训报告中写明物流企业的名称、地址、注册资本、开展物流业务的时间、曾经服务过的主要客户、自有车辆数量、信息化水平、装卸能力、物流质量保障能力等。

（4）从中选择一家你认为最合适林子超市的物流企业，并说明理由。

【实训目标】

编号	要求	成果
1	明确小组内成员之间的分工，尽可能调动所有成员参与的积极性，达到本项实训的效果	以小组为单位学习供应商评价与选择的相关知识，明确人员的具体任务
2	学习实训项目背景资料，进行调查规划	1. 建立评价指标体系。 2. 设计供应商评价表
3	收集相关企业信息，完成供应商评价表的填写，针对建立的供应商评价指标体系，小组讨论、整理并形成小组供应商选择的方案	1. 通过合适的渠道收集到企业信息。 2. 完成供应商评价表。 3. 根据评价指标体系，完成对供应商的评价和选择，得出结果，形成实训报告。 4. 巩固课堂学习知识，实现知识到技能的融会贯通

【实训组织】

总体组织	具体步骤
教师提供实训背景资料，对实训作出具体的要求；学生组建团队，学习相关理论知识，走访调查企业的实际操作，发挥团结协作精神，完成实训项目要求的各项工作	1. 教师布置实训项目需要完成的任务。 2. 本着自愿的原则，以5~6人为一组，每组选出一名小组长，由组长分工及协调实训小组的实训任务，并带领组员完成实训任务。 3. 通过实地采访调查的形式，了解调查企业相关信息。 4. 制订小组活动方案。 5. 完成实训项目要求的各项工作

【实训评价】

目的	考核
1. 加深对供应商开发工作的理解。 2. 培养团队合作精神，包括处理意外事件，与人/机沟通的能力。 3. 培养团队归纳分析、解决问题的逻辑和思维能力。 4. 培养以团队方式最后撰写实训报告	1. 实训过程中职业素养和专业能力是否得到体现。 2. 小组分工是否明确和均衡，小组成员的能力是否得到充分的发挥。 3. 调研方法选择是否得当，操作是否规范。 4. 小组调研报告思路是否清晰，内容是否充实，重点是否突出

任务四　供应商激励与控制

一、供应商激励

对供应商实施有效的激励，有利于增强供应商之间的适度竞争。保持供应商之间的适度竞争，保持对供应商的动态管理，提高供应商的服务水平，能够降低公司采购的风险。

(一)建立供应商业绩评价体系

建立供应商业绩评价体系是建立供应商激励机制的基础，它为对供应商的激励提供了信息支持。

供应商业绩评价体系包括供应商信息的收集、业绩评价方法、评价及分析工具、评价组织与人员等方面的内容。其中，供应商信息的收集主要是收集供应商为企业提供物料供应过程中所产生的各种信息，包括质量、价格、交货及时性、包装符合性、服务与工作配合等；业绩评价方法是指进行评价时采用的方法，一般有定性评价和定量评价两种(定量评价被较多采用)；评价及分析工具包括数学模型的采用、权变理论的应用、加权平均法的应用等多种；评价组织与人员是指企业应建立对供应商进行业绩评价和管理的组织部门，并配置适宜的、拥有评价工作需要的专业技能的人员。另外，对供应商进行业绩评价的周期选择也非常重要，周期太短则信息有限，评价结果不能说明供应商的实际业绩水平，周期太长，又会使供应商对业绩评价失去兴趣，难以发挥评价的作用。

(二)建立供应商激励标准

激励标准是对供应商实施激励的依据，应针对不同的供应商，为其提供量身定做的激励方案，以达到良好的激励效果。制定对供应商的激励标准需要考虑以下因素：

(1)本企业采购物资的种类、数量、采购频率、采购政策、货款的结算政策等。
(2)供应商的供货能力，可以提供的物资种类、数量。
(3)供应商所属行业的进入壁垒。
(4)供应商的需求，重点是现阶段供应商最迫切的需求。
(5)竞争对手的采购政策、采购规模。
(6)是否有替代品。

(三)激励的方式

按照实施激励的手段不同，可将激励分为正激励和负激励两大类。正激励是根据供应商的业绩评价结果，为供应商提供的奖励性激励，目的是使供应商受到这样的激励后，能够"百尺竿头，再进一步"；负激励是对业绩评价较差的供应商提供的惩罚性激励，目的是使其"痛定思痛"，或者将该供应商清除出去。

(1)常见的正激励有以下 7 种：
①延长合作期限，增强供应商业务的稳定性，降低其经营风险；
②增加采购物料的数量，增加供应商的营业额，提高其获利能力；

③增加物料采购品项，使供应商一次送货的成本降低；
④提升供应商级别，增强供应商的美誉度、市场影响力和市场竞争力；
⑤实施书面表扬，增强供应商的美誉度和市场影响力；
⑥颁发证书或锦旗，有助于提升其美誉度；
⑦实施现金或实物奖励。

(2)相对应正激励，常见的负激励有以下7种：
①缩短合作期限；
②减少采购份额；
③减少物料采购品项的数量；
④业务扣款；
⑤降低供应商级别；
⑥提起诉讼或提出赔偿要求；
⑦淘汰。

(四)选择激励方式

在供应商业绩评价的基础上，按照得分多少对供应商进行分级。对于同类供应商，按照数量多少，选择排名第1~3名的给予正激励，排名倒数第1~3名的给予负激励（一般被激励的供应商不超过同类供应商总数的30%）。不同的供应商应采取不同的激励措施。

在正激励中，不同供应商应采取相应的激励方式。
(1)对于合作期限较短的供应商，可采取延长合作期限的激励方式。
(2)对于具备更大数量的物资供应能力、急于扩大营业额的供应商，可采取增加合作份额的方式。
(3)对于能够提供更多供应品项，且物资质量符合公司标准、增加物资类别有助于降低其成本的供应商，可考虑采用增加采购物料品项作为激励手段。
(4)对于尚未达到战略合作伙伴级别的供应商，可逐步实施提升供应商级别。
(5)对荣誉较为看重的供应商，可采用颁发证书、锦旗或书面表扬的激励手段，采取该形式进行激励时，要特别讲究形式。
(6)对公司作出重大贡献或特殊贡献的供应商，可采取现金或实物奖励的形式进行激励。

负激励是一种惩罚性激励手段，一般用于业绩不佳的供应商。实施负激励的目的在于提高供应商的积极性，改进合作效果，维护公司利益不受损失。

(五)激励时机的确定

为提高激励的效果，实施激励时机的把控非常重要。在对供应商实施负激励之前，要查看该供应商是否有款项尚未结清，是否存在法律的风险，是否会对公司的生产经营造成重大影响，是否会对大部分供应商产生负面影响，以避免因激励而给公司带来麻烦。

一般在出现以下情形时，可及时实施激励。
(1)市场上同类供应商的竞争较为激烈，而现有供应商的业绩不见提升时。
(2)供应商之间缺乏竞争，物资供应相对稳定时。

(3)供应商缺乏危机感时。
(4)供应商对公司利益缺乏高度关注时。
(5)供应商业绩有明显提高,对公司效益增长贡献显著时。
(6)供应商的行为对公司利益有损害时。
(7)按照合同规定,公司利益将受到影响时。
(8)出现经济纠纷时。
(9)需要提升供应商级别时。
(10)其他需要对供应商实施激励的情况。

(六)激励的确定与实施

在进行供应商绩效管理时应坚持下列基本原则。
(1)持续进行,要定期评估。
(2)要从供应商和企业自身各自的整体运作方面来进行评估。
(3)确立整体的目标进行评估时,要考虑到外在因素带来的影响。

激励由公司的供应商管理部门根据业绩评价结果提出,由部门经理审核,报分管副总经理批准(涉及法律程序和现金及实物奖罚、证书和锦旗的激励报公司总经理审批)后实施。

实施对供应商的激励之后,要高度关注供应商的行为,尤其是受到负激励的供应商,观察对他们实施激励前后的变化,作为评价和改进供应商激励方案的依据,以防止出现各种对企业不利的问题。

二、供应商考核

供应商考核是企业在供应商被确定为合格供应商并开始供货之后进行的一项工作,是对现有的供应商供货的实际表现进行定期的监测、考核的动态管理活动,是对供应商供货能力与积极性的综合评估。考核结果是对现有供应商采取奖励或惩罚的依据。

(一)供应商考核的目的

(1)激励现有供应商改善在供货品质、交货期与成本方面的积极性,确保供应商供应的效果。
(2)考核结果便于区分和比较供应商供货效果,以便继续同优秀的供应商进行合作,从而淘汰绩效差的供应商。
(3)了解供应商供货过程中存在的不足之处并反馈给供应商,可以促进供应商改善其业绩,为日后更好地完成供应活动打下良好的基础。

(二)供应商考核的方法

1. 定性考核法

定性考核法是企业对现有供应商的供货能力、积极性、主要优点、缺点给予基本的、客观的评价。一般采取个别谈话、小型会议等方式进行。

2. 定量考核法

定量考核法指企业对现有供应商的供货能力、积极性运用统计方法,通过定量分析考核供应商一种方法。

一般来说，定性考核法比较简单易行，但主观随意性较强，也不够精确，定量考核法比较复杂，但比较精确、科学，现代企业用后者比较多。

(1)考核指标。一般来说，多数企业是从以下四个方面考核供货商的。

①质量考核标准：质量考核标准是通过批次合格率来反映的。

②价格。

③准时交货率。其计算公式如下：

$$准时交货率 = \frac{按时按量交货的实际批次}{订单确认的交货总批次} \times 100\%$$

④服务与支持。

(2)考核标准(表5-4)。

表 5-4 考核标准

质量考核标准：	
批次合格率考核标准	得分
100%	100
≥99.5%	85
≥98.5%	70
≥97.5%	40
≥95%	15
<95%	0
价格考核标准：	
价格考核标准	得分
报价合理具体透明	10
价格具有竞争力	60
不断降低成本	10
让顾客分享降低成本的利益	10
收款发票合格及时	10
交货准时考核标准：	
准时交货率考核标准	得分
99%~100%	100
95%~99%	80
90%~95%	60
80%~90%	40
70%~80%	20
<70%	0

续表

服务与支持考核标准：

服务与支持考核标准	得分
反应及时到位	25
合作态度良好	15
沟通手段齐备	15
共同改进积极	25
其他	20

注意：考核标准一定要与指标体系标准相对应。不同企业标准是有所不同的。

(3)权重。权重是针对某一指标而言。某一指标的权重是指该指标在整体评价中的相对重要程度。权重代表人对指标的价值取向，权重大的说明很重要，权重轻的说明次重要，具体权重怎么分配，根据具体情况来定，但权重总和为1。

(4)供应商定量考核得分 $=\sum$（指标得分×指标权重）

三、供应商的管理

(一)供应商的分级管理

对于不同的供应商可以采取不同策略。例如，对于优秀的供应商，可以加大对其的采购量；对于合格供应商可以按照正常进行采购；对于分数在60～70分的供应商，需要对其进行进一步的培训、辅导，提高其供应能力；对于分数低于60分的供应商，把其定义为不合格，下一步予以淘汰。

供应商的分类以及分级管理

(二)供应商关系管理

供应商关系管理是供应链上的一个关键环节，它是一种用来改善企业与供应商关系的管理理念和系统。那么如何构建合作伙伴关系呢？一般来说，供应商的合作伙伴关系是由采购方发起的，采购方在管理及市场影响力方面通常要优于供应商，这样，双方有利于建立战略合作伙伴关系。

但是还有另外一种情况，即有一些大的供应商，如钢铁、化工等，他们的市场影响力及管理水平比较，超过了采购方，那么这种战略伙伴关系往往是由供应商发起的。

实训项目：制定供应商管理制度

【实训背景】

面对电子商务发展的强劲势头，你准备开设一家网店，根据市场需求调研情况和收集到的相关信息，你决定进行某些类别商品的经营活动。为了提高你网店的经营竞争力，你需要建立一套供应商管理制度。

【实训目标】

编号	要求	成果
1	明确小组内成员之间的分工,尽可能调动所有成员参与的积极性,达到本项实训的效果	以小组为单位学习供应商管理知识,明确人员的具体任务
2	学习实训项目背景资料,进行调查规划	1. 供应商调查制度的内涵。 2. 被调查公司的供应商管理制度
3	确定所需的服务,明确供应商管理制度的基本框架,小组讨论、整理并形成小组供应商管理制度	1. 所需的服务。 2. 确定供应商的类型。 3. 确定供应商管理制度的基本框架。 4. 编制完成供应商管理制度。 5. 巩固课堂学习知识,实现知识到技能的融会贯通

【实训组织】

总体组织	具体步骤
教师提供实训背景资料,对实训作出具体的要求;学生组建团队,学习相关理论知识,走访调查企业的实际操作,发挥团结协作精神,完成实训项目要求的各项工作	1. 教师布置实训项目需要完成的任务。 2. 本着自愿的原则,以5~6人为一组,每组选出一名小组长,由组长分工及协调实训小组的实训任务,并带领组员完成实训任务。 3. 通过实地采访调查的形式,了解调查企业供应商管理制度。 4. 制订小组活动方案。 5. 完成实训项目要求的各项工作

【实训评价】

目的	考核
1. 加深对供应商管理知识的理解。 2. 培养团队合作精神,包括处理意外事件,与人/机沟通的能力。 3. 培养团队归纳分析、解决问题的逻辑和思维能力。 4. 培养以团队方式最后撰写实训报告	1. 实训过程中职业素养和专业能力是否得到体现。 2. 小组分工是否明确和均衡,小组成员的能力是否得到充分的发挥。 3. 调研方法选择是否得当,操作是否规范。 4. 小组调研报告思路是否清晰,内容是否充实,重点是否突出

素养园地

牧人模式所体现出的大局意识

供应链管理中的牧人模式告诉人们，只有尊重合作伙伴的正当利益诉求，视合作伙伴的生存与发展为自身生存与发展的必要基础，与合作伙伴共赢发展才是根本之道。如果像猎人模式那样，只求自身利益最大化，而不顾合作伙伴的生存与发展，则最终自身也将失去生存和发展的基础，从而陷入衰亡。因此，供应链关系管理体现了大局意识。大局意识是指要从整体和全局的角度思考问题，辩证地看待得与失的关系，不能只注重眼前利益而损害长远发展。只有识大体、顾大局、观大势，才能谋大事。无论是核心企业，还是成员企业，甚至是终端用户，都是供应链价值共同体的一分子，任何一方的利益损失都将带来整体利益的损失，追求局部的利益最大化，最终将导致全局利益的受损。

新时期的中国发展之路充满了挑战，人们必须处理好局部与全局的关系、当前与长远的关系，要以大局意识统领全局发展，才不至于因小失大，赢了一隅，而失了全局。

项目测评

一、判断题

1. 可获得性是指供应商能随时随地提供公司所需的产品或服务的能力。（   ）
2. 当公司进行供应商评估时，最起码应该考虑供应商的能力和积极性两个重要因素。可用下列模型来表述：绩效＝能力＋积极性。（   ）
3. 退货率越高，产品的可靠性越好。（   ）
4. 进行深入的供应商调查，只需要花费较少的时间和精力，调查的成本低。（   ）
5. 平均无故障时间是指在预期出现故障前，产品可工作时间的长度。此项指标通常适合对类似设备等产品进行质量评价时使用。（   ）

二、简答题

1. 简述测评特定供应商未来供应可获得性的相关标准。
2. 简述供应商的选择方法。
3. 简述供应商考核的方法。

项目评价

项目测评(40 分)			得分：
计分标准： 得分＝5×判断题正确个数＋5×简答题正确个数			
学生自评(20 分)			得分：
计分标准：初始分＝2×A 的个数＋1×B 的个数＋0×C 的个数 得分＝初始分/36×20			
学习任务	评价指标	自测结果	要求 (A 掌握；B 基本掌握；C 未掌握)
确定供应商评估标准	1. 影响因素； 2. 供应商评估的基本模型； 3. 供应商评估的一般标准； 4. 牧人模式所体现出的大局意识	A☐ B☐ C☐ A☐ B☐ C☐ A☐ B☐ C☐ A☐ B☐ C☐	了解供应商评估的影响因素；掌握供应商评估的基本模型；知道供应商评估的一般标准；理解牧人模式所体现出的大局意识
供应商的开发	1. 供应商的开发步骤； 2. 供应商调查； 3. 供应商审核	A☐ B☐ C☐ A☐ B☐ C☐ A☐ B☐ C☐	掌握供应商的开发步骤；能够进行供应商调查；能够进行供应商审核
供应商评价与选择	1. 评价与选择供应商的基本原则； 2. 供应商的选定程序； 3. 供应商的选择方法	A☐ B☐ C☐ A☐ B☐ C☐ A☐ B☐ C☐	掌握评价与选择供应商的基本原则；熟悉供应商的选定程序；掌握供应商的选择方法
供应商激励与控制	1. 供应商激励； 2. 供应商考核； 3. 供应商的管理； 4. 诚信是供应链合作的基础	A☐ B☐ C☐ A☐ B☐ C☐ A☐ B☐ C☐ A☐ B☐ C☐	知道供应商激励；熟悉供应商考核；能够进行供应商的管理；理解诚信是供应链合作的基础
小组评价(20 分)			得分：
计分标准：得分＝10×A 的个数＋5×B 的个数＋3×C 的个数			
团队合作	A☐ B☐ C☐	沟通能力	A☐ B☐ C☐
教师评价(20 分)			得分：
教师评语			
总成绩		教师签字	

项目六

采购谈判

采购谈判工作对于争取降低成本、保证采购产品质量、争取采购物资及时送达、争取更加优惠的服务项目、降低采购风险、妥善处理纠纷和改善供需关系等方面意义重大，是采购工作流程中的重要一环。做好采购谈判工作不仅需要具备采购谈判知识，还需要掌握谈判的技巧。

学习目标

1. 了解谈判评价的标准、谈判的模式、谈判目标的选择和谈判的准备工作；
2. 掌握谈判应遵循的原则和各阶段的策略；
3. 安排谈判各阶段的工作；
4. 灵活运用谈判的知识和技巧从事谈判工作。

项目导学

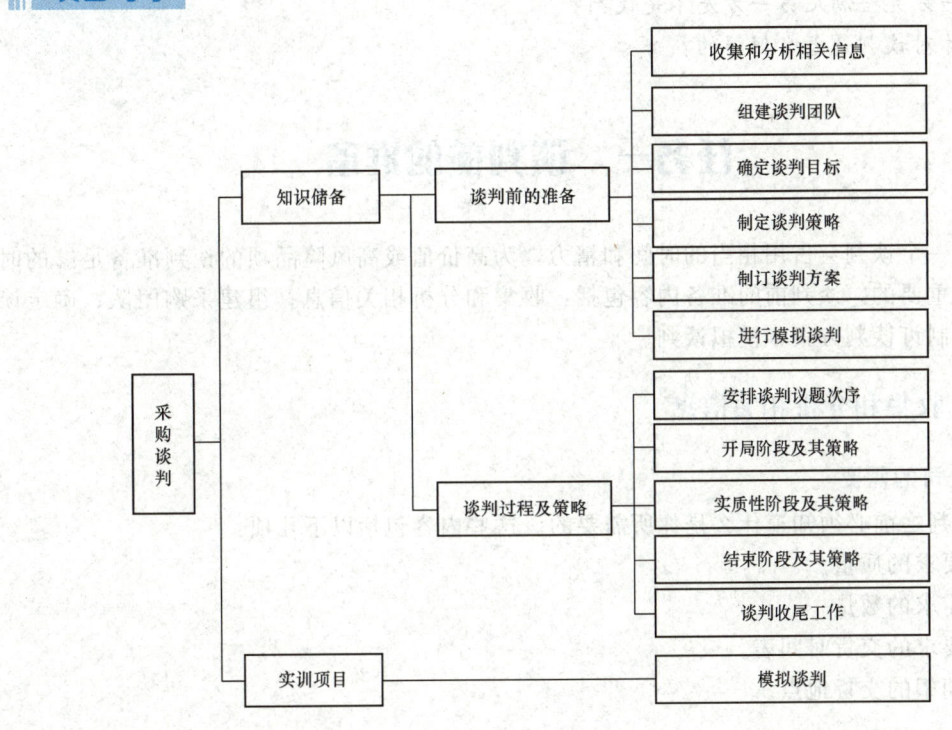

```
                                  ┌── 收集和分析相关信息
                                  ├── 组建谈判团队
                                  ├── 确定谈判目标
                    ┌── 谈判前的准备 ┼── 制定谈判策略
                    │             ├── 制订谈判方案
         ┌── 知识储备 ┤             └── 进行模拟谈判
         │          │
采购谈判 ─┤          │             ┌── 安排谈判议题次序
         │          │             ├── 开局阶段及其策略
         │          └── 谈判过程及策略┼── 实质性阶段及其策略
         │                        ├── 结束阶段及其策略
         │                        └── 谈判收尾工作
         └── 实训项目 ──────────────── 模拟谈判
```

> **案例导读**

有一对老夫妻在一本杂志广告中看到一座老式时钟式样十分优雅。妻子说："多漂亮啊，把它放在我们的客厅一定很不错吧？"丈夫也认为的确不错。但广告上没有标明价格，不知道多少钱。他们商定，去古董店找找看，如果发现那座钟，最多出价500元。

经过三个月的搜寻，他们终于在一家古董展会场的橱窗里看到那座时钟，妻子兴奋地叫起来："没错，就是这座钟。"但当他们看见时钟上的标价是800元时，妻子开始打退堂鼓，说道："这超出了我们500元的预算，还是不买了吧。"丈夫说："我们已经找了那么久，不妨试试，跟他谈谈。"

夫妻私下商谈，价格一定要控制在500元以下。随后，丈夫鼓起勇气，对那座时钟的售货员说："我注意到你们有座钟要卖，定价就贴在钟座上，而且蒙了不少灰尘，显得很古老。"之后，又说："我给你出个价，只出一次价，你可能会吓一跳，你准备好了吗？"他停了一下以增加效果。"你听着——250元。"那座钟的售货员连眼也不眨一下，说道："卖了，那座钟是你的了。"

回家后，他把那座时钟放在家里的客厅中，它看起来非常美丽，而且也似没什么毛病，但是他和太太却始终感到不安。他们半夜曾三度起来，因为他们没有听到时钟的声响。这种情形持续了好多天，他们的健康状况迅速恶化，甚至患上了高血压。那个售货员不经交涉就以250块钱把时钟卖给了他们，使他们觉得自己开价太高或认为该钟质量肯定有问题。

思考：
(1) 一方完全满足另一方是不是谈判？
(2) 你对谈判是怎么理解的？

任务一　谈判前的准备

准备一个谈判会占用相当的时间和精力，为高价值或高风险品项的谈判准备足够的时间是非常重要的。谈判前的准备内容包括：收集和分析相关信息；组建采购团队；确定谈判目标；制订谈判方案；模拟谈判。

一、收集和分析相关信息

1. 公司的需要

在谈判之前必须知道什么是你所需要的。这些内容包括以下几项：
(1) 要求的质量。
(2) 需求的数量。
(3) 要求的交货时间表。
(4) 期望的交货地点。

(5)对供应商所要求的服务水平。
(6)合理的采购预算。

2. 采购品项的供应市场环境

在全球经济一体化形势下，对供应市场的考察也应相应地扩大到全球供应市场。在这一环节，需获取和分析以下信息：
(1)所采购产品或服务的全球供应情况。
(2)技术进步和替代产品。
(3)价格和价格走势。
(4)价格以外的主要成本因素。
(5)市场结构和竞争程度。
(6)可选择的供应商。
(7)影响特定供应市场的政策和规定、经济和社会政治环境及其前景。

3. 采购和供应战略

(1)运用供应定位模型判断采购品项的类别。
(2)确定与供应方建立的关系类型。

4. 分析供应商提供的商品或服务的价格及其成本构成

(1)获取成本和价格的市场信息。
(2)建立成本模型，分析供应商的报价。
(3)分析降低采购总成本的途径。

5. 了解供应商的组织及供应商对本公司业务态度

(1)了解供应商的技术能力、财务状况、市场运作能力、管理能力、管理文化和风格、行业关系。
(2)了解可能采取超越其竞争对手、获得优势的方法。
(3)了解供应商把公司作为一个潜在的业务伙伴来看的兴趣的大小。

6. 了解供应商谈判人员

(1)了解供应商主谈人员及其谈判风格。
(2)供应商谈判人员的需求和社会关系。

7. 了解你的谈判竞争对手

你的竞争对手的不同特质决定了你可能采取的谈判策略及其效果。你面临的谈判对手通常可分为温和型、强硬型、理智型、创新型和成交型五种类型。不同类型的谈判对手应对策略是不同的，具体见表6-1。

表 6-1　谈判对手应对策略

温和型		
优势	劣势	如何应对的建议
1. 友好易接近； 2. 好的倾听者； 3. 表示关心和同情； 4. 寻求双赢； 5. 有耐心； 6. 值得信任； 7. 重视个人关系	1. 过于随和； 2. 可能失去重点； 3. 很难处理矛盾和压力； 4. 容易泄露信息； 5. 可能过于重视个人问题； 6. 很难与忽视个人关系的人打交道	1. 建立信任； 2. 用理性来表明理解； 3. 强调他们作为个人合作的重要性； 4. 经常归纳和集中讨论； 5. 强调长期关系； 6. 询问一些开放性的问题去了解他们的需求和关注的问题
强硬型		
优势	劣势	如何应对的建议
1. 天生的领导者； 2. 有强烈的达成目标的渴望； 3. 持之以恒； 4. 在会议中的领导者； 5. 果断且能推动谈判进展； 6. 能自如地应对压力； 7. 武断	1. 适合强硬的职位； 2. 不会在其他人的想法上思考； 3. 有选择的倾听者； 4. 易冲动，没有耐心； 5. 对于个人关系不敏感； 6. 容易制造怨恨	1. 没有得到回报，就不要让步； 2. 温和但是坚定（并非强硬）； 3. 经常休息来释放压力； 4. 如果可行，借助组织力量以增强影响力； 5. 使用有吸引力的论点，不要淡化讨论
理智型		
优势	劣势	如何应对的建议
1. 重视问题； 2. 抓住细节； 3. 周密； 4. 讲究方法； 5. 充分准备； 6. 用事实图表和理由来支持论点； 7. 保持良好的记录	1. 总是试图用理智说服他人； 2. 没有想象力，过于依靠事实和图表； 3. 不重视所涉及的人； 4. 过于沉溺于细节； 5. 不能轻易改变谈判风格； 6. 不能总揽全局； 7. 容易陷入僵局	1. 不使自己陷入他的逻辑束缚之中； 2. 开始就要得到他们的需求清单； 3. 仔细倾听并评价他们提出的论据点； 4. 经常休会来分析要点； 5. 表明对专家意见的尊重； 6. 用事实和图表来支持自己论述； 7. 用情感来进行反向说服
创新型		
优势	劣势	如何应对的建议
1. 富有创造力，擅长设想解决方案； 2. 有远见，直觉感强； 3. 能看到整体； 4. 很容易把问题联系起来； 5. 很有说服力； 6. 对于实现目标有很强的驾驭能力； 7. 建立合作的方法	1. 可能会有不现实的解决方法； 2. 忽视短期和中长期的考虑； 3. 可能忽视细节； 4. 可能漠视其他人的利益； 5. 对于那些没有整体观的人没有耐心； 6. 过于轻视眼前的困难和障碍； 7. 低估事实的重要性	1. 仔细倾听并提出很多问题； 2. 利用他们具有的创造性思维能力去解决共同的问题； 3. 尽力强调共同的利益； 4. 尽量把讨论集中在实际的问题上； 5. 利用他们的想法； 6. 经常总结

续表

成交型		
优势	劣势	如何应对的建议
1. 发现机会； 2. 迅速作出决策； 3. 很容易建立联系； 4. 具有实现目标的强烈愿望； 5. 有活力； 6. 灵活； 7. 喜欢讨价还价	1. 倾向于忽视长期目标； 2. 可能忽视细节； 3. 快速轻易地转换位置； 4. 倾向于表面的人际关系； 5. 试图控制人和环境； 6. 可能会建议一些高风险且难以实施的解决方案	1. 尽力去发掘他们的最隐蔽的利益； 2. 经常总结和检验他们的理解程度； 3. 交易时作出一定的让步； 4. 不要轻易行动； 5. 区分事实和假设； 6. 同意之前确定及了解交易所涉及的所有隐含问题

二、组建谈判团队

采购谈判团队人员构成包括组织构成、业务构成、性格构成三个方面内容。

1. 组织构成

采购谈判的组织由负责人、主谈人和陪谈人员构成。谈判负责人是交易一方在谈判桌前的领导者，负责本方实现谈判目标的任务。主谈人（又称首席谈判代表）是谈判桌上的主要发言人，其职责是将谈判目标和谈判策略在谈判桌上加以实施。主谈人与谈判负责人可以是同一个人，也可以不是同一个人。当两者不是同一个人时，两者要相互配合。陪谈人员包括各类职能专家和记录人员。他们的职责主要是辅助主谈人，提供信息或参考意见，进行本专业部分的谈判；记录谈判的主要情节，协助主谈人完成谈判任务。

2. 业务构成

采购谈判的业务构成是指各类职能专家的数量及所占比例。它一般包括采购管理专家、工程技术专家、法律专家、金融专家等。

(1)采购管理专家在采购谈判中一般是主谈人，负责组织收集经济信息，进行可行性分析；负责合同中有关数量、价格、交货期限、风险等的谈判。他们还需要与其他专家一同对谈判方案进行经济、技术论证，联系其他陪谈人员，搞好协作配合。

(2)工程技术专家主要负责合同中有关生产工艺、设备的技术性能和安装，以及产品质量控制及验收办法等技术性条款的谈判，他们应熟悉本单位、本行业的专业技术水平并能决定技术问题。

(3)法律专家主要负责合同的合法性，根据谈判结果草拟合同文本，并解释合同文本及各项条款。法律专家不仅要熟悉法律顾问事务，还要精通各种经济立法和国际商法。

(4)金融专家主要负责信用保证、支付方式、证券及资金担保等条款的谈判工作。

如果是涉外经济谈判，还需要翻译人员。翻译人员不仅要精通外文，还要熟悉与谈判内容有关的技术、管理知识，以便能准确地表达原意。以上四类谈判人员在业务上虽有明确分工，但谈判活动是一个有机整体，各阶段、各环节是相互联系的，因此，所有谈判人员必须围绕谈判目标团结一致、合力协作。

3. 性格构成

谈判团中谈判人员的性格应互补协调。谈判人员的性格一般可分为下列三组。

(1)独立型与顺应型。独立型遇事冷静、处事果断、责任心与进取心强，善于洞察对方心理，乐于从事发挥个性的工作；顺应型则相反，他们表现性格温和、独立性差，为人随和大度，善于从事正常的、按部就班的工作。

(2)活跃型与沉稳型。活跃型性格外露、精力旺盛、思维敏捷、情感丰富、情绪易于波动，适合从事流动性大、交际性广的工作；沉稳型性格内向、性情孤傲、不善交际、有耐心、做事沉着稳健，适合从事少交往的独立工作。

(3)急躁型与精细型。急躁型性格急躁、待人热情、慷慨大方、不拘小节，易激动，缺乏耐心，适合从事简单的、可以快速完成的工作；精细型沉着冷静、做事有条不紊，能细心分析，冷静处理，适合从事精密细致的工作。

不同性格的人都有与其性格适合的工作。将独立型、活跃型、急躁型统称为外向型；将顺应型、沉稳型、精细型统称为内向型。外向型性格的人可以安排为主谈，或分派了解情况或收集谈判信息等。对于内向型性格的人可安排为陪谈，从事信息分析或其他内务性工作等。

每个团队成员在谈判中的角色，可以沿下面的线索展开：

(1)团队领导——谁将领导你的团队并有权作出决策？

(2)专业支持(如技术、商务和财务方面)——谁将提供所需要的"深层的"专家意见？

(3)总结人员——谁将做记录并总结讨论的结果？

(4)观察人员——谁将在倾听对方的陈述并留意一些口头和非口头的信号时扮演沉默但十分重要的角色？

每个角色并不总是需要单独由一个人来扮演。所以，你的团队或许只由两个人组成，但他们分担了这四个职能。

谈判团队中每个成员需要做到以下几项：

(1)在制定谈判目的的过程中要充分了解情况；

(2)理解谈判的目的，并同心协力的工作；

(3)作为团队成员要把团队的任务当作自己的任务，把自己的个人主动性纳入谈判目的框架中；

(4)在谈判中知道彼此的任务和目标并始终相互支持；

(5)谈判之外经常交流且毫不犹豫地彼此表明自己的观点；

(6)一起努力去发现团队中产生分歧的原因，并解决它；

(7)认识到彼此的贡献并寻找发生错误的原因，而不是责备他人。

三、确定谈判目标

谈判目标是指预定通过谈判过程中所达到的结果或标准。任何一种谈判都应当以既定目标的实现为导向。谈判人员在进行一系列与谈判有关的决策时，其首要的工作就是确定谈判的目标。

1. 最优期望目标

在谈判桌上，最优期望目标是指对谈判者最有利的理想目标，它除满足某方实际需求利益外，还有一个"额外的增加值"。这种最优期望目标又被谈判行家称为"乐于达成的目标"，最优期望目标是谈判者追求的最高目标，在必要时这一目标可以放弃。

2. 可接受目标

可接受目标关系到谈判一方最基本最实际的利益，是秘而不宣的内部机密，一般只在谈判过程的某种微妙阶段提出。在谈判桌上，为了达到各自的可接受目标，双方都会施展自己的技巧，运用各种策略，努力达到可接受目标。

3. 最低限度目标

最低限度目标是人们从事谈判活动必须达到的目标。对于一般的谈判者来说，这类必须达成的目标毫无讨价还价的余地，宁愿谈判破裂也不肯放弃这个最低限度的目标。

谈判目标可分为最优期望目标、可接受目标和最低限度目标。在谈判桌上，最低限度目标与最优期望目标之间有着必然的内在联系，在谈判过程中，表面上似乎一开始要价就很高，往往提出己方的最优期望目标。实际上这是一种谈判策略，目的是保护最低限度目标或可接受目标，这样做的实际效果往往是超出谈判者的最低限度的需求，然后通过谈判双方反复来回的讨价还价，最终可能在最低限度目标和最优期望目标之间选择一个中间值，即可接受目标，这取决于谈判双方的实力。

目标的设定应做到以下几项：

(1) 切中主题；
(2) 远大但又现实；
(3) 详尽；
(4) 可度量；
(5) 公正；
(6) 协调性。

表 6-2 为某一企业制定的采购目标。

表 6-2 某一企业制定的采购目标

类别	采购目标	潜在的谈判杠杆因素
产品	1. 保证矿石品位符合××的要求； 2. 保证矿石粒度符合××的要求	1. 因矿石品位而异的价格折扣； 2. 因矿石粒度而异的价格折扣
供货	1. 确保在与预测偏差 20% 的范围内保证供货； 2. 最低运输成本	1. 供货量和时间的保证； 2. 卸车时间保证； 3. 协助优化运输
价格	1. 实现比市场价低 5% 的采购价格(12.51 元/t，包括破碎费和过磅费)； 2. 价格保护战略避免市场波动	1. 成本结构分析； 2. 付款条件； 3. 价格子项谈判； 4. 最低到位价格比较； 5. 采购量的扩大； 6. 签订长期供货合同

四、制定谈判策略

1. 双赢和单赢

谈判中要作出的战略性决策之一就是选择"双赢"还是"单赢"。在双赢的框架内,双方要努力达成一个双方都满意的协议。在单赢的情况下,一方受益于另一方的支出。

双赢并不意味着为了让对方有所获得而作出额外的让步。它实际上意味着无论如何都要达成一个使双方利益最大化的协议。

由于双方的目标没有明显的共同点而不能达成协议的情况出现时,谈判可能会失败。此时双方去寻找目标范围之外的解决方案来满足他们各自最重要的需求也是可能的,这就是"双赢"的本质。

尽管双赢的方法是最好的,但不同的情况仍要求运用不同的解决方法,决定采用"双赢"还是"单赢"取决于你所希望发展的供应商关系的类型。只要能确定你有其他的供应商可供选择,并且以后的交易也不是必须依赖于该供应商,那么你应该倾向选择"单赢"。

表 6-3 显示了双赢和单赢的区别。

表 6-3 双赢和单赢的区别

方法	双赢	单赢
重点	合作	竞争
基础	共同的利益和目标	敌对的态度和对峙
假设	灵活性	不变性
导向	联合解决问题	较大可能的争论
最终结果	双方实现满足他们目标的协定	一方"击败"另一方
适合的情况	1. 长期合同; 2. 重复交易; 3. 合作的供应商	1. 一次性的、短期交易; 2. 敌对的供应商

从表 6-3 中可以明显看出,双赢的方法尤其适合长期合同关系。但一个短期交易的谈判,一旦环境发生了变化,你很可能会依赖于一个过去曾强硬对待过的供应商,最终会把早期的盈利全部"返还",甚至更多。除非有强制性的原因不允许这样做,通常情况下最好还是寻求"双赢"的结果。

寻求"双赢"还是"单赢"的关键性战略决策将直接影响所有其他决策。

2. 决定你的初始立场

在为自己设定目标的基础上,决定在谈判的哪一点上愿意改变立场,或者完全改变立场以保证实质性立场的实现。如你的资金非常紧张,为获得对方优惠的付款条件,你可能会改变某些对你不重要的立场或条件。立场涉及以下几个方面:

(1)必须获得的东西;
(2)必须做或不做的事情。

当谈判双方目标不协调可能会导致谈判失败时,需要使用"双赢"的方法达成协议,即超越各自的目标和立场去寻找一种实现双方更大范围的目标与利益的解决方法。

3. 是否披露你的初始立场

(1)如果实力的对比在你这一方，通常不披露你的立场。这样可以充分了解对方的提议是什么，并且看清楚在你亮明立场之前它究竟会带来多大的好处。他们的报价或许会比你期望的要好。

(2)对方可能会提出一些过于极端的立场并且很难放弃他们的立场时，早些亮明你的立场(通常是你最佳目标)并以你的立场为基础进行谈判，更容易推动谈判的进程。

如果与对方有非常公开和相互信任的关系，有时可以把你接受的最低限度目标告诉对方，即低于某一点你将不会同意达成协议。谈判可以在相互摊牌的基础上继续进行。

4. 安排谈判的次序

在谈判中计划讨论的问题的排序也是一个关键问题。例如，你可能愿意将容易的问题放在前面，以便于快速解决问题并在处理复杂问题之前创造一种谈判很有进展的感觉；也可能按相反的次序进行，这样在处理完主要的问题后，让双方感觉没有什么问题不能解决。

在谈判开始之前给对方一个草拟的议程，这将有助于你处于有利的地位。议程草案应包括所有你认为重要的方面。

除草拟"官方"的议程外，你或许还要有自己的"内部"议程，以提高议程的灵活性。"内部"议程主要用于以下几项：

(1)根据谈判的进展情况，提示你提出预先准备的额外的问题；

(2)表明你如何规划谈判阶段的进展，以及每个阶段要达到的目标；

(3)记录某些在谈判期间团队要使用的信号(如要求暂停)。

5. 说服技巧的使用

说服技巧的使用主要取决于谈判问题的类型，以及对方人员的谈判风格。基本的说服技巧有以下五种。

(1)情感说服。情感说服就指利用供应商的良心和情感获得对方的同情，让对方理解你对于问题的感觉。这一技巧的应用需避免被对方认为是做作和不合时宜，否则会起反作用。在使用说服时要注意以下几点：

①情感能够应对逻辑(对于情感型人员而言)；

②情感能够用于增加讨价还价的感觉价值；

③夸大使用情感会导致负面效应。

(2)逻辑论证。逻辑论证是指通过理性的辩论来影响对方改变其立场。逻辑方法只适合在谈判双方是理性的、对逻辑的含义有同样的理解的情形。在使用逻辑论证时要注意以下几点：

①不应用太多的逻辑分析使争论陷于平淡，争论要简单化；

②不对某一个不能理解逻辑的人使用逻辑分析；

③在收到大量的难以拒绝的好理由时，不应过快地询问"为什么"或"为什么不"。

(3)讨价还价。讨价还价是指为了达成协议而在交易时共同作出让步，即"如果你能做那个，那么我们就能做这个"。如为了鼓励供应商缩短提前期和交货进度，你或许准备在付款上让步。讨价还价是大多数谈判的一个基本要素，在讨价还价时要考虑以下几个方面：

①以放弃自己认为价值低的东西作为条件，获得更多的回报。
②不暴露自己的立场(至少不想这么快)。
③不让对手明显地察觉出你自己有改变的意愿。
④在确实需要作出让步时，采取"挤牙膏"的方式，只做很小的让步(除非特殊情况才一步到位)；对对方作出的任何让步都表示赞赏，这可以掌握主动权。

(4)折中。折中是指"弥合差异"、在两种观点中间找到共同点的活动，是为获得对方让步而经常使用的方法。在使用折中时要注意以下几点：
①折中只在其他选择都失效时才使用，一般不要太急于采取折中的办法。
②折中并不意味着 50/50 对半开。
③持极端立场的人通常会更偏爱折中的方法。
④在你或许能接受对方的立场时先使用建议折中的方法。
⑤只有当立场中存在较小的差异时，用这种说服方式才能弥补差异。

(5)威胁。威胁暗示不满足你的要求将导致的后果。当其他的说服方式效果甚微时，你会采用威胁来给对方制造影响。威胁需要以实力为基础，这才能够改善你的谈判地位。在使用威胁时要注意以下几点：
①威胁只能作为最后的手段，因为可能会导致无法预料的后果(谈判崩溃)。
②使用技巧性或间接而不是直接的威胁，例如，"如果你不这么做，我们就不得不……"。
③威胁只是对事不对人。
④永远不要作出你不能实施的威胁。
⑤在准备阶段，应认真仔细考虑哪种情况下最适合用哪种说服技巧，根据不同的情况来准备随时改变说服技巧。在你说服对方时，如果有利于达成更好的协议，你也必须准备好被对方说服。灵活性和创造性是说服的本质。

6. 谈判战术

谈判策略需要通过一些或一套谈判战术来实现，但要注意战术本身不是最终的目的，不能过度使用。下面一些战术可供选择：

(1)"设置障碍"。这个战术很有力度，且非常简单，容易被采购商所使用。具体做法：在谈判桌上得到供应商的报价，再进一步要求更好的报价(如对额外的数量、合同期的延长、供应范围的扩大、更低的价格等)，如此一步一步深入下去。

例如，购买商会说："你在一年期合同中给了我满意的价格，但如果延长到两年会怎样呢？"

(2)沉默：沉默能给对方很大的压力。当提出一个问题时，沉默表示你只想等待一个答案。

(3)重复，重复，再重复：这种战术是试图制约对方。如果你多次重复同一件事情，最终对方或许就会开始相信并接受它。

(4)暂停：如果谈判陷入僵局，或者对方提出了一些你没有预料到的问题，你应该要求暂停。你的团队可以开一个小会来决定如何将谈判向前推进。

(5)分割和控制：是指通过向特定人员提问来割裂供应商谈判团队的观点。

(6)争取同情:是一个希望用来获得对方理解的战术。例如,可以这样说:"如果你是我,你会怎么做?"该战术和感情说服同时使用会起到更好的效果。

(7)再次调整需求:这个战术可以和"威胁"一起使用。例如,可以这样说:"如果在这点上不能再有所改变,那么恐怕我们必须回到最初的立场了"。

这个战术也可用于在谈判即将结束为得到供应商更进一步的让步。可以这样来表述:"好了,我认为已经差不多了,只是还有一件事情需要商讨"。当供应商很可能同意做最后的让步来保证达成协议的时候,这可以用来获取供应商更大的让步。但它可能也很危险并导致谈判重新回到起点。

(8)最后期限:供应商通常会使用这样的解释:"你必须在月末签署协议才能得到10%的折扣。"最后期限只是一种非常普通的战术,这种战术也可以用来要求得到优惠。

(9)节制:这个战术通常与讨价还价相联系,建议你一点一点地作出让步,并且要以得到某些回报作为交换。

需要注意的是,供应商会用同样的战术来对付你。

在准备阶段,你必须决定在谈判中最适合使用的战术,这能为实现你的策略提供帮助。如果你与一个团队而不是个人一起工作,你要保证整个团队了解并同意使用这些战术,还要使用为每个特定战术设置的信号。

7. 谈判地点

谈判地点是影响最终结果的一个不可忽视的因素。谈判按地点可分为主场谈判、客场谈判和中立地谈判。

一般来说,谈判双方都愿意在本方所在地进行谈判。一方面,本方谈判者对环境熟悉,本方谈判人员具有心理优势;另一方面,利用室内布置,座位安排乃至食宿招待安排等机会,创造某种机会和气势,给对方施加压力和影响。但主场谈判也有弊端,客方为了摆脱不利形势,可以借口资料不全或已远离工作之地等中止谈判。

在某种意义上,客场谈判也有一定的好处:第一是谈判人员可以不受其他事务的干扰而能够专心于谈判事务;第二是对方无法借口自己无权决定而故意拖延时间。在客场谈判最需要注意的问题是必须保持头脑冷静,与对方保持一定的距离。过分地接受款待、娱乐活动会使谈判人员失去斗志。

当预料到谈判双方态度非常对立,或者谈判双方陷入僵局,这时应选择中立地点谈判。中立地点有助于创造冷静气氛,缓和双方关系,便于消除误会。中立地谈判一般在商务谈判中用得不多,多用于国与国之间的外交谈判。

8. 谈判时间安排

谈判时间的安排应考虑满足公司的利益(如紧急程度、市场条件、谈判人员能否出席等),其他一些实际的问题如避开假期、休假和可能干扰谈判的特别事件也应加以考虑。

安排充足的谈判时间以保证谈判圆满结束,尤其是当谈判可能很复杂或很困难时,要留出一段弹性时间。旅行时间也必须考虑。

9. 应急计划

有时对方对安排和拟定的议题的反应是出乎意料的,有时谈判会向许多意想不到的方向发展。因此，需要全面考虑谈判期间所有可能发生的事情，并制订应急预案。

五、制订谈判方案

谈判方案是指在谈判开始前对谈判目标、谈判议程、谈判对策等预先所做的安排。谈判方案是指导谈判人员行动的纲领，在整个谈判过程中起着重要的作用。

1. 采购谈判目标的选择

谈判目标是指参加谈判的目的。一般可以将谈判目标分为必须达到的目标、中等目标、最高目标三个层次。

对于采购谈判来讲，第一，为了获得原材料、零部件或产品，所以，谈判要以能满足本企业（地区、行业或单位）对原材料、零部件或产品的需求数量、质量和规格等作为谈判追求的目标，也就是谈判必须达到的目标；第二，采购谈判还要以价格水平、经济效益水平等作为谈判的目标，这可以作为中等目标；第三，采购谈判还要考虑供应商的售后服务情况，例如，供应商的送货、安装、质量保证、技术服务活动等是采购谈判追求的最高目标。

2. 采购谈判议程的安排

谈判议程及谈判的议事日程主要是说明谈判时间的安排和双方就哪些内容进行磋商。

（1）采购谈判主题的确定。首先将与本次谈判相关的、需要双方展开讨论的问题罗列出来，作为谈判的议题。然后根据实际情况，确定应重点解决的问题。

对于采购谈判来说，最重要的是采购产品的质量、数量、价格水平、运输等方面，所以，这些问题通常会作为谈判主题重点加以讨论。

（2）采购谈判时间的安排。一般来说，在选择谈判时间时要考虑以下几个方面的因素：①准备的充分程度，要注意给谈判人员留有充分的准备时间，以防止仓促上阵；②谈判的时间。要考虑对方的情况，不要把谈判安排在对对方明显不利的时间进行；③谈判人员的身体和情绪状况。要避免在谈判人员身体不适、情绪不佳时进行谈判。

3. 谈判备选方案的制定

通常，在谈判过程中难免会出现意外的事情，令谈判人员始料不及，影响谈判的进程。为了预防这种情况的发生，需要对整个谈判过程中双方可能作出的一切行动做正确的估计，并依此设计出几个可行性的备选方案。

表 6-4 为某一公司制订的采购谈判方案表。

表 6-4　采购谈判方案表

谈判点	谈判出发点	最想要的结果	可接受的目标	最低接受标准	最优替代选择
总价格 —货款 —运费 —包干价	30.50 元/t 理由：从到位价的角度，××可以取得更低成本的石灰石	31.52 元/t 理由：目前已经实现 10.32 元/吨的最低价（不包括装车费和过磅费）	32.00 元/t	32.30 元/t 理由：目前通过前期谈判已经实现的价格	29.00 元/t 理由：白羊圈的报价由于运输近而较低（核实供货可能性）

续表

谈判点	谈判出发点	最想要的结果	可接受的目标	最低接受标准	最优替代选择
矿石品位	CaO 含量稳定在 51% 以上	若品位不稳定，相应扣除货款和运费（每下降1%扣除5%货款）			
矿石粒度	粒度控制在 250 mm 以下	若粒度不符合要求，则相应扣除货款和运费			
运输服务	能够及时出货，不造成运输车辆的等待				

六、进行模拟谈判

模拟谈判是指正式谈判开始以前，谈判小组人员对本场谈判进行的预演或彩排。一般做法是将谈判小组成员一分为二，或在谈判小组外，再建立一个实力相当的谈判小组；由一方实施本方的谈判方案，另一方以对手的立场、观点和谈判风格为依据，进行实战演练。

1. 模拟谈判的主要任务

(1) 检验本方谈判的各项准备工作是否到位，谈判各项安排是否妥当，谈判的计划方案是否合理。

(2) 寻找本方被忽略的环节，发现本方的优势和劣势，从而提出如何加强和发挥优势、弥补或掩盖劣势的策略。

(3) 准备各种应变对策。在模拟谈判中，须对各种可能发生的变化进行预测，并在此基础上制定各种相应的对策。

(4) 在以上工作的基础上，制定出谈判小组合作的最佳组合及其策略等。

另外，谈判成员之间有必要事先商定一些暗号，既达到相互提示的目的，又不让谈判对手知道。

2. 模拟谈判的方法

模拟谈判的方法主要有全景模拟法、讨论会模拟法、列表模拟法等。

(1) 全景模拟法。全景模拟法是指在想象谈判全过程前提下，企业有关人员扮演成不同的角色所进行的实战性的排练。这是一种复杂、耗资大但往往最有成效的模拟谈判方法。全景模拟法一般适用于大型的、复杂的、关系到企业重大利益的谈判。在采用全景模拟谈判法时，应注意以下两点。

①关注谈判全过程。对谈判全过程进行充分想象，这是全景模拟法的基础。依照想象的情况和条件，演习双方交锋时可能出现的一切局面，如谈判的气氛、对方可能提出的问题、我方的答复、双方的策略、技巧等问题。合理的想象有助于谈判的准备更充分、更准确。

②尽可能地扮演谈判中所有会出现的人物。这有两层含义：一方面是指对谈判中可能会出现的人物都有所考虑，要指派合适的人员对这些人物的行为和作用加以模仿；另一方面是指主谈人员（或其他准备在谈判中起重要作用的人员）应扮演谈判中的每个角色，包括自己、己方的顾问、对手及其顾问。这种对人物行为、决策、思考方法的模仿，能使我方对谈判中可能会遇到的问题有所预见；同时，进行换位思考，有助于我方制定更加完善的

策略。同时，通过对不同人物的扮演，可以帮助谈判者选择自己所充当的谈判角色，一旦发现自己不合适扮演某人在谈判方案中规定的角色时，可及时加以更换，以避免因角色的不适应而引起的谈判风险。

(2) 讨论会模拟法。讨论会模拟法类似于"头脑风暴法"，可分为两步：第一，企业组织参加谈判的人员和一些其他相关人员召开讨论会，请他们根据自己的经验，对企业在本次谈判中谋求的利益、对方的基本目标、对方可能采取的策略、我方的对策等问题畅所欲言。无论这些观点、见解如何标新立异，都不要加以指责，有关人员只是忠实地记录，再把会议情况上报领导，作为决策的参考。第二，请人针对谈判中各种可能发生的情况、对方可能提出的问题等提出疑问，由谈判组成员一一加以解答。

(3) 列表模拟法。列表模拟法是最简单的模拟方法，一般适用于小型的、常规性的谈判。其具体操作过程：通过对应表格的形式，在表格的一方列出我方经济、科技、人员、策略等方面的优点、缺点和对方的目标及策略。另一方则相应罗列出我方针对这些问题在谈判中所应采取的措施。这种模拟方法最大缺陷于在于它实际上还是谈判人员的一种主观产物，它只是尽可能搜寻问题并列出对策，至于这些问题是否真的会在谈判中发生，这些对策是否能起到预期的作用，由于没有通过实践的检验，谈判人员还需要使用其他的方法和手段加以验证。

表 6-5 为某企业设计的供应商回应表，表 6-6 为谈判对策表。

表 6-5 供应商回应表要求采用头脑风暴的方法，利用以往的经验，站在供应商的立场上，充分考虑可能出现的问题。

表 6-5 供应商回应表

供应商可能提出的问题	我们的答案
多少供应商应邀参加谈判？	应邀参加的供应商数量在这个阶段没有固定
最终决策会只考虑价格因素吗？	考虑因素包括成本、质量和交货等情况
谁是××方最终的决策者？	总裁会作出最后的决策
谈判一共要进行几轮？	谈判没有固定的轮数
我们在最后一轮报价中的排名怎么样？	供应商的计分卡表明其整体竞争力
什么时候会签订合同？	合同会在下一年年初签署
……	……

表 6-6 谈判对策表

要素	问题	预计的供应商反馈	相关的回应	必要时的让步	优先考虑的事情
价格					
产品					
服务					
其他					

3. 模拟谈判时应注意的问题

模拟谈判的效果如何，直接关系到企业在谈判中的实际表现。而要想使模拟谈判真正发挥作用，就必须注意以下问题。

(1)科学地作出假设。模拟谈判实际就是提出各种假设情况，然后针对这些假设，制定出一系列对策，采取一定措施的过程。因而，假设是模拟谈判的前提，又是模拟谈判的基础，它的作用是根本性的。

按照假设在谈判中包含的内容，可分为以下三类。

①对客观环境的假设。对客观环境的假设所包含的内容最多、范围最大。它涉及人们日常生活中的环境、空间和时间。主要目的是估计主客观环境与本次谈判的联系和影响的程度。

②对自身的假设。对自身的假设包括对自身心理素质准备状况的评估，对自身谈判能力的预测，对企业经济实力的考评和对谈判策略的评价等多项内容。对自身的假设可以使我方人员正确认识自己在谈判中的地位和作用，发现差距，弥补不足，在实战中就可以扬长避短，发挥优势。

③对对手的假设。对对手的假设主要是预计对方的谈判水平，对手可能会采用的策略，以及面对我方的策略对手如何反应等关键性问题。

(2)合理选择参加模拟谈判的人员。参加模拟谈判的人员应具有专门知识、经验和看法，而不是只有职务、地位或只会随声附和、举手赞成的老好人。一般来说，模拟谈判需要下列三种人员。

①知识型人员。这里的知识是指理论与实践相对完美结合的知识。知识型人员能够运用所掌握的知识触类旁通、举一反三，把握模拟谈判的方方面面，使其具有理论依据的现实基础。同时，他们能从科学性的角度去研究谈判中的问题。

②预见型人员。预见型人员对于模拟谈判是很重要的。他们能够根据事物的变化发展规律，加上自己的业务经验，准确地推断出事物发展的方向，对谈判中出现的问题相当敏感，往往能对谈判的进程提出独到的见解。

③求实型人员。务实型人员有着强烈的脚踏实地的工作作风，考虑问题客观、周密，不凭主观印象代替客观事实，一切以事实为出发点。对模拟谈判中的各种假设条件都小心求证，力求准确。

(3)参加模拟谈判的人员应该有较强的角色扮演能力。模拟谈判要求我方人员根据不同的情况扮演场上不同的人物，并从所扮演的人物心理出发，尽可能地模仿出他在某一特定场合下的所思所想、所作所为。

(4)模拟谈判结束后要及时进行总结。模拟谈判的目的是总结经验，发现问题，弥补不足，完善方案。所以，在模拟谈判告一段落后，必须及时、认真地回顾在谈判中我方人员的表现，如对对手策略的反应机敏程度、自身班子协调配合程度等一系列问题，以便为真正的谈判奠定良好的基础。

任务二　谈判过程及策略

采购谈判的过程一般可分为开局阶段、实质性磋商阶段、达成协议三个阶段。由于各阶段特点不同、目的不同、所面临的任务不同，因而各有其谈判策略。

一、安排谈判议题次序

在谈判中，计划讨论的问题的排序也是非常讲究的。例如，你可能愿意将容易的问题放在前面，以便于快速解决问题并在处理复杂问题之前创造一种谈判很有进展的感觉；也可能按相反的次序进行，这样在处理完主要的问题后，让双方感觉没有什么问题不能解决。

在谈判开始之前给对方一个草拟的议程，这将有助于你处于有利的地位。议程草案应该包括所有你认为重要的方面。

除草拟"官方"的议程外，你或许还要有自己的"内部"议程，以提高议程的灵活性。"内部"议程主要用于以下几项：

(1)根据谈判的进展情况，提示你提出预先准备的额外问题。
(2)表明你如何规划谈判阶段的进展及每个阶段要达到的目标。
(3)记录某些在谈判期间团队要使用的信号(如要求暂停)。

二、开局阶段及其策略

谈判开局阶段是指谈判双方见面后到进入具体实质性谈判前的那段时间和经过，主要包括把握开场、开场陈述和开场策略三个内容。

(一)把握开场

1. 布置好谈判现场环境

一般来说，谈判现场布置应注意以下几个问题：谈判室内外环境要宽敞、优雅、舒适，使人心情舒畅；具有电话、电报等良好的通信工具；备有必要的记录工具；谈判室附近应有多种休息场所，以便谈判人员私下接触交流，联络感情，增进共识。除双方都同意外，否则不要配有录音设备。

2. 谈判座位的安排

在考虑选用什么类型时，要根据谈判双方的人数规模而定。如果参加谈判的人数较少，如双人谈判，一般采用的是长方形的谈判桌，双方人员面对面而坐，给人以正规、严肃之感；如果是双方参与人数较多的谈判，如多边谈判或团体谈判，则通常采用的是长方形或椭圆形的谈判桌，双方的负责人应该居中坐在平等而相对的位子上，其他谈判人员一般分列于两旁就座。一般来说，距离负责人越近，就表明职位越高或权力越大。谈判准备方可事先在座位上摆放写有姓名的小牌子，以免入座时出现混乱。

在双边团体谈判中，有时也采用圆桌，给人以和平共处、轻松自在的感觉，彼此交谈方便。圆桌通常较大，可分段设置，各方负责人应该围坐在圆桌相应的位置上。翻译人员及其他成员一般围绕各自的负责人分列两旁而坐，也可坐于负责人的身后，这种安排体现了正式与平等。

3. 食宿安排

东道主一方对来访人员的食宿安排应周到细致，方便舒适，但不一定要豪华、阔气，按照国内或当地的标准即可。适当组织客人参观、浏览，参加文体活动是十分有益的，它有利于调节客人的旅行生活，增进彼此的了解与沟通，为谈判的顺利进行打下基础。

4. 精心设计自我形象

首先，应根据谈判的正式程度来选择服饰。如果是正式谈判，则要穿得"正式"一些，如果是非正式谈判，则可穿着"非正式"一些。其次，最好以自己一贯的风格安排着装。每次谈判时保持着装风格的一致，会给对方以稳定形象，并会有助于外界对自己形成统一的看法。

5. 努力营造开场气氛

在商务谈判中，最好是活跃、顺畅、融洽的谈判气氛，而非紧张、严肃、冷淡的谈判气氛。谈判者应注意把握谈判双方接触的短暂瞬间这一关键时机，力争创造良好的谈判气氛。谈判开场，双方见面握手，要把握分寸，既热情又不卑不亢。

开场时，寒暄话题的选择最好是中性且带有一定的目的性，这样能引起对方关注，调动起对方的兴趣点，使双方拥有共同语言，甚至有相见恨晚的感觉，这样有利于谈判在一种轻松、顺利的环境下进行。

双方由寒暄而转入议题的过程称为破题。破题的时间根据谈判的性质和谈判的时间长短而定。如果将进行 1 h 的谈判，3～5 min 就够了，如果谈判将持续数日，则双方可以在进入议题之前共进餐或进行娱乐活动以促进交流。

6. 交换意见

在实质性谈判开始之前，双方要交换意见，就确定谈判目标、议程安排和熟悉谈判人员等方面达成共识。

(1)确立谈判目标：是双方谈判的驱动力。这里的目标只是大体的、方向性的，如探索双方目标共同点之所在，寻找共同获利的可能性等。

(2)安排谈判议程：双方共同订立议程表，包括需要讨论的议题，以及双方共同遵守的规程、分阶段的谈判进度安排和每次谈判的大致时间等。

(3)熟悉谈判人员：是指谈判小组的组成情况，以及每个谈判人员的地位与职能。

对于上述这些问题，既可以在会场上进行交换，也可以在谈判前直接沟通；既可以口头表达，也可以书面沟通。对于双方达成共识的方面，一般最好以书面形式准确记录双方认可的内容，以便日后查证。

(二)开场陈述

破题后，双方就此次谈判交换意见，意味着谈判的正式开始。开场陈述是双方分别阐明己方对有关问题的看法和基本原则。开场陈述的重点不是具体的，而是原则性的，简洁明了地阐述己方几个议题。通常，陈述的内容包括己方追求的目标；谈判的进度和计划；谈判人员的情况；己方对议题的理解，包括己方认为这次会谈应涉及的问题；己方的利益所在；己方可以采取哪些方法和措施为双方共同利益而努力等。

在陈述己方的观点和立场时，应以诚挚和轻松的方式表达出来。需要做到：己方要求要合理，不要过分；对原则性问题一定要坚持，对非原则性问题则可做适当让步。开场陈述的方式应采取简短明确、感情色彩较浓厚的语言。例如，"咱们先把会谈程序定下来好吗？""我们打算和你商量今后会谈的议题，你看行吗？"

当一方有必要打断对方的话题时，可以采取以下的语言，例如，"请原谅我耽误几分钟，我们是否按照议程开始商谈？""我认为，这次会谈的目标是达成原则性协议。你也这样认为吧？"，等等，使谈判按预定的议程进行。

为了更好地达到己方目的，谈判人员还应注意以下几点。

(1)发言时，内容要简明扼要，把握重点，恰如其分地表示自己的感情倾向。要注意言辞和态度，避免一开始说话不慎或者态度不好而激怒对方，引起对方的反感，甚至发生敌意。

(2)发言之后，应留一定时间让对方发言。要注意倾听对方的意见和立场，找出双方的共同点和差别，以便进一步调整，确定己方的策略。

(3)发言的时间要短，一般为1~2 min即可。时间过长，人的精神受影响，必然会影响到谈判的效果。

(4)要正确地估计自己的能力。不要被对方的身份地位、无理或粗野的态度吓倒，也不要惧怕数字、先例、原则或规定。要保持怀疑的态度，勇敢挑战。

(5)谨慎地作出假设。要假设对方不知道己方的弱点，再小心试探这种假设的对错，不可自己暴露弱点。要谨慎地假设你不了解对方的要求，然后耐心地探索事实真相，千万不可根据自己未经证实的估计进入深入洽谈。

在开局阶段，只要对方的建议是合理可行的，就应该尽量同意。

(三)开场策略

谈判者要充分利用开局的这段时间，把握好开局的各个环节，积极采取各种技巧和手段制造良好气氛，强化"谋求一致"的开局目标。

1. 控制开局过程策略

谈判双方有时会因为彼此的目标相距甚远而在开局就产生了一些麻烦。为了避免这种情况，谈判者要记住：必须在双方对洽谈的目标和达到目标的途径有了比较一致的意见后，才能进行双方的商谈。例如，对方一开始就讲："我们很关心价格问题，现在我们想……""好，我也很关心这个问题，但是咱们先把会谈程序和目标统一，这样谈起来效率更高。"有时候对方出于各种目的在谈判一开始就唱反调，你可以毫不犹豫地打断他的话："请原谅我耽误几分钟，我们是否按议程开始商谈？我想这次会谈的目标是达成原则性协议，您说对吧？"这样双方能够比较迅速地建立起协同合作的意向，认识到有谋求共同利益的基础。

2. 留有余地策略

留有余地实际上是"留一手"的做法，它与开诚相见并不矛盾，其共同目标都是为了达成一项双方都可接受的协议，只是实现的途径不同而已。需要注意的是，留有余地策略的应用应根据具体情况而定，一般在不完全了解对方的情况下或开诚布公失效之际采用。

3. 开局陈述策略

开局陈述应言简意赅，诚挚友好，以使双方相互信任并容易把握要点。在陈述时机的把握上应视具体情况而定，一般有两种策略：一是抓住时机抢先发言，争取主动并为以后谈判框定方向。这样可占先入为主之利，在宣传己方观点和论据时可进行必要的暗示或影射,从而在心理上取得优势。二是保持沉默,迫使对方先发言以给对方造成心理压力,使其失去冷静,在慌乱中暴露隐藏的真实情况。在实践中,如果双方都保持沉默就会形成冷场,这时东道主应主动发言以打破僵局。

三、实质性阶段及其策略

谈判的实质性阶段是指谈判双方对所提的交易条件进行广泛磋商的阶段。这个阶段通过对交易条件的报价和讨价还价,从分歧、对立到让步与协调一致,从而决定谈判的速决、拖延或是破裂。

(一)报价

谈判中的"报价"不仅是指产品在价格方面的要价,而且也泛指谈判一方向对方提出的所有要求,包括商品的质量、数量、包装、装运、支付、保险、商检、索赔、仲裁等,尽管其谈判内容各不相同,但谈判双方都会向对方提出各种要求,这种要求即报价,是谈判的中心议题。

1. 报价的原则

在谈判中,由于谈判双方的地位和利益不同,卖方总希望成交价越高越好,而买方则希望价格越低越好。因此,无论谈判的哪一方,他的报价只有在被对方接受的情况下,交易才可能达成。因此,谈判者在报价时,不仅要考虑按此价格所能获得的利益,还要考虑报价能否被接受。报价决策的基本原则是谈判者通过反复比较和权衡,设法找出报价所得利益与该报价被接受的概率之间的最佳平衡点。

2. 确定报价起点

谈判者在基本掌握了市场行情,并对此进行分析预测之后,可参照近期的成交价格,结合己方的谈判目标,制定出价格的控制范围,确定一个大致的报价范围。

无论报价起点是高是低,其表达都必须十分肯定、干脆。为了不使对方感到报价不实,不得在报价时使用"大概""大约""估计"等含糊的词语。

3. 进行价格解释

价格解释是指开价方就其商品及其报价的价值基础、市场供需状况、附加因素等所做的说明。通过价格解释,出价方可以表明所报价格的真实性和合理性,接受方也可以据此了解报价的基础。

在进行报价解释时,必须遵守一定的原则,即不问不答,有问必答,避虚就实,能言不书。

4. 进行价格评论

价格评论就是在谈判中,一方对报价方就其报价解释中不明之点、不妥之处所做的批评性或咨询性反应。价格评论通过对报价方的价格解释加以研究,寻找并针对其漏洞或不合理的地方进行抨击,以便在讨价还价前,预先扫清谈判中的某些障碍。评论对方既有试探的作用,又可能使己方的洞察力和判断力显露出来。

5. 报价的策略

报价阶段的谈判策略主要体现在谁先报价、怎样报价和如何对待对方的报价三个方面。

(1)谁先报价。按照国际惯例，一般由卖方或谈判的发起人先报价。先报价的有利之处在于：先行报价对谈判的影响较大，它实际上等于为谈判划定了一个基准线。此外，首先报价如果出乎对方的预料和设想，往往会打乱对方的原有部署，甚至动摇对方原来的期望值。而不利之处在于：对方听了我方的报价后，可以不动声色地对自己原有的想法进行调整，有可能使我方丧失更为优越的交易机会。另外，先报价会给对方树立一个攻击的目标。在后续的磋商过程中，对方有可能会集中力量对价格进行攻击，使首先报价的一方处于不利的境地。

(2)怎样报价。报价的基本策略是己方报价要"狠"。但"狠"是有基础的，不能让对方感觉你没有诚意。作为买方，报价策略是"出价要低"。在以下情况下常采用这种方式：

①由于不能完全了解对方的实际情况，己方预期的价格比对方愿意接受的价格要低，若不出低价，则受损的是自己；

②己方开低价，可以有更多的谈判空间与让步余地，能避免使谈判陷入僵局；

③采用低报价策略，一开始就能削弱对方的信心，能乘机摸清对方的实力和立场。

(3)如何对待对方的报价。如果是对方先报价，可以根据自己掌握的相关信息，了解对方的报价策略，并根据自己的利益进行合理的讨价还价；对于对方的报价不合理，应及时指出对方报价不合理的地方，并予以讨价还价。

(二)讨价还价

1. 讨价

讨价是指对报价方的价格解释进行评价后，认为其报价离自己的期望目标太远，而要求报价方重新报价或改善报价的行为。还价是指报价方应评价方的讨价作出重新报价后，向评价方要求给出还价的行为。

2. 还价

(1)在还价之前必须充分了解对方报价的全部内容，准确了解对方提出条件的真实意图。要做到这一点，还价之前要设法摸清对方报价中的条件哪些是关键的、主要的；哪些是附加的、次要的；哪些是虚设的或诱惑性的。要注意倾听对方的解释和说明，不可主观地猜度对方的动机和意图，以免造成误会。

(2)准确、恰当地还价应掌握在双方谈判的协议区内，即谈判双方互为底线和期望值之间的范围，一般不超过此范围，否则谈判便难以成功。

如果对方的报价与己方的价格条件相差太大时，不必草率地提出自己的还价，而应首先拒绝对方的报价。必要时可以中断谈判，让对方在重新谈判时另行报价。

还价时应注意以下几点：

(1)不要对与谈判毫无关系的事情进行争执；

(2)不能流露出急于求成的心理；

(3)在谈判中一旦出现僵局，双方都应有诚意地调整自己的目标，作出必要的妥协和让步，向着成交的目标努力。

讨价还价的基本规则如下：

(1)经常尝试作出谈判条件的让步。例如，"如果我们做这个，你们会做那个吗？"

(2)尝试在对你没有什么价值而对供应商很有价值的变量上作出让步;
(3)关注所有变量,并将其尽可能地联系起来考虑;
(4)做一些小的让步,但在关键问题上不让步;
(5)记录议价过程中所做的所有让步。
(6)不做无计划的让步;
(7)不能迷失自己的谈判目标。

四、结束阶段及其策略

对于谈判者来说,如何把握结束谈判的时机,正确运用相关技巧,做好谈判的收尾工作,同样是决定谈判成败的关键。

(一)谈判结束阶段的主要标志

一般来说,谈判进入结束阶段,往往有以下两个明显标志。

1. 达到谈判的基本目标

经过实质性的磋商阶段,交易双方都从原来出发的立场作出了让步,此时,谈判人员较多地谈判到实质性问题,甚至亮出了此次谈判的"底牌"。如果双方都确定在主要问题上达到了基本谈判目标,谈判成功就有了十分重要的基础,可以说促成交易的时机已经到来。

2. 出现了交易信号

各个谈判者实际使用的信号形式是不同的。谈判人员通常使用的成交信号有以下几种:

(1)谈判者用最少的语言阐明自己的立场。谈话中可能表达出一定的承诺意愿,但不包含讹诈的含义。

(2)谈判者所提出的建议是完整的、明确的,并暗示如果他的意见不被接受,除非中断谈判,否则将没有其他的出路。

(3)谈判者在阐述自己的立场、观点时,表情不卑不亢,态度严肃认真,两眼紧紧盯住对方,语调及神态表现出最后决定和期待的态度。

(4)谈判者在回答对方的问题时,尽可能简单,常常只回答一个"是"或"否",很少谈及论据,表明确实没有折中的余地。

(二)最终出价

一般在谈判的结束阶段,谈判双方都要做最后一次报价,即最终出价。最终出价应在具有建设性的讨论中提出,并且要进行合情合理的陈述。谈判者在作出最终出价时,要注意把握以下几个方面:

(1)最后出价,不急表态。谈判者一定要正确地评估谈判迈向协议的形势,在各种达成协议的条件都具备的时候,才作出最终出价。最好能够在对方作出最后报价之后再亮出自己的最终出价。

(2)做很小的让步。谈判者可以以上次的出价作为最后出价,明确地告诉对方"这是我方的最后出价";也可视谈判的具体情景再做些让步作为最后出价。但最后这次让步的幅度一般要小于前次让步的幅度，以便使对方感到不再有进一步让步的可能。

(3)最后一次，也有条件。即使在作出最后让步时，也不要忘记附加条件。这里的"附加条件"应包含两层意思：一是以要求对方作出某种让步为条件；二是以需经我方决策层批准为条件。这样，既为是否兑现让步留下余地，也是为了争得对方的积极回应。

(三)谈判结束阶段的策略

在谈判的结束阶段，谈判目标主要有两个方面：一是力求尽快达成协议；二是尽量保证已经取得的利益，在可能的情况下争取最后的利益收获。为达到这些目标，可以采取以下谈判策略。

1. 提供选择

为了尽快达成协议，谈判者要提供两种或两种以上的不同选择，引导对方选择成交方案。这种策略通过把成交的主动权交给对方，来促使对方消除疑虑，作出结束谈判的决定。具体的做法：在不损失己方基本利益的前提下，提供单一条款的不同选择，或是多项条款的不同选择，也可以是一个与原有方案大同小异的，而且又容易被对方接受的选择方案。

2. 分段决定

为了避免谈判在定局时产生比较大的矛盾和阻力，可以把谈判的结束工作分段进行，即把需要决定的较大规模的买卖或重要的条件分成几部分，让对方分段决定。特别是在大型和高级谈判中，应将重大原则问题和细节问题区别，让高级人员洽谈基本原则，中、低级人员则洽谈辅助事项；容易解决的问题先谈，有重大争议的问题最后解决，以巩固谈判成果，加快谈判进程。

3. 利益诱导

谈判的一方可以通过许诺，给对方以某种利益来催促对方结束谈判。如提供价格折扣、分期付款、附加赠品、提前送货、免费试用等特定的优惠，以诱使对方尽快作出最后决定。采用这种策略，一是注意强调这种利益的许诺幅度不宜过大，而且是与最后定局紧密联系的，即以对方同意定局为条件；二是可以寻找适当的机会，要求对方管理部门的高级人员出面谈判，可能更容易达到目的。

4. 分担差额

在谈判的最后时刻，如果双方对一些重要条件仍有分歧，为了加速交易的达成，谈判双方都可以通过采用"分担差额"的策略来解决最后的难题。"分担差额"并不一定是双方各自承担一半，也可以是 2/3 给自己，而 1/3 给对方。如果是己方首先提出这种解决办法，就要确保尽快结束谈判带来的好处足以弥补己方在此条件上作出的让步。

5. 结果比较

在谈判结束阶段，一方可以为对方分析签约与不签约的利害得失，并强调现在的时机是有利的。要注意语言得当，不要让对方产生受威胁感。

6. 截止期限

谈判对于双方来说，通常都有一个截止期限的问题。这个截止期限往往是克服最后障碍、达成协议的好时机。这个截止期限对谈判双方的约束力和所能产生的影响是有差异的。对于截止期限，无所谓的一方一般都不急于定局，有时还会利用这一时间因素增加谈判筹码，给对方施加某种压力。而对于截止期限约束力很强而且会因此遭受损失的一方来说，要求对方确定交易的迫切性就比较强，往往会主动地在截止期限到来前提出成交的暗示。在这种情况下，应注意不要给对方造成急于求成的印象，以免给对方造成可乘之机，应巧妙地运用各种手段和技巧，顺其自然地提出成交的要求。

五、谈判收尾工作

一项商务谈判活动无论进行多久、多少次，最后总有一个全部结束的阶段，其结果不外乎有两种可能，即破裂与成交。

(一)谈判破裂的收尾

谈判破裂意味着谈判的失败，是谈判双方所不愿发生的事情。但是，谈判破裂又是经常出现的正常现象，其根本原因往往是交易双方的交易条件差距较大，导致无法达成统一的协议。当谈判出现这种情况时，谈判人员应注意采用适当的方法进行处理。

1. 正确地对待破裂

谈判双方达不成一致协议，往往意味着一方对另一方提议的最后拒绝或双方的相互拒绝。谈判中的最后拒绝必然会在对方心理上造成失望与不快，因而要将由此造成的失望与不快控制在最小限度内，尽量使对方在和谐的气氛中接受拒绝，所谓"生意不成仁义在"，双方应含笑握手离开。

2. 把握最后可能出现的转机

当对方宣布最后立场后，谈判人员要作出语言友好、态度诚恳的反应，并争取最后的转机。如在分析对方立场后，可以做以下陈述："贵方目前的态度可以理解，回去后，若有新的建议，我们很乐意再进行讨论。""请贵方三思，如果贵方还有机动灵活的可能，我们将愿陪贵方继续商讨。"这样，对于那种以"结束谈判"要挟对方让步的人网开一面，留条活路，有时也会使谈判出现"柳暗花明又一村"的局面。

(二)谈判成交的收尾

谈判取得了成果，双方达成了交易，谈判者应该善始善终，做好谈判记录的整理和协议的签订工作。

1. 谈判记录及整理

每次洽谈之后，都应该就达成共识的议题拟定一份简短的报告或纪要，并向双方公布，得到双方认可。这样可以确保该共识以后不被违反。在长期而复杂，甚至需要若干次会谈的大型谈判中，每当一个问题谈妥之后，都需要仔细察看双方的记录，查对一致，避免存在任何含糊不清的地方。

2. 签订书面协议(或合同)

交易达成后，一般都要签订书面协议(或合同)，协议经双方签字后就成为约束双方的法律性文件，双方都必须遵守和执行。签订谈判协议必须注意以下问题：

(1)协议的文字要简洁，概念要明确，内容要具体。涉及专业术语时，双方应共同确认其定义，避免引起分歧。必要的项目切勿遗漏，应全部罗列写清，并将可能发生的变化情况考虑周全。

（2）正式签字前，应该对协议的内容进行细致的审核，以免文本中出现与双方达成的共识有不一致的地方。在审核中如发现问题，要妥善进行解决，决不可退让和迁就，使自己蒙受不必要的损失。

（3）当谈判双方达成一份符合法律规范的书面协议后，双方当事人或其授权的代表要在书面协议上签名，使其成为一份有效的法律文件。在谈判中，一般应由企业的法人代表签字，但也可能由主谈人、部门经理、公司最高层领导或被授权的人签字。重大的谈判协议签订以后，还应该将协议经过公证部门的公证。

（4）重大的谈判协议签订以后，绝不可以高枕无忧，必须密切注意对方的经营状况，看有无影响协议执行的因素发生，并继续不断地研究协议，发现漏洞，及时采取对策。

可见，协议的签订并不是结束，而是一个新的起点，只有协议执行完毕，才可以说"结束"这两个字；否则，任何一方违反协议的规定，都必须承担法律责任。

知识拓展

采购经理指数

采购经理指数（Purchasing Managers' Index，PMI）是通过对采购经理的月度调查汇总出来的指数，能够反映经济的变化趋势。

PMI 是一套月度发布的、综合性的经济监测指标体系，分为制造业 PMI、服务业 PMI，也有一些国家建立了建筑业 PMI。

PMI 指数 50% 为荣枯分水线。一般来说，PMI 计算出来之后，可以与上月进行比较。如果 PMI 大于 50%，表示经济上升；反之则趋向下降。一般来说，汇总后的制造业综合指数高于 50%，表示整个制造业经济在增长，低于 50% 表示制造业经济下降。PMI 略大于 50，说明经济在缓慢前进，PMI 略小于 50 说明经济在慢慢走向衰退。PMI 每项指标均反映了商业活动的现实情况，综合指数则反映制造业或服务业的整体增长或衰退。调查采用非定量的问卷形式，被调查者对每个问题只需作出定性的判断，在（比上月）上升、不变或下降三种答案中选择一种。进行综合汇总就是统计各类答案的百分比，通过各指标的动态变化来反映经济活动所处的周期状态。制造业及非制造业 PMI 商业报告分别于每月 1 日和 3 日发布，在时间上大大超前于政府其他部门的统计报告，所选择的指标又具有先导性，所以，PMI 已成为监测经济运行的及时、可靠的先行指标。

PMI 指数体系无论对于政府部门、金融机构、投资公司，还是企业来说，在经济预测和商业分析方面都有重要的意义。2013 年 6 月，全球已有 20 多个国家建立了 PMI 体系，有关机构已开始建立全球指数和欧元区指数，PMI 指数及其商业报告已成为世界经济运行活动的重要评价指标和世界经济变化的晴雨表。

实训项目：模拟谈判

【实训背景】

某学校正在进行一个新的实训室建设，我们作为采购小组人员为该实训室进行硬件设备的采购工作。摆在面前的有两个亟待解决的问题：一是要采购一大批计算机，公司实施了 ERP 项目，原来计算机的性能达不到 ERP 软件运行的要求，需要一批较高性能的商业计算机；二是要采购一大批桌椅。此次采购量很大，你作为采购部负责人，需要组织一支具有谈判力的谈判队伍，制订谈判方案，并在内部进行一次模拟谈判。

【实训目标】

编号	要求	成果
1	明确小组内成员之间的分工，尽可能调动所有成员参与的积极性，达到本项实训的效果	以小组为单位学习采购谈判的相关知识，明确人员的具体任务
2	学习实训项目背景资料，组建谈判小组，进行采购谈判规划	1. 组建谈判小组，明确小组成员角色。 2. 为公司所要采购的两种商品分别拟订一个谈判方案
3	小组讨论，确定合适的谈判策略，进行模拟谈判	1. 掌握谈判流程。 2. 运用谈判技巧。 3. 完善谈判方案。 4. 巩固课堂学习知识，实现知识到技能的融会贯通

【实训组织】

总体组织	具体步骤
教师提供实训背景资料，对实训作出具体的要求；学生组建团队，学习相关理论知识，走访调查企业的实际操作，发挥团结协作精神，完成实训项目要求的各项工作	1. 教师布置实训项目需要完成的任务。 2. 本着自愿的原则，以 5~6 人为一组，每组选出一名小组长，由组长分工及协调实训小组的实训任务，并带领组员完成实训任务。 3. 通过调查分析，小组成员拟定谈判目标，商定谈判运用的策略和技巧。 4. 进行模拟谈判，完善谈判方案。 5. 完成实训项目要求的各项工作

【实训评价】

目的	考核
1. 加深对采购谈判的理解。 2. 培养团队合作精神，包括处理意外事件，与人/机沟通的能力。 3. 培养团队归纳分析、解决问题的逻辑和思维能力。 4. 培养以团队方式最后撰写实训报告	1. 实训过程中职业素养和专业能力是否得到体现。 2. 小组分工是否明确和均衡，小组成员的能力是否得到充分的发挥。 3. 谈判目标制定是否得当，谈判策略和技巧的运用是否合理，谈判方案是否科学，模拟谈判是否规范。 4. 小组谈判方案拟订的思路是否清晰，内容是否充实，重点是否突出

素养园地

公平竞标

某市密集架招标，采购数量为 460 m³，采购预算为 55 万元，共有 4 家公司投标，报价分别为 A 公司 29.86 万元、B 公司 59.17 万元、C 公司 42.98 万元、D 公司 57.93 万元。评标方法采用综合评分法，其具体计算方法：以所有合格投标人有效报价的算术平均值作为评标基准值，投标人投标报价等于评标基准值的基本分数为 40 分；投标人的投标报价每低于评标基准值 1%，在基本分数上加 1 分，最多加 10 分；投标报价每高于评标基准值 1%，在基本分数基础上扣 1 分，扣完为止。

基于这种评分方法，B、C、D 三家公司暗中勾结实施围标。具体的做法是 B、D 公司抬高价格，这样评标基准值就得到了抬高，C 公司的评分就可以提高。报价分的评标基准值为 47.49 万元，与其相比，A 公司报价低 37.12%，报价得分为 50 分；B 公司报价高 24.59%，报价得分为 15.41 分，C 公司报价低 9.50%，报价得分为 49.5 分；D 公司报价高 21.98%，报价得分为 18.02 分。

在此案例中，A 公司虽然报价最低（比中标的 C 公司报价低 30.53%），但是由于 B、D 两家公司高抬报价，几乎完全抵消了 A 公司应有的报价优势，使 A 公司报价得分仅比 C 公司高 0.5 分，加上其他不利因素，A 公司最终与中标失之交臂。

这个案例展示了围标行为对评标结果的影响，使低报价的 A 公司无法获得中标机会。围标行为破坏了招标过程的公正性和竞争性，损害了其他潜在投标者的权益。这种行为违背了商业伦理和招标规定，应受到监管机构的处罚。对于招标采购过程中的围标问题，有必要加强监管和执法力度，确保公平竞争和透明度。同时，投标人应增强风险意识，遵守招标规定，维护公平竞争的环境。

项目测评

一、判断题

1. 开局阶段及其策略主要包括把握开场、开场陈述和开局的策略三个内容。（   ）
2. 谈判的实质性阶段是指谈判双方对所提的交易条件进行广泛磋商的阶段。这个阶段通过对交易条件的报价和讨价还价，从分歧、对立到让步与协调一致，从而决定谈判的速决、拖延或是破裂。（   ）
3. 对于谈判者来说，如何把握结束谈判的时机，正确运用相关技巧，做好谈判的收尾工作，不是决定谈判成败的关键。（   ）
4. 谈判对手通常可以分为温和型、强硬型、理智型、创新型和成交型五种类型。（   ）
5. 最优期望目标是谈判者追求的最高的目标，这一目标不可以放弃。（   ）
6. 谈判方案是指导谈判人员行动的纲领，在整个谈判过程中起着重要的作用。（   ）

二、简答题

1. 简述谈判前的准备工作。
2. 简述采购谈判团队人员构成。

项目评价

项目测评(40 分)			得分：
计分标准： 得分＝5×判断题正确个数＋5×简答题正确个数			
学生自评(20 分)			得分：
计分标准：初始分＝2×A 的个数＋1×B 的个数＋0×C 的个数 　　　　　得分＝初始分/24×20			
学习任务	评价指标	自测结果	要求 （A 掌握；B 基本掌握；C 未掌握）
谈判前的准备	1. 收集和分析相关信息； 2. 组建谈判团队； 3. 确定谈判目标； 4. 制定谈判策略； 5. 制订谈判方案； 6. 进行模拟谈判； 7. 中国在全球供应链构建中的贡献	A□　B□　C□ A□　B□　C□ A□　B□　C□ A□　B□　C□ A□　B□　C□ A□　B□　C□ A□　B□　C□	能够收集和分析谈判相关信息；能够组建谈判团队；知道确定谈判目标；能够制定谈判策略、制订谈判方案；能够进行模拟谈判；理解中国在全球供应链构建中的贡献
谈判过程及策略	1. 安排谈判议题次序； 2. 开局阶段及其策略； 3. 实质性阶段及其策略； 4. 结束阶段及策略； 5. 谈判收尾工作	A□　B□　C□ A□　B□　C□ A□　B□　C□ A□　B□　C□ A□　B□　C□	知道安排谈判议题次序；熟悉开局阶段及其策略；熟悉实质性阶段及其策略；熟悉结束阶段及策略；实习谈判的收尾工作
小组评价(20 分)			得分：
计分标准：得分＝10×A 的个数＋5×B 的个数＋3×C 的个数			
团队合作	A□　B□　C□	沟通能力	A□　B□　C□
教师评价(20 分)			得分：
教师评语			
总成绩		教师签字	

项目七 采购合同管理

采购合同是签约各方谈判结果的法律性文件,是明确各方责任、权利和义务的重要文书,对于保护企业自身权益具有非常重要的作用。

学习目标

1. 了解合同的基本知识及合同的重要作用;
2. 掌握各合同条款拟订的内容及作用;
3. 能针对买方和卖方的主要义务拟订合同和进行合同条款的审核。

项目导学

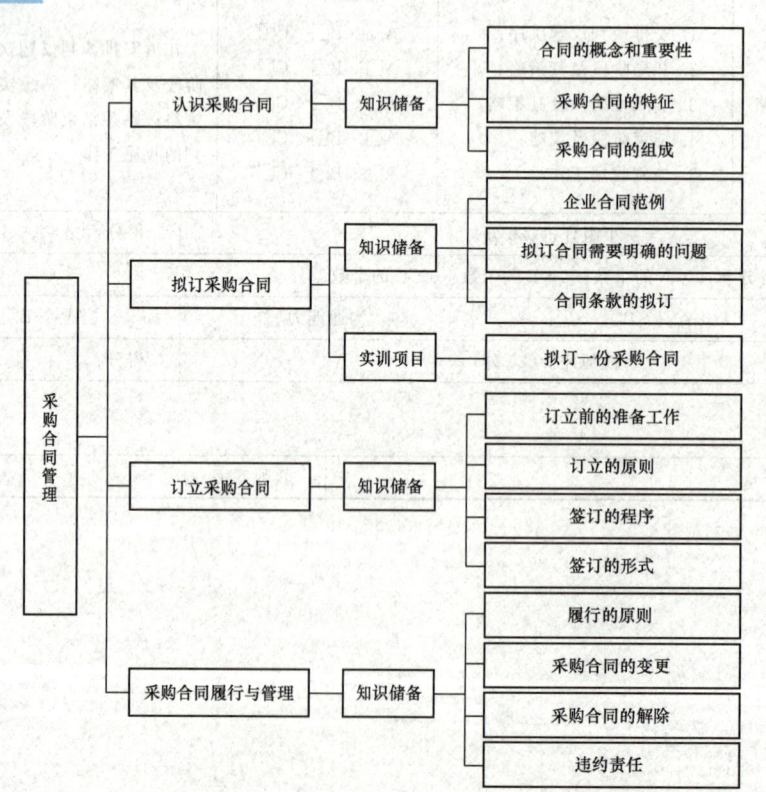

```
采购合同管理
├── 认识采购合同 ── 知识储备
│                   ├── 合同的概念和重要性
│                   ├── 采购合同的特征
│                   └── 采购合同的组成
├── 拟订采购合同 ── 知识储备
│                   ├── 企业合同范例
│                   ├── 拟订合同需要明确的问题
│                   └── 合同条款的拟订
│                  └── 实训项目 ── 拟订一份采购合同
├── 订立采购合同 ── 知识储备
│                   ├── 订立前的准备工作
│                   ├── 订立的原则
│                   ├── 签订的程序
│                   └── 签订的形式
└── 采购合同履行与管理 ── 知识储备
                        ├── 履行的原则
                        ├── 采购合同的变更
                        ├── 采购合同的解除
                        └── 违约责任
```

案例导读

甲、乙双方于 2022 年 7 月 12 日签订了一份简单的购销合同，约定乙方向甲方购买 50 万米涤纶哗叽，由于当时货物的价格变化大，不便将价格在合同中固定，双方一致同意合同价格只写明以市场价而定，同时，双方约定交货时间为 2022 年年底，除上述简单约定外，合同中便无其他条款。

合同签署后，甲方开始组织生产，到 2022 年 11 月底甲方已生产 40 万米货物，为防止仓库仓储货物过多，同时为便于及时收取部分货款，甲方遂电告乙方，要求向乙方先交付已生产的 40 万米货物。乙方复函表示同意。货物送达乙方后，乙方根据相关验收标准组织相关工作人员进行了初步检验，认为货物布中跳丝、接头太多，遂提出产品质量问题，但乙方同时认为考虑到该产品在市场上仍有销路，且与甲方有多年的良好合作关系，遂同意接收了该批货物，并对剩下的 10 万米货物提出了明确的质量要求。在收取货物的 15 天后，乙方向甲方按 5 元/m 的价格汇去了 200 万元人民币货款。甲方收到货款后认为价格过低，提出市场价格为 6.8 元/m，按照双方合同约定的价格确定方式，乙方应按照市场价格以 1.8 元/m 补足全部货款，但是乙方一直未予回复。

2022 年 12 月 20 日，甲方向乙方发函提出剩下货物已经生产完毕，要求发货并要求乙方补足第一批货物货款。乙方提出该批货物质量太差，没有销路，要求退回全部货物，双方因此发生纠纷并诉至法院。

思考：
(1) 你认为该合同存在哪些问题？
(2) 你作为甲方，应如何避免案例中出现的问题？

任务一　认识采购合同

一、合同的概念和重要性

合同是双方或多方当事人之间的一份法律协议，这份协议可在当事人之间为实现一定的经济目的、明确双方权利义务关系而建立一种具有法律约束力的关系。一份有效的合同必须满足以下要求：

(1) 要约；
(2) 承诺；
(3) 当事人的合同签约资格(能力)；
(4) 某种价值的对价；
(5) 受法律约束的关系。

> **知识拓展**
>
> 对价
>
> 对价(Consideration)原本是英美合同法中的重要概念,其内涵是一方为换取另一方做某事的承诺而向另一方支付的金钱代价或得到该种承诺的代价。即指当事人一方在获得某种利益时,必须给付对方相应的代价。

二、采购合同的特征

1. 合同的基本特征

(1)合同主体限于法人。

(2)合同内容限于法人之间为进行经济行为的各种事项。

2. 采购合同的主要特征

采购合同除具有合同的基本特征外,还具有以下特征:

(1)采购合同是转移标的物所有权或经营权的合同。

(2)采购合同的主体比较广泛。

(3)采购合同与流通过程联系密切。

三、采购合同的组成

合同、合约、协议等作为正式契约,应该条款具体、内容详细完整。一份买卖合同主要由首部、正文与尾部三部分组成。

(一)首部

合同的首部主要包括以下内容:

(1)名称:如生产用原材料采购合同、品质协议书、设备采购合同、知识产权协议、加工合同。

(2)编号:如2019年第1号。

(3)签订日期。

(4)签订地点。

(5)买卖双方的名称。

(6)合同序言。

(二)正文

1. 主要内容

合同的正文主要包括以下内容:

(1)商品名称。商品名称是指所要采购物品的名称。

(2)品质规格。该条款的主要内容有技术规范、质量标准、规格和品牌。

(3)数量。该条款的主要内容有交货数量、单位、计量方式等。必要时还应该清楚地说明误差范围及交付数量超出或不足的处理。

(4)单价与总价。该条款的主要内容包括计量单位的价格金额、货币类型、国际贸易术语(如 FOB、CIF、CPT 等)、物品的定价方式(固定价格、浮动价格)。

(5)包装。该条款的主要内容有包装标识、包装方法、包装材料要求、包装容量、质量要求、环保要求、规格、成本、分拣运输成本等。

(6)装运。该条款的主要内容有运输方式、装运时间、装运地与目的地、装运方式(分批、转运)和装运通知等。在 FOB、CIF 和 CFR 合同中，卖方只要按合同规定把货物装上船或者其他运输工具，并取得提单，就算履行了合同中的交货义务。提单签发的时间和地点即为交货时间和地点。

(7)到货期限。到货期限是指约定的到货最晚时间。

(8)到货地点。到货地点是货物到达的目的地。

(9)付款方式。付款条款的主要内容有支付手段、付款方式、支付时间、支付地点。

(10)保险。该条款的主要内容包括确定保险类别及其保险金额、指明投保人并支付保险费。根据国际惯例，凡是按照 CIF 和 CIP 条件成交的出口物资，一般都有供应商投保；按照 FOB、CFR 和 CPT 条件成交的进口物资由采购方办理保险。

(11)商品检验。商品检验指商品到达后按照事先约定的质量条款进行检验。

(12)纷争与仲裁。仲裁协议的主要内容有仲裁机构、适用的仲裁程序、仲裁地点、裁决效力等。

认识采购合同

(13)不可抗力。不可抗力条款的主要内容包括不可抗力的含义、适用范围、法律后果、双方的权利义务等。

2. 选择内容

合同正文的选择内容包括以下四项。

(1)保值条款。

(2)价格调整条款。

(3)误差范围条款。

(4)法律适用条款：买卖双方在合同中明确说明合同适用何国、何地法律的条款。

(三)尾部

合同的尾部内容包括以下五项。

(1)合同的份数。

(2)使用语言及效力。

(3)附件。

(4)合同的生效日期。

(5)双方签字盖章。

任务二　拟订采购合同

一、企业合同范例

××股份有限公司
【热水器水箱组(零件)交易合约书】

合编：(中)7B0004

立约人××股份有限公司(以下简称甲方)

××市对外贸易有限公司(以下简称乙方)

兹甲方拟向乙方订购热水器：水箱组(零件)及其他零件，乙方同意制造提供甲方生产销售，经双方同意订定条款如下：

(本合约书所有内容之附件，均视为本合约之有效部分)

第1条　订购标的产品

1.1　品名：水箱组(零件)及其他要项。

1.2　规格：依甲方提供之图面(如附件一)及样品。

1.3　零件价格(FOB 宁波港)

1.4　电解铜基价依公元2002年1月11日之 London Metal Exchange 公告期货现金价格为基价，价格变动±15%以内，零件价格依附件二计，超过±15%，零件价格双方再协议之。

第2条　订购方式

2.1　甲方依货柜装载量开立订购单向乙方订购本合约标的物品。

2.2　如有临时订购需求时，甲方得以电话传真先行向乙方订货，但甲方同意一周内补寄订购单给乙方，经双方同意，订购单视为本合约之部分。

第3条　包装方式

以甲方指定之包装材料及方式包装。

第4条　订购标的物之交货期限

4.1　依甲方订购单之交货日为交货期限，交货的前置时间应有45天，但甲方有特别要求时，乙方同意全力配合提前完成生产及交货。

4.2　分批交货则依甲方订购交货之安排为依据，并于订购单上注明批量交货明细。

4.3　甲方如需变动交货日，应由双方协议，并于变动日的前7天以书面通告乙方变动的延迟日期，最多以45天为限。

4.4　分批交货以货柜装载量(20呎①或40呎)基数为订购之个别单位。零件的试样订购量不受此限。

---

① 呎为英尺，1英尺＝0.304 8米。

4.5 乙方供应甲方样品,数量在 10 个以下,甲方不予支付货款,但甲方需负担因乙方交运过程中产生的海(空)运费用及甲方之通关费用。

第 5 条 交货方式及地点

5.1 FOB(宁波港)。

5.1.1 浙江省宁波港为交货地点。

5.1.2 船公司及保险公司由甲方指定,乙方在预定出口前 14 天应以传真主动通知甲方并由甲方通知乙方船公司结关日信息。

5.1.3 交货时,由船公司以电报放货方式,透过甲方在海外子公司(B. V. I)之名义文件形式,径行运交中国台湾的甲方。

5.1.4 乙方委托之进出口公司应于装运前将 I/V、P/L、FAX 予甲方确认无误后,配合船期,将货物送交指定船公司并将文件以甲方在海外子公司(B.V.I)名义之 I/V、P/L 保单正本,以及船名、船次、B/LNO 等资料以 FAX 通知甲方后,并以快递方式寄送甲方(甲方详细地址)。

第 6 条 验收

6.1 产品之验收规格,以附件一甲方所提供之图面及测试规格为准,并依下列各条款之约定完成验收程序。

6.2 量产验收:

6.2.1 为确保日后量产质量之稳定,甲方将派出质量检查代表,于乙方进行生产过程中,依附件三之抽验计划进行产品之质量检验,以及依附件四(试量产工程质量稽查表)执行质量稽查。若发现乙方存在质量重大缺失时,甲方有权中止乙方之出货,直至督促乙方改善之质量获得甲方许可同意出货。

第 7 条 质量保证

7.1 质量(质量)目标:

(1)交货不良率 0.1%。

(2)保固期不良率 0.05%。

$$保固期不良率 = \frac{售后保固期间退货数}{乙方工厂累计出厂出销货数} \times 100\%$$

$$交货不良率 = \frac{甲方工厂验收不良数 + 甲方工厂制程批退数}{甲方订单累计交货数} \times 100\%$$

7.2 质量保证:

7.2.1 售后保固期限:装货起 20 个月。

7.2.2 不良率每月统计一次,超过目标值,乙方除应提供不良原因分析及改善计划外,将依下列条件执行扣款,甲方并有权减少计划订单,或终止交货契约。

1. 超过目标值 0.05%~0.24%(扣交易总金额 0.5%)。
2. 超过目标值 0.25%~0.44%(扣交易总金额 1%)。
3. 超过目标值 0.45%以上(扣交易总金额 2%)。

7.2.3 质量若发生严重瑕疵,产生客诉退货或发生客户财产损失、人员伤亡等重大客诉案件,乙方除负担不良品全数回收更新责任外,有关本公司商誉损失之赔偿另议之。

7.2.4 于保固期间或非保固期间更新之零件须确保质量有效期间至少一年,否则除免费更新外，另需罚扣该零件售价100％。

第8条　付款方式

8.1　甲方支付乙方之货款于甲方依程序完成验收后，按1.3条之人民币价格依开立销售确认书的当日中国人民银行人民币兑换美金之"中间"牌价折算成美金乘以订货数量之总金额，由甲方之海外子公司××以T/T付款方式在甲方收到货物后15天内，汇交乙方委托之进出口公司。

8.2　甲方海外分公司：

全名：

地址：

法定代理人：

TEL：

账户：

账号：

8.3　乙方委托之进出口公司资料：

全名：

地址：.

TEL：

开户银行：

银行地址：

账户：

账号：

第9条　延迟交货

9.1　乙方违反第4条订购标的物之交货期限或双方协议交货日期之行为时即视为延迟交货。甲方若受纳乙方延迟交货时，乙方同意每逾一日得依该次T/T付款之货价总额罚扣1％给予甲方，甲方得径自T/T货款中扣抵，乙方不得异议。

9.2　双方若征得对方同意延迟交货，或若因自然灾害或人力无法抗拒之因素而延迟交货，则不在此限。

第10条　转包规定

10.1　乙方在事前（指在双方签订本交易合约书前）经甲方书面同意，可将甲方所供应产品或有关模（治）具全部或一部分委托给第三者（以下简称转包工厂）制造或加工。

10.2　乙方依据前项委托转包予第三者时，乙方负有使受托者遵守本合约及个别合约之规定之责任，如受委托者违反本规定时，视同乙方违反本合约。

10.3　在甲方认为必要时，可前往转包工厂做调查或索取有关之资料，乙方不得借故回避，并应指派业务及有关人员提供相关之协助。

10.4　对于转包工厂供应配件或有关模（治）具，在质量或纳期不能配合甲方需求时，乙方除须负担全部责任外，甲方有权要求乙方停止该转包工厂之承制权，乙方应予配合并迅速处理或依甲方指示解决该配件或模（治）具之供应问题，以确保甲方之需求。否则甲方有权终止乙方之承制权，其所造成之乙方损失由乙方自行负担外，乙方应仍负责赔偿甲方因纳期延误或其他所遭致之一切损失。

第 11 条　质量异常处理

11.1　乙方保证所交之货品均为新品，若日后甲方发现其中有隐含旧品，无论验收与否，乙方均应负责于接获甲方通知后 7 天内无偿给予更换。

11.2　货品在上市后，依使用说明书正常使用下，若发现货品潜在瑕疵或功能异常时，甲方得全数自市场回收该批货品，并退货予乙方；乙方应全数受纳并依甲方之要求限期改善，否则甲方有权径自取消订单。

11.3　发现质量异常之货品时，乙方应配合甲方在最短时间内给予确认，否则甲方可进行认定，所产生的其他费用，概由乙方负责。

第 12 条　保密责任

12.1　乙方对于甲方提供之产销计划、技术数据及采购有关质量、成本、纳期等信息，不论以有形之文字、图形、照片、实物、协议记录等或无形之口述、联系等方式直接或间接取得，均应负保密责任，非经甲方事前书面同意，不得泄露予第三者。

12.2　甲方所提供之图面、规格、样品及相关之技术资料，为甲方智慧财产权，禁止以任何形式复制、流用。

12.3　乙方违反上述规定，除赔偿甲方之损失外，甲方有权终止交易合约书。本合约终止时，乙方即无权再使用由甲方所提供之所有数据及信息，并应即刻将所持有之甲方所提供之数据送还甲方。

第 13 条　特别限制

乙方依甲方提供的图面及数据进行开模与生产，其产品之使用权属甲方。乙方贩卖之产品，若其机构、外观、测试条件、功能规格等，近似于甲方产品者，乙方必须经甲方同意后，方可转售予非甲方以外之第三者，但其销售价格于同样交易条件下，应高于售予甲方价格至少 10% 以上，其不足之价差应回馈于供应甲方之零件价格降低上。

第 14 条　履约保证：

本约因系承续(中)5A0004 之交易合约书，乙方同意将该约所留置于甲方之履约保证金(首批货款之 30%)继续保留至本合约终止日，若乙方无法履约时，甲方有权径行处置。双方并协议，本履约保证金甲方应于合约到期日起 30 天内无息返还乙方。

第 15 条　解约与赔偿规定

15.1　甲乙任一方当事者若违反本契约中第 1 条至第 13 条中各项条款时，他方当事者可设立一期限催告其更正，而在该期间内当事者未更正前已违约事情时，可解除契约。且因一方当事者之违约而使他方当事者受有损害时，他方得向违约之一方请求赔偿。

15.2　甲方或乙方之一有下列任一项原因时，不须催告得解除本合约及所有的个别合约：

(1)接受票据或所开出票据遭受无法付款处分时。

(2)停止付款或不能付款时。

(3)遭受强制执行或公开拍卖处分时。

(4)宣告破产，公司重整时。

(5)违反法令遭受停止营业或取消营业许可时。

(6)自然灾害、劳资争议或其他不可抗拒事由导致不能履行,或有困难履行合约时。
(7)违反本合约或个别合约规定时。

依上述诸因素解除本合约或个别合约时,解约者不问偿还期已否届至,均得将持有之对方债权,与应付对方之债务抵偿。

第16条　情报提供

16.1　甲方对于乙方供应零件或有关模(治)具、设备生产制作、质量保证、供应价格、改善措施、供应状况等情报,认为有必要了解时,得随时安排有关人员(含甲方技术提供者)至乙方公司或工厂查询,并得要求乙方提供有关资料及人员之协助,乙方应予配合不得借故推拒。对于上述调查,甲方认为有必要改变时,得要求乙方提出改善措施,乙方必须依据此要求限期改善。

16.2　乙方有下列任一情况发生时,须事前通知甲方:
(1)经营管理权之让渡、合并、解散。
(2)商号、资本、地址、组织、经营者等各项变更时。
(3)接受票据,或所开出支票遭退票处分时。
(4)陷于停止付款或不能支付时。
(5)遭受强制执行或公司标售时。
(6)违反法令遭受营业停止或取消营业许可处分时。
(7)技术合作之变更或取消时。
(8)其他有关公司经营之重大变动事项。

第17条　有效期间

本合约有效期间自公元2002年1月11日至2004年12月31日止共3年,但有必要延长及变更有效期间时,双方得于契约终了之3个月前互以书面通知对方。

第18条　纷争解决

甲乙双方在执行本合约时,如产生争执应本着友好的态度采取仲裁方式解决,并以上海的仲裁机构为最后裁决机构。

本合约正本贰份,由甲、乙双方各执一份,合约签订已经双方立约人正式签认,并加盖印章始为有效。合约签订日起,本合约生效。

甲方:　　　　　　　　　　　乙方:
代表人姓名:　　　　　　　　代表人姓名:
地址:　　　　　　　　　　　地址:
电话:　　　　　　　　　　　电话:
生产厂代表:

附件:

料号	品名	规格	单位	厂商	单价/元
C07-0099-A0	水箱主体 SH820		PC	神驰	10.328 4
C07-0123-A0	水箱主体 SH526		PC	神驰	9.811 8
C07-0143	水箱 SH887		EA	神驰	9.457 2
C49-0082-A0	不锈钢安装配管组 SH568		PC	巍山	0.908 1

续表

料号	品名	规格	单位	厂商	单价/元
K20-0050-A0	电池盒(含盖)SH890		PC	发达	0.095 4
K20-116-A0	左护片(SG688)		PC	发达	0.36
K20-117-A0	右护片 SG688		PC	发达	0.36
L30-106-A0	电池指示灯 SH863	187端子	PC	昌达	0.119 7
Y45-0003	铭板 SH0651		PC	莆英	0.143 1

二、拟订合同需要明确的问题

(一)买方、卖方必须遵守的义务

1. 卖方(即为他人制造产品者)的基本义务

卖方的基本义务主要有以下几个方面。

(1)在当事人指定的场所,按一定方式、及时地交货或提供服务。

(2)交付与商品或服务有关的单证,如物权凭证、原产地证明、提单、保险单、使用手册等。

(3)转移商品所有权。所有权的转移或许可发生在签订合同时、交付时、全部付款之后。

(4)确保商品与合同规定的要求一致。

(5)诚信与公正。卖方有责任对买方如何顺利地履行合同给予建议。

(6)产品责任。在商品给人身和物品造成损害时,商品制造商将承担相应的民事责任。一般来说,在这种情况下,制造商及供应商必须为商品造成的损害承担责任。

2. 买方(即接收他人产品者)的基本义务

买方的基本义务主要有以下几个方面。

(1)接受商品或服务。除非产品存在缺陷,否则,买方无保留地接受与合同要求相符的物品。

(2)按议定价格支付。按议定价格支付包括支付金额、时间和方式。

(3)诚信与公正。诚信与公正还扩展成一种义务,即在买方意识到会出现增加卖方工作难度的问题时,他应向卖方进行通报。

(4)在商品给人身和物品造成伤害时,承担民事责任。在这种情况下,买方可以追究制造商及供应商的责任。

3. 卖方和买方的共同义务

合同关系产生于双方当事人之间的对等义务。例如,当事人一方必须全面恰当地履行自己的义务,才能在司法程序上强制他方履行其义务。只有这种权利义务的平等,合同才得以顺利履行。一旦双方义务出现不平衡(即不能达到双赢状态),合同就不容易顺利履行。因此,对于合同的所有当事人来说,合作是保持交易顺利进行的好方法。

(二)通过合同,你的公司想要获得什么

产品、服务或资本投资的获取是有一系列前提的。采购什么将直接影响公司核心业务

的成功。必须十分清楚想要通过合同获得什么，才能有针对性地拟订出相应的合同条款。这需要你了解采购的类型(重复采购还是一次性采购)、供应市场资源的状况，以此来决定拟订的是长期合同还是短期合同，以及拟订合同的关键条款。

(三)公司想要避免什么

已经确定了公司想要什么，接着必须明确想要避免什么。

一项采购的结果，因缺货、供应商变化或质量不符合要求等都会使你的企业处于风险之中；公司倾向于选择往来账户的结算方式，在30天之内，或在90天内付款给供应商，而支付预付款和以预付款保证金方式与供应商交易是公司做生意想要避免的付款方式；如果你想使用单一供应渠道，希望避免被供应商安排在次要的地位上等，如何避免上述情况，在拟订合同条款时是需要考虑的。

(四)如果出现问题，如何保护公司利益

知道想要获得什么和避免什么后，对于特定的合同来说，设立相应合同条款使本公司在面对出现问题时能方便地从合同中脱离出来是绝对必要的。如果资源是充裕的、可方便获得的，使合同保持较短的持续时间是有利的；设立对履约和完成保证金的处理方式与适当的终止条款；定义特定合同环境中的不可抗力，清楚的争议解决条款可使寻求救济的工作简单化。

> **知识拓展**
>
> **国际采购与供应合同中遇到的问题**
>
> (1)适用的法律：如当事人在合同中没有选择适用的法律，每个当事人往往趋向于在合同中应用自己的法律观点。当各国商法有差异时，每个当事人可能曲解自己的义务。如果对术语的解释产生歧义，则没有可选择的法律背景帮助确定如何解释相应的合同条款。
>
> 另一个所关注的问题是已选择适用的法律的情形。选择可能是在感觉的基础上作出而没有分析该法律包含了什么内容。当采购合同出现问题时，实际的法律可能对买方是不利的。
>
> (2)出价策略：竞标时，供应商提出较低的价格只是为赢得合同，一旦合同被接受后，供应商通过各种变化和附加试图提高供应价格。买方或许不同意这些条件和附加，并认为这些工作或产品应包括在原始的价格中。这些差异导致争议，从而需要解决争议。
>
> (3)所有权/管理的变化：由于重组，供应商(或采购方)或资产(包括合同)，可能被出售给第三方。在这种情况下，至少管理部门和管理文化发生了变化。仍根据以前对管理部门的信任水平，继续履行重要的合同，实践证明，这种情况将损失惨重。
>
> (4)变化的环境：合同可能根据一些经济标准订立(如汽油或电的价格)。由于一些无法预料的事件超出当事人的控制范围，成本会发生重大的变化，有可能因不可预料的意外使采购者受益。为避免损失，供应商可能推迟履行合同或试图替代履行。相反的情况也可能发生。典型的例子是石油产品的供应。
>
> (5)币值波动与外汇管制：币值波动和外汇管制的变化对履行合同的当事人的现金流转有不利的影响，从而导致不履约或违约。
>
> (6)延期：由于国际运输问题，供应商不能及时提供商品或把商品运送到合同中要求

的地方。在协同生产战略中,依据买方需要在特定地点获得供应品的重要性程度,这种延迟对买方向其客户的履约能力会造成加倍的影响。

(7)交付:协议交付地点可能正在建设中,在交付期,交付地方可能没有做好接收即将到来的商品的准备。作为这样的结果,可能会出现延期卸货,增加交付的成本。

(8)不同的商业文化:当采购方希望严格遵守合同的条款,而供应商的商业文化更为灵活,在涉及合同的实际履行时,不协调就此产生,从而导致损失惨重。在洽谈合同时,你需要意识到这种情况。如果特定的合同是供应商的大笔销售,最终结果有可能导致采购方接受劣质物品,而供应商则可能破产。

(9)支配:采购方处于确定供应商条件的优势地位,如合同太不利,无利可图,供应商可能有意识或无意识地利用每一个机会减少履行合同的优先权。相反,如供应商处于占优势的地位,就会给没有其他供应机会选择的买方强加一些条件。

(10)缺乏明确说明:尤其是新产品或当供应是为买方的最终客户做的一部分工作时,所供应商品的实际特性易受变化或更改的影响。产品描述的方式缺乏明确性,将导致持续的重新设计和返工的费用。供应合同必须考虑这些风险。

(11)语言:当事人讲不同的语言,用两种(或更多)语言(甚至用第三语言)起草合同可能会遇到这种情况,即当事人都错误地认为他们理解了彼此的意图。事实上,以一种语言表达的术语和用另一种语言表达的术语所指的意思可能是不相同的。如果没有确定哪种语言为标准,可能带来更多的风险。当没有用任一当事人的母语时,将带来深层次的问题。每个当事人都要把合同条款规定的义务翻译成自己的母语,翻译中的误译可能带来加倍的风险。

资料来源:《如何准备合同》注册采购师职业资格认证系列教材

三、合同条款的拟订

(一)合同准备和条款拟定时需注意的要点

(1)知道你要获得什么、避免什么,以及如果事情做错,你的备选方案是什么。明确上述问题,将帮助你明确合同中处理问题的类型和提高合同文件的质量。

(2)了解你的供应商。如果起草合同时不能很好地了解供应商,会增加你的风险。例如,最低出价投标人有长期意图,即低价投标得到合同,然后加压迫使买方接受附加条件;一些特殊的国家,在进行国际贸易中有特种关税。供应商实际履行合同的能力取决于其公司的生产和分销设施,而不是取决于市场服务。了解这些情况有助于帮助你避免合同履行中的困难。

(3)着眼于双赢。如果各方都对促成合同没有足够的兴趣,那么就会增加合同失败的风险。当每个当事人都为合同完成服务,就有更大的弹性去解决分歧,强调要始终保持按时交付。长期合作关系可能从最初合同发展而来。

(4)尽量使用术语。这样做可以使所有阅读正文的人都会对义务有着相同的理解。

(5)在考虑文件和设计条款之前,考虑"基于知识"的资源范围(商标、版权、专利权、技术秘诀和商业秘密)是非常必要的,而这些资源可能会为公司带来战略优势。

(6)设立明确的争议解决条款。尤其是在不可能使用尽可能清楚的语言时,明确的解决争议条款可以使所有各方都知道如果出了问题解决的程序和方法。

(7)有明确的终止条款。

(8)牢记文化。在国际环境条件下,意识到与供应商的文化差异有助于确保起草的合同令人满意。

(二)拟订合同条款

1. 确认当事人

(1)范例。

> 立约人××股份有限公司(以下简称甲方)
> ××市对外贸易有限公司(以下简称乙方)
> 兹甲方拟向乙方订购热水器:水箱组(零件)及其他零件,乙方同意制造提供甲方生产销售,经双方同意订立条款如下:

(2)设立目的:确定同意签订合约的当事人(个人和组织)。明确地分辨其实体身份,有助于确定与证实该实体是否有能力为即将到来的特定交易类型订立合同;当发生与合同有关的争议时,合同索赔是否会存在困难。

(3)内容:条款的内容包括合同中每个当事人确切名称的陈述、公司类型、公司注册地和注册编号(如果有)、公司授权代表的姓名及其职务。此外,每个国家的地方法规可能有特殊要求的也应包括在内。

2. 标的物说明

(1)范例。

> 第1条　订购标的产品
> 1.1　品名:水箱组(零件)及其他要项。
> 1.2　规格:依甲方提供之图面(如附件一)及样品。

(2)设立目的:对所供应的商品/服务/资本投资的说明,这将有助于确定商品是否符合质量要求。

(3)内容:条款的内容应尽可能详细。应包括以下内容:关于质量等级的信息(包含可能接受的缺陷和损耗百分比)、质量(含正负偏差)、规格(含允许公差)、花色(含允许偏差)、检验方法等。

3. 合同价格

(1)范例。

> 第1条　订购标的产品
> 1.3　零件价格(FOB宁波港)
> 1.4　电解铜基价依公元2002年1月11日之London Metal Exchange公告期货现金价格为基价,价格变动±15%以内,零件价格依附件二计,超过±15%,零件价格双方再协议之。

(2)设立目的:确定买方支付货款的数量或货款的计算方式。

(3)内容:所购标的物的单价或合同总价款、货币种类、计算方式和价格调整等内容。

4. 交付

(1)范例。

> 第 4 条　订购标的物之交货期限
>
> 4.1　依甲方订购单之交货日为交货期限,交货的前置时间应有 45 天,但甲方有特别要求时,乙方同意全力配合提前完成生产及交货。
>
> 4.2　分批交货则依甲方订购交货之安排为依据,并于订购单上注明批量交货明细。
>
> 4.3　甲方如需变动交货日,应由双方协议,并于变动日的前 7 天以书面通告乙方变动的延迟日期,最多以 45 天为限。
>
> 4.4　分批交货以货柜装载量(20 呎或 40 呎)基数为订购之个别单位。零件的试样订购量不受此限。
>
> 4.5　乙方供应甲方样品,数量在 10 个以下,甲方不予支付货款,但甲方需负担因乙方交运过程中产生的海(空)运费用及甲方之通关费用。
>
> 第 5 条　交货方式及地点
>
> 5.1　FOB(宁波港)
>
> 5.1.1　浙江省宁波港为交货地点。
>
> 5.1.2　船公司及保险公司由甲方指定,乙方在预定出口前 14 天应以传真主动通知甲方并由甲方通知乙方船公司结关日信息。
>
> 5.1.3　交货时,由船公司以电报放货方式,透过甲方在海外子公司(B.V.I)之名义文件形式,径行运交中国台湾的甲方。
>
> 5.1.4　乙方委托之进出口公司应于装运前将 I/V、P/L、FAX 予甲方确认无误后,配合船期,将货物送交指定船公司并将文件以甲方在海外子公司(B.V.I)名义之 I/V、P/L 保单正本,以及船名、船次、B/LNO 等资料以 FAX 通知甲方后,并以快递方式寄送甲方(甲方详细地址)。

(2)设立目的:明确卖方应在何时、何地交货,买方应在何时、何地接收货物,以及确定卖方是否履行其义务。

(3)内容:规定交货的地点、时间(给定的日期,如 2019 年 6 月 15 日)或给定的一段时间(如"6 月 15 日的那一星期")、交货方式(海运、空运、铁路运输、公路运输)和手段。在国际采购合同中,该条款将包括对国际商会国际贸易术语解释通则的选择。

5. 买方的商品检验

(1)范例。

> 第 6 条　验收
>
> 6.1　产品之验收规格,以附件一甲方所提供之图面及测试规格为准,并依下列各条款之约定完成验收程序。

6.2 量产验收：

6.2.1 为确保日后量产质量之稳定，甲方将派出质量检查代表，于乙方进行生产过程中，依附件三之抽验计划进行产品之质量检验，以及依附件四（试量产工程质量稽查表）执行质量稽查。若发现乙方存在质量重大缺失时，甲方有权中止乙方之出货，直至督促乙方改善之质量获得甲方许可同意出货。

第 7 条 质量保证

7.1 质量（质量）目标：

(1) 交货不良率 0.1%。

(2) 保固期不良率 0.05%。

$$交货不良率 = \frac{甲方工厂验收不良数 + 甲方工厂制程批退数}{甲方订单累计交货数} \times 100\%$$

$$保固期不良率 = \frac{售后保固期间退货数}{乙方工厂累计出厂销货数} \times 100\%$$

7.2 质量保证：

7.2.1 售后保固期限：装货起 20 个月。

7.2.2 不良率每月统计一次，超过目标值，乙方除应提供不良原因分析及改善计划外，将依下列条件执行扣款，甲方并有权减少计划订单，或终止交货契约。

1. 超过目标值 0.05%~0.24%（扣交易总金额 0.5%）。
2. 超过目标值 0.25%~0.44%（扣交易总金额 1%）。
3. 超过目标值 0.45% 以上（扣交易总金额 2%）。

7.2.3 质量若发生严重瑕疵，产生客诉退货或发生客户财产损失、人员伤亡等重大客诉案件，乙方除负担不良品全数回收更新责任外有关本公司商誉损失之赔偿另议之。

7.2.4 于保固期间或非保固期间更新之零件须确保质量有效期间至少一年，否则除免费更新外，另需罚扣该零件售价 100%。

......

第 11 条 质量异常处理

11.1 乙方保证所交之货品均为新品，若日后甲方发现其中有隐含旧品，无论验收与否，乙方均应负责于接获甲方通知后 7 天内无偿给予更换。

11.2 货品在上市后，依使用说明书正常使用下，若发现货品潜在瑕疵或功能异常时，甲方得全数自市场回收该批货品，并退货予乙方；乙方应全数受纳并依甲方之要求限期改善，否则甲方有权径自取消订单。发现质量异常之货品时，乙方应配合甲方于最短时间内给予确认，否则甲方得径行认定。其因而所产生之他项费用，概由乙方负责。

11.3 发现质量异常之货品时，乙方应配合甲方于最短时间内给予确认，否则甲方得径行认定。其因而所产生的他项费用，概由乙方负责。

(2) 设立目的：使买方能够检验商品、服务的结果或资本投资是否满足合同的要求，使卖方知晓怎样履行其义务来提交商品给买方检验。

(3)内容：首先要明确什么时候开始商检，其次应明确是否由第三人进行商检，最后应明确在哪里进行商检。如果不是在卖方所在地进行商检的话，随之而来的问题是，谁来承担将商品、劳动或资本投资项目送至商检地的费用。

合同这部分内容应明确约定检验的一般方法和如何进行检验。如果有必要增添新的检验项目，可在买方的采购间歇期，按预先要求对合同条款进行修改。

6. 所有权保留

(1)范例。

> 在注册采购师职业资格认证系列教材《如何准备合同》中关于保留所有权作出了如下阐释：
> 双方同意在买方支付完货款之前，货物的所有权归卖方所有。

(2)设立目的：决定谁拥有商品、工程或资本投资的所有权，并决定拥有所有权的期限。

(3)内容：明确当事人保留所有权资格的意图。

7. 支付条件

范例。

> 第 8 条　付款方式
> 8.1　甲方支付乙方之货款于甲方依程序完成验收后，按 1.3 条的人民币价格依开立『销售确认书』的当日中国人民银行人民币兑换美金之"中间"牌价折算成美金乘以订货数量之总金额，由甲方之海外子公司××以 T/T 付款方式在甲方收到货物后 15 天内，汇交乙方委托之进出口公司。
> 8.2　甲方海外分公司：
> 全名：
> 地址：
> 法定代理人：
> TEL：
> 账户：
> 账号：
> 8.3　乙方委托之进出口公司资料：
> 全名：
> 地址：
> TEL：
> 开户银行：
> 银行地址：
> 账户：
> 账号：

8. 文件

（1）范例。

> 在注册采购师职业资格认证系列教材《如何准备合同》中关于卖方应向买方提交的文件作出了如下阐释：
> 卖方应在约定的时间内向买方递交下列文件：
> 商业发票（一份原件，五份复印件）；
> 运输文件（装箱单、保险单、原产地证明、检验证明，仅限正本）。

（2）设立目的：明确卖方应提供哪些文件以便其完成合同义务。

（3）内容：这些文件包括一系列的货运单证和其他的文件，诸如发票、装箱单、保险单、货物原产地证明、检验合格证书、形式发票等。文件随合同项下之商品的不同而有所变化，或随交货地所属国的不同而不同。

9. 延期交货、到期未交及补救措施

（1）范例。

> 第 9 条　延迟交货
> 9.1　乙方违反第 4 条订购标的物之交货期限或双方协议交货日期之行为时即视为延迟交货。甲方若受纳乙方延迟交货时，乙方同意每逾一日得依该次 T/T 付款之货价总额罚扣 1% 给予甲方，甲方得径自 T/T 货款中扣抵，乙方不得异议。
> 9.2　双方若征得对方同意延迟交货，或若因自然灾害或人力无法抗拒之因素而延迟交货，则不在此限。

（2）设立目的：明确交货中出现问题的处理办法。

（3）内容：一般来说，条款应明确如何处理交货中有关问题的框架结构。交货日期应在前面的交货条款中有明确规定，如果需要，也包括允许的偏差。

该条款应明确如果交货迟延，买方应向卖方出具相应的迟延通知，以及这种延迟的后果（即约定按照到期合同总额的每天/周/月的百分比计算，直至到达某个上限为止）。

该条款也应约定，如果卖方未在合同约定的某日内交货，买方是否有权单方面终止合同的权利，以及终止合同的通知方式。

终止合同还要考虑的问题是卖方是否还需向买方支付违约金，以及违约金的具体数额或违约金的比例，最后还要明确这种赔偿的排他性内容。

10. 交货不符的责任范围

（1）范例。

> 在注册采购师职业资格认证系列教材《如何准备合同》中关于交货不符的法律责任作出了如下阐释：
> 除非有不侵权保证，关于不符产品、缺陷产品或者保修的违约的卖方责任和对买方的全部赔偿，在此明确规定了卖方的几项选择：
> ①对不符产品、缺陷产品进行修理。

②用符合合同条款的产品更换。

③降低不符产品、缺陷产品价格。修理、更换和降价时需返还不符产品或缺陷产品，这些成本经卖方检查和买方接到卖方的装船指示后由买方承担。

买方从接到卖方提供的货物开始有 15 日的检验期，以确定货物是否符合约定、是否有缺陷或是否有其他问题存在。如果买方想要对交货不符、缺陷货物或货物短少提出索赔，则必须在 15 日到期之内提前以书面的形式通知卖方，并允许卖方对该货物的检验，在没有得到卖方的书面认可之前不能退回货物。

(2) 设立目的：为使合同公平合理，当事人希望在法律允许的范围内，事先约定当交货不符合同约定时的后果。

(3) 内容：明确买方检验商品的职责，如果买方认为某项目不符合要求，买方必须通知卖方。检验方式已经在本单元涉及买方商品检验的内容中进行了介绍。

通常，买方既可接收(获得降价的回报)又可拒收不符合要求的商品。如果买方拒收商品，卖方只能选择更换、修理或退款。

因更换或修理而导致迟延交货时，买方有权要求卖方支付违约金，有关内容已在延期交货、到期未交及赔偿责任中进行了讨论。

卖方对不符合要求商品所承担的责任应约定一个期限，规定应从确定时起的一段时间内履行，如可约定从交货日期开始计算。某些国家法律更进一步地规定了卖方对商品缺陷应承担的责任。

11. 产品责任索赔或其他要求

(1) 范例。

在注册采购师职业资格认证系列教材《如何准备合同》中关于产品责任赔偿作出了如下阐释：

买方在对卖方提供的产品进行处理之前，有义务对它们进行质量检验。如果质量与合同约定不符或买方有理由认为该质量会增加使用难度时，买方不能对货物进行处理除非得到卖方的书面或电传的确认。

买方可能的索赔：如果货物从外表或包装上可以确定缺陷，可以立即索赔；通过取样，发现质量、尺寸、颜色、清洁、长度或其他方面有缺陷时应尽快或者 30 日内索赔；当不能通过肉眼或与样品校对而发现缺陷时应尽快或至少应在 3 个月内索赔；所有日期从货物到达目的地卸货开始计算。

(2) 设立目的：在消费者因该商品而提出索赔要求时，在当事人之间产生一种合同性协助义务。

(3) 内容：一方当事人的基本义务成为他方作为索赔要求时，应通知另一方当事人，除此之外，当事人可以约定当买方的客户提出索赔要求时，双方当事人应相互协助。

还可约定更复杂的问题，当事人许诺在诉讼上给予援助，如果问题由卖方引起，则由卖方代替买方处理该问题。卖方也同意承担这种诉讼的全部费用。

12. 不可抗力

(1)范例。

> 在注册采购师职业资格认证系列教材《如何准备合同》中关于不可抗力条件作出了如下阐释：
>
> 因为任何与采购、转售、运输和交货有关的 Force Majeure(以下称为"不可抗力")如天灾、战争、武装冲突或其他任何相似事件直接或间接严重影响买方或其客户的事件发生时，买方对因此导致交割的延误、全部或部分无法交货或者对履行合同的违约均不予追究。
>
> 如果发生不可抗力，买方应书面通知卖方所发生的不可抗力，并且通过谨慎判断或者终止合同，或终止由该事件所影响到的部分合同，或者延迟全部或部分合同的履行以待在一个合适的时期再履行，并且通知卖方。
>
> 如果卖方如上所述出于同样的原因而无法履行合同规定的全部或部分时，在卖方没有违约的条件下，买方应在得到卖方要求的条件下，在这些事件不再影响卖方交货的前提下同意延长运送时间。然而，如果上述提及的事件造成的交货延误超过 30 天，那么通过谨慎考虑以及给卖方的通知，买方或者终止合同或终止由该事件所影响到的部分合同，并且卖方退还未交货部分的买方已付货款。

(2)设立目的：在合同执行过程中出现买卖双方不可控制的因素导致合同不可履行或没有履行的必要时，如果进行处理以规避或减少公司的损失。

(3)内容：如果发生不可抗力或履行合同的背景发生重大变化导致合同履行没有必要时，买方应如何处理。

13. 法律适用

(1)范例。

> 在注册采购师职业资格认证系列教材《如何准备合同》中关于法律适用作出了如下阐释：
>
> 买方和卖方之间的合法关系由卖方国家的法律决定或合同应当以买方国家的法律进行解释。

(2)设立目的：帮助当事人如何解释他们的合同义务，帮助法官或仲裁员如何去确定合同义务。

(3)内容：本条款详细说明了合同可适用的法律。

14. 争议解决

(1)范例。

> 第18条　纷争解决
>
> 甲乙双方在执行本合约时，如产生争执应本着友好的态度采取仲裁方式解决，并以上海的仲裁机构为最后裁决机构。

> 本合约正本贰份,由甲、乙双方各执一份,合约签订已经双方立约人正式签认,并加盖印章始为有效。合约签订日起,本合约生效。

(2)设立目的:确定解决争议的程序。

(3)内容:本条款可涉及调解、鉴定和其他各种争议解决方法的使用。还涉及选择适用仲裁机构或普通法院的问题。如果选择仲裁机构,且前面还没有规定,还可规定仲裁规则、仲裁地点、仲裁语言和可适用的法律。

15. 合同语言

(1)范例。

> 在注册采购师职业资格认证系列教材《如何准备合同》中关于合同语言作出了如下阐释:
> 合同应该以招标说明用的语言书写,双方交换的属于合同的所有通信和其他文本都应以相同的语言书写。

(2)设立目的:规定当事人在交易过程中所用的语言。尤其是在对外贸易合同的拟定时,合同语言的规定尤为重要,这样可以避免在翻译上出现错误。

(3)内容:规定合同使用的语言。如果约定了多种语言,则应明确以某一种语言为准。

16. 合同生效的条件

(1)范例。

> 第17条 有效期间
> 本合约有效期间自公元2002年1月11日至2004年12月31日止共3年,但有必要延长及变更有效期间时,双方得于契约终了之3个月前互以书面通知对方。

(2)设立目的:如果合同的生效实施需要有其他条件的实现为前提,则需明确合同生效的条件。

(3)内容:本条款的主要内容包括详细规定谁有义务办理正式批准手续、正式批准手续对合同生效的影响,还包括某一段合理时间内没有获得批准的后果。

17. 界定术语

(1)范例。

> 在注册采购师职业资格认证系列教材《如何准备合同》中对合同相关术语作出了如下阐释:
> (a)"合同"是指代表委托人利益的"The Crown Agents"和订约人就合同中涉及的,或者"The Crown Agents"和(或)其委托人以及订约人之间的函件涉及的所有计划、设计图、其他文件或条件而达成的协议。合同应当在订约人接受由皇家海外全权代理送到订约人手中的供应订单时才能成立,或皇家海外全权代理或委托人同意订约人提交的投标或报价时,合同才能确立。
> (b)"The Crown Agents"是指处理英国政府海外和行政事务的全权代理。

> (c)"委托人"是指制定合同的政府、组织或行政管理部门，而且据此作为合同当事人的委托人在合同中可以显名或者隐名，可以在任何阶段直接或者只通过"The Crown Agents"与订约人打交道。
> (d)"订约人"是指根据合同提供物品的人，或者提供合同可能需要的服务的人，这里的订约人可以是单独的，也可以是合伙性质的，也就是说包括其他参与者或其他参与者的合伙人和该单独或合伙的参与者的私人代表，这需要根据情况而定。还可以认为包括由"The Crown Agents"办提前书面认可的，任何从订约人那里分享合同利益的人。
> (e)"物品"是指合同项下订约人需要提供的所有货物，或者还有他在合同项下提供的任何服务。
> (f)"合同价格"是指订约人完全并且正确地将合同规定的需要其履行的内容完成后所得到的价款。
> (g)"检验员"是指得到"The Crown Agents"或者委托人充分授权的在合同项下担当检验员的代表。
> (h)条例、指令、规则或类似工具可以参照其他条例、指令、规则或者类似工具制定、修改或者替换。

(2)设立目的：在合同正文中，确定当事人对某些术语的特定解释。

(3)内容：合同这部分内容包括当事人认为需要明确界定的任何名词。当事人将查看核实合同的不同部分，以避免因疏忽而使同一名词在合同不同条款中有两种或三种含义。

18. 通知和联系方法

(1)范例。

> 在注册采购师职业资格认证系列教材《如何准备合同》中对通知和联系方法作出了如下阐释：
> 依照合同，一方当事人给予另一方当事人的通知应当以书面形式、按照合同首页所列地址经由"次日送达"的方式或用挂号信寄给当事人。
> 生效日期以通知送达或通知生效日期中较晚的时间来确定。

(2)设立目的：确定当事人之间如何以有效的方式互相保持联系。

(3)内容：当事人确定和谁进行联系，以什么方式联系（挂号信、平信、有确认副本的传真件、电报、电子邮件等），联系什么类型的问题。当事人还规定副本需要发送到确定的地方。当事人有责任互相告诉地址的变化情况，如按所给的原地址进行联系，即便没有联系上，在法律上也被认定为有效的联系。通常，当事人应列出有权代表自己去和对方进行与合同有关联系的人名单。

19. 把标题含义排除在责任之外

(1)范例。

> 在注册采购师职业资格认证系列教材《如何准备合同》中对条款标题作出了如下阐释：
> 条款标题仅仅代表一种信息，除非在正式的合同中存在其他一致同意的解释，否则，不能以条款标题来进行相关合同内容的解释。

(2)设立目的：避免通过参考每一条款的标题来理解和解释该条款下的合同内容。
(3)内容：当事人说明标题使用只是为了方便，而不是对合同的分析和解释。

20. 合并

(1)范例。

> 在注册采购师职业资格认证系列教材《如何准备合同》中对先前的谈判作出了如下阐释：
> 所有先前的协商，无论是口头的还是书面的，凡是与本合同抵触的都是无效的。

(2)设立目的：阐明初期协商结果对合同的影响。
(3)内容：明确在双方当事人之间哪些文件或备忘录更重要，以及合同与附件之间的效力体系。

21. 合同的变更

(1)范例。

> 在注册采购师职业资格认证系列教材《如何准备合同》中对合同的变更作出了如下阐释：
> 买方和卖方之间在此不存在没有完全解释清楚的理解或共识。到此为止，在签字之前或签字当时也不存在任何约束当事人口头或书面的声明或协议。除非本协议当事人在此以书面形式特定一致声明对本协议作出一致的更改，否则本协议的条款不得改动。

(2)设立目的：本条款应明确合同的变更应经双方协商一致，并签署书面文件后方可有效。
(3)内容：说明变更合同程序的通行做法。

22. 当事人的改变

(1)范例。

> 在注册采购师职业资格认证系列教材《如何准备合同》中对当事人的改变作出了如下阐释：
> 如果卖方没有按照本合同或者与买方的其他任何合同的任何规定履约，或者卖方在本合同或者与买方的其他任何合同中的任何条款、条件和担保方面有违约行为；如果卖方发生破产，或者倒闭，或者正在被起诉；如果为卖方指定了托管方或接收方；如果卖方陷入解散、清算或者在对其交易或资产进行转让的地步，买方可以通知卖方：(i)终止或暂停本合同，或者和卖方的任何合同的履行；(ii)拒绝运输和交付货物；(iii)如果配送费用由卖方承担，在这种方式下，由于买方认可，并以收益分配来补偿因卖方任何和全部违约造成的灭失和损坏时，买方可以处置货物，和（或）(iv)买方取消本合同或者与卖方的任何其他合同的全部或部分内容。但不限于买方转售货物的利润损失，以及因货物问题造成买方客户的损失。

(2)设立目的：一般买方都不再愿意和"变化了的卖方"发生合同关系，或者为这一变化寻求补偿。这类条款有助于保护买方的权益不因卖方的变化而遭受损害。

(3)内容：如果发生实质性的变化，买方有权利选择是终止合同，或要求赔偿。

23. 保险

(1)范例。

> 在注册采购师职业资格认证系列教材《如何准备合同》中对保险作出了如下阐释：
> 如果合同要求并授权卖方投保，除非对此有文字形式的认可，卖方将就以下内容投保：(i)保险额为 CIF 货价的 110％；(ii)一切险（附带货物保险条款）或者相当条款；(iii)商誉良好的承保人和保险公司。卖方在买方提出特殊要求并承担费用时，投保附加险种。

(2)设立目的：确定由谁负担保险费，甚至保险费用的支付方式。

(3)内容：谁来支付保险费、保险费支付的方式及选择保险公司。

24. 保密

(1)范例。

> 在注册采购师职业资格认证系列教材《如何准备合同》中对保密责任作出了如下阐释：
> 乙方对于甲方提供之产销计划、技术数据及采购有关质量、成本、纳期等信息，不论以有形之文字、图形、照片、实物、协议记录等或无形之口述、联系等方式直接或间接取得，均应负保密责任，非经甲方事前书面同意，不得泄露予第三者。
> 甲方所提供之图面、规格、仕样书、指示书、样品及相关之技术资料，为甲方智慧财产权，禁止以任何形式之复制、流用。
> 乙方违反上述规定，除赔偿甲方之损失外，甲方有权终止交易合约书。本合约终止时，乙方即无权再使用由甲方所提供之所有数据及信息，并应即刻将所持有之甲方所提供之数据送还甲方。
> 乙方依甲方提供图面及数据进行开模与生产，其产品之使用权属甲方。乙方贩卖之产品，若其机构、外观、测试条件、功能规格等，近似于甲方产品者，乙方必须经甲方同意后，方可转售予非甲方以外之第三者，但其销售价格于同样交易条件下，应高于售予甲方价格至少 10％以上，其不足之价差应回馈于供应甲方之零件价格降低上。

(2)设立目的：维护公司的知识产权。

(3)内容：明确需保密的内容、保护的具体措施。

25. 合同终止

(1)范例。

第15条 解约与赔偿规定

15.1 甲乙任一方当事者若违反本契约中第1条至第13条中各项条款时，他方当事者可设立一期限催告其更正，而在该期间内当事者未更正前已违约事情时，可解除契约。且因一方当事者之违约而使他方当事者受有损害时，他方得向违约之一方请求赔偿。

15.2 甲方或乙方之一有下列任一项原因时，不须催告得解除本合约及所有的个别合约：

(1)接受票据或所开出票据遭受无法付款处分时。

(2)停止付款或不能付款时。

(3)遭受强制执行或公开拍卖处分时。

(4)宣告破产，公司重整时。

(5)违反法令遭受停止营业或取消营业许可时。

(6)自然灾害、劳资争议或其他不可抗拒事由导致不能履行，或有困难履行合约时。

(7)违反本合约或个别合约规定时。

依上述诸因素解除本合约或个别合约时，解约者不问偿还期已否届至，均得将持有之对方债权，与应付对方之债务抵偿。

(2)设立目的：详述买方在哪些情况下有权利终止合同。

(3)内容：本条款应对买方有权终止合同的各种情况进行明确的约定。无论这些情况是累积地发生（一起发生），还是单独地发生，都应明确界定。同时，也应明确终止合同的通知程序，并应明确是否给予违约方采取补救措施的期限，此外，还应明确当合同终止后，如何处理有关文件单据、知识产权、付款等问题。

知识拓展

《国际贸易术语解释通则 2020》

《国际贸易术语解释通则》(International Rules for the Interpretation of Trade Terms，缩写/以下简称 Incoterms)是由国际商会制定、国际贸易的基础性国际通行规则。它虽不是法律，但在买卖双方确认后对其具有约束力。

Incoterms 由国际商会在 1936 年初次制定，明确买卖双方的责任和义务，规定了托运人、承运人及接收人/收货人的责任，以便利国际贸易的操作流程，更好的解决纠纷。随着国际贸易的发展，Incoterms 的运用和解释面临各种各样新的问题。国际商会共对其进行了八次修订，目前最新版本为《2000年国际贸易术语解释通则》。

Incoterms 2020 共有 11 个贸易术语，包括 EXW、FCA、FAS、FOB、CFR、CIF、CPT、CIP、DPU、DAP、DDP。

01 EXW(EX Works，工厂交货)

卖方只负责将货物交到自己工厂或仓库内，买方需要承担所有的费用和风险。

02 FCA (Free Carrier，承运人交货)

卖方只要将货物在指定的地点交给买方指定的承运人,并办理了出口清关手续,即完成交货。交货后买方需要负责运输和相关费用和风险。

03　FAS(Free Alongside Ship,船边交货)

卖方要在合同中约定的日期或期限内,将货物运到合同规定的装运港口,并交到买方指派的船只的旁边,即完成其交货义务,另外,卖方要提交商业发票以及合同要求的其他单证。

04　FOB(Free On Board,船上交货)

卖方负责将货物交到指定的港口,货物上船时,卖方将货物交给承运人,此时风险转移至买方。

$$FOB=装船的费用和风险+FAS$$

05　CFR(Cost and Freight,成本加运费)

装运港货物越过船舷卖方即完成交货,卖方必须支付将货物运至指定的目的港所需的运费和费用。

由卖方安排运输,由买方办理货运保险。如卖方不及时发出装船通知,则买方就无法及时办理货运保险,甚至有可能出现漏保货运险的情况。

$$CFR=FOB+国外运费$$

06　CIF (Cost, Insurance and Freight,成本、保险加运费价)

卖方必须负责将货物运输到指定的港口,并承担相应的保险费用,但在货物抵达目的港之前,所有的风险和费用仍由卖方承担。

$$CIF=FOB价+国外运费+国外保险费=CFR+国外保险费$$

07　CPT (Carriage Paid To,运费付至)

卖方负责安排货物的运输,并将其交付给承运人,同时承担运输至目的地所需的费用和风险。买方则需承担从目的地到收货地点的费用和风险。

$$CPT=FCA+国外运费$$

08　CIP(Carriage and Insurance Paid To,运费、保险费付至)

卖方负责将货物运至指定的目的地,并为货物购买保险,一旦货物运抵目的地,风险转移至买方。

$$CIP=FCA+国外运费+国外保险费=CPT+国外保险费$$

09　DPU (Delivered at Place Unloaded,卸货地交货)

卖方在自己选择的运输方式下,将货物交至目的地所指定的地方,并负责将货物卸下。卖方承担将货物运至指定的目的地的运输风险和费用。

10　DAP(Delivered at Place,目的地交货)

卖家在合同约定的期限内把货物运输到目的地约定的地点后,把运输工具上装载的货物(不卸货)交给买家处理,便完成交货。

11　DDP(Delivered Duty Paid,完税后交货)

卖方在指定的目的地,办理完进口清关手续,将在交货运输工具上尚未卸下的货物交与买方,完成交货。

卖方必须承担将货物运至指定的目的地的一切风险和费用,包括在需要办理海关手续时在目的地应交纳的任何"税费"（包括办理海关手续的责任和风险，以及交纳手续费、关税、税款和其他费用）。

实训项目：拟订一份采购合同

【实训背景】

某市海滨实验学校与可可食品有限公司经过谈判达成初步协议，该校1 200名校学生2019—2020学年第一学期的课间餐由可可食品有限公司提供。从合同执行期为2019年8月26日—2020年1月10日。除法定节假日外的工作日均需供餐，共计88天。课间餐预算为3元/人·天，可可食品有限公司根据预算安排配餐，原则上每周五天工作日的课间餐品种不重复（需附配餐表）。可可食品有限公司送货上门，工作日的8：45分从学校北门进校，在学生食堂门口卸货，可可食品有限公司的工作人员需在9：00前按班级订单分餐，9：00—9：15学生领餐结束后，工作人员即刻离校。

请根据上述要求，以滨海实验学校的名义起草一份采购合同，合同主要条款必须完整。

【实训目标】

编号	要求	成果
1	明确小组内成员之间的分工，尽可能调动所有成员参与的积极性，达到本项实训的效果	以小组为单位学习采购合同相关知识，明确人员的具体任务
2	学习实训项目背景资料，进行调查规划	收集相似案例资料
3	小组讨论，明确合同需要明确的内容，整理并形成合同文本	1. 获得相关合同范例。2. 拟订合同文本。3. 巩固课堂学习知识，实现知识到技能的融会贯通

【实训组织】

总体组织	具体步骤
教师提供实训背景资料，对实训作出具体的要求；学生组建团队，学习相关理论知识，收集相关资料，发挥团结协作精神，完成实训项目要求的各项工作	1. 教师布置实训项目需要完成的任务。2. 本着自愿的原则，以5～6人为一组，每组选出一名小组长，由组长分工及协调实训小组的实训任务，并带领组员完成实训任务。3. 通过网络收集相关资料。4. 明确合同中需要明确的问题。5. 完成采购合同的编制

【实训评价】

目的	考核
1. 加深对合同条款的理解。 2. 培养团队合作精神，包括处理意外事件，与人/机沟通的能力。 3. 培养团队归纳分析、解决问题的逻辑和思维能力。 4. 培养以团队方式最后撰写实训报告	1. 实训过程中职业素养和专业能力是否得到体现。 2. 小组分工是否明确和均衡，小组成员的能力是否得到充分的发挥。 3. 调研方法选择是否得当，操作是否规范。 4. 小组调研报告思路是否清晰，内容是否充实，重点是否突出

任务三 订立采购合同

采购合同的订立是采购方和供应方双方当事人在平等自愿的基础上，就合同的主要条款经过协商取得一致意见，最终建立起物品采购合同关系的法律行为。

一、订立前的准备工作

合同依法订立后，双方必须严格执行。因此，采购人员在签订采购合同前，必须审查卖方当事人的合同资格、资信及履约能力，按经济合同法的要求，逐条订立采购合同的各项必备条款。

(一)审查卖方当事人的合同资格

为了避免和减少采购合同执行过程中的纠纷，在正式签订合同之前，采购人员首先应审查卖方当事人作为合同主体的资格。合同资格是指订立合同的当事人及其经办人必须具有法定的订立经济合同的权利。审查卖方当事人的合同资格，其目的是确定对方是否具有合法签约的能力，这一点直接关系到所签订合同是否具有法律效力。

1. 法人资格审查

认真审查卖方当事人是否属于经国家规定的审批程序成立的法人组织。法人是指拥有独立的必要财产、有一定的经营场所、依法成立并能独立承担民事责任的组织机构。判断一个组织是否具有法人资格，主要看其是否持有工商行政管理局颁发的营业执照。经工商登记的国有企业、集体企业、私营企业、各种经济联合体、实行独立核算的国家机关、事业单位和社会团体，都可以具有法人资格，成为合法的签约对象。

在审查卖方法人资格时应注意：没有取得法人资格的社会组织、已被取消法人资格的企业或组织，无权签订采购合同。要特别警惕一些根本没有依法办理工商登记手续或未经批准的"公司"，它们或私刻公章，冒充法人，或假借他人名义订立合同，旨在骗取买方的货款或定金。同时，要注意识别那些没有设备、技术、资金和组织机构的"四无"企业，它们往往在申请营业执照时弄虚作假，以假验资、假机构骗取营业执照，虽签订供货合同并收取货款或定金，但根本不具备供货能力。

2. 法人能力审查

审查卖方的经营活动是否超出营业执照批准的范围。超越业务范围以外的经济合同属无效合同。

法人能力审查还包括对签约的具体经办人的审查。采购合同必须由法人的代表人或法定代表人授权证明的承办人签订。法人的法定代表人就是法人的主要负责人，如厂长、经理等。他们代表法人签订合同。法人代表也可授权业务人员如推销员、采购员作为承办人，以法人的名义订立采购合同。承办人必须有正式授权证明书，方可对外签订采购合同。法人的代表人在签订采购合同时，应出示身份证明、营业执照或其副本；法人委托的经办人在签订采购合同时，应出示本人的身份证明、法人的委托书、营业执照或副本。

(二)审查卖方当事人的资信和履约能力

资信即资金和信用。审查卖方当事人的资信情况，了解当事人对采购合同的履行能力，对于在采购合同中确定权利义务条款具有非常重要的作用。

1. 资信审查

具有固定的生产经营场所、生产设备和与生产经营规模相适应的资金，特别是拥有一定比例的自有资金，是一个法人对外签订采购合同起码的物质基础。准备签订采购合同时，采购人员在向卖方当事人提供自己的资信情况说明的同时，要认真审查卖方的资信情况，从而建立起相互依赖的关系。

2. 履约能力审查

履约能力是指当事人除资信外的技术和生产能力、原材料与能源供应、工艺流程、加工能力、产品质量、信誉高低等方面的综合情况。总之，就是要了解对方有没有履行采购合同所必需的人力、物力、财力和信誉保证。

如果经审查发现卖方资金短缺、技术落后、加工能力不足，无履约供货能力，或信誉不佳，都不能与其签订采购合同。只有在对卖方的履约能力充分了解的基础上签订采购合同，才能有可靠的供货保障。

审查卖方的资信和履约能力的主要方法有通过卖方的开户银行，了解其债权债务情况和资金情况；通过卖方的主管部门，了解其生产经营情况、资产情况、技术装备情况、产品质量情况；通过卖方的其他用户，可以直接了解其产品质量、供货情况、维修情况；通过卖方所在地的工商行政管理部门，了解其是否具有法人资格和注册资本、经营范围、核算形式；通过有关的消费者协会和法院、仲裁机构，了解卖方的产品是否经常遭到消费者投诉，是否曾经牵涉到诉讼。对于大批量的性能复杂、质量要求高的产品或巨额的机器设备的采购，在上述审查的基础上，还可以由采购人员、技术人员、财务人员组成考察小组，到卖方的经营加工场所实地考察，以确知卖方的资信和履约能力。采购人员在日常工作中，应当注意收集有关企业的履约情况和有关的商情，作为以后签订合同的参考依据。

二、订立的原则

从《中华人民共和国民法典》(以下简称《民法典》)的规定看,在第4条、第5条、第6条、第7条、第8条分别规定了订立合同的过程中应该遵循平等原则、自愿原则、公平原则、诚实信用原则及守法与公序良俗原则。

1. 平等原则

《民法典》第4条规定,民事主体在民事活动中的法律地位一律平等。这条规定了平等原则。平等原则主要表现为当事人的法律地位是平等的,相互间不存在服从与命令、管理与被管理的关系,当事人必须平等地协商相互间的权利义务,当事人的权利平等地受法律保护。

2. 自愿原则

《民法典》第5条规定,民事主体从事民事活动,应当遵循自愿原则,按照自己的意思设立、变更、终止民事法律关系。这条规定了合同自愿原则。合同自愿原则是民法典上意思自治原则的具体体现及中心内容,它贯彻于合同动态发展的整个过程,包括订约自由、选择合同相对人的自由、决定合同内容的自由、选择合同方式的自由、变更和解除合同的自由等。

3. 公平原则

《民法典》第6条规定,民事主体从事民事活动,应当遵循公平原则,合理确定各方的权利和义务。这条规定了公平原则。公平原则本来是道德上的规则,但作为《民法典》的基本原则就成为法律准则。它坚持正义与效益的统一,既要求当事人按照公平原则设立权利义务,也要求按照公平原则履行合同,按照公平原则处理当事人之间的纠纷。

4. 诚实信用原则

《民法典》第7条规定,民事主体从事民事活动,应当遵循诚信原则,秉持诚实,恪守承诺。这条规定了诚实信用原则。诚实信用原则与公平原则一样本来都是道德准则,但作为《民法典》的基本原则就成了法律准则,它通常被称为"帝王规则",可见其重要性。它既要求当事人在行使权利上不得滥用权力,不损害他方的合法利益,也要求在履行义务上不欺诈,严格遵守诺言;要求当事人既依约定履行主义务,也应依要求履行附随义务。

5. 守法与公序良俗原则

《民法典》第8条规定,民事主体从事民事活动,不得违反法律,不得违背公序良俗。这条规定了守法与公序良俗原则(合法原则),即当事人订立、履行合同,不得违反法律、法规的规定,不得违反公序良俗(公共秩序和善良风俗)。社会经济秩序、社会公共利益、社会公德是公序良俗的基本内容。

三、签订的程序

签订采购合同的程序根据不同的采购方式而有所不同,这里主要谈谈采购合同订立的一般程序。普遍运用的采购合同签订程序要经过要约和承诺两个阶段。

(一)要约阶段

1. 要约的概念和特征

《民法典》第 472 条:"要约是希望与他人订立合同的意思表示,该意思表示应当符合下列条件:(一)内容具体确定;(二)表明经受要约人承诺,要约人即受该意思表示约束。"

要约是一方当事人以订立合同为目的,向对方当事人提出合同条件,希望对方加以接受的意思表示。

要约具有四个特征:第一,要约是特定的人所做的表示;第二,要约是向特定的人所作的意思表示;第三,要约是具有法律约束力的表示;第四,要约的内容应当具体确定。

2. 要约与要约邀请

要约邀请是希望他人向自己发出要约的表示。要约邀请的特点:第一,要约邀请是特定的主体所发出的表示;第二,要约邀请针对的对象往往范围比较广泛;第三,要约邀请不具有法律拘束力;第四,要约邀请的内容通常在确定性程度上比要约低。

《民法典》第 473 条规定:"拍卖公告、招标公告、招股说明书、债券募集办法、基金招募说明书、商业广告和宣传、寄送的价目表等为要约邀请。商业广告和宣传的内容符合要约条件的,构成要约。"

3. 要约的法律效力

(1)要约生效的时间。

《民法典》第 474 条规定:"要约生效的时间适用本法第 137 条的规定。"

《民法典》第 137 条规定:"以对话方式作出的意思表示,相对人知道其内容时生效。以非对话方式作出的意思表示,到达相对人时生效。以非对话方式作出的采用数据电文形式的意思表示,相对人指定特定系统接收数据电文的,该数据电文进入该特定系统时生效;未指定特定系统的,相对人知道或者应当知道该数据电文进入其系统时生效。当事人对采用数据电文形式的意思表示的生效时间另有约定的,按照其约定。"

(2)要约的存续时间。要约人在作出要约时自己决定要约的存续时间。没有规定存续时间在场者、不在场者。

4. 要约的撤回与撤销

(1)要约的撤回。要约的撤回是指要约人在要约生效之前采取措施使要约不发生法律效力。出于多方面考虑,要约人在发出要约后可能不愿意再让其发生效力,进而使对方不能承诺。

《民法典》第 475 条规定:"要约可以撤回。要约的撤回适用本法第 141 条的规定。"

《民法典》第 141 条规定:"行为人可以撤回意思表示。撤回意思表示的通知应当在意思表示到达相对人前或者与意思表示同时到达相对人。"

(2)要约的撤销。

①含义。要约的撤销是指在要约生效以后,受要约人发出承诺的通知之前,要约人将该项要约予以撤销,使要约的法律效力归于消灭的法律事实。

《民法典》第 477 条规定:"撤销要约的意思表示以对话方式作出的,该意思表示的内容应当在受要约人作出承诺之前为受要约人所知道;撤销要约的意思表示以非对话方式作出的,应当在受要约人作出承诺之前到达受要约人。"

②例外情形。《民法典》第476条规定:"要约可以撤销,但是有下列情形之一的除外:(一)要约人以确定承诺期限或者其他形式明示要约不可撤销;(二)受要约人有理由认为要约是不可撤销的,并已经为履行合同做了合理准备工作。"

5. 要约的消灭

《民法典》第478条规定:"有下列情形之一的,要约失效:(一)要约被拒绝;(二)要约被依法撤销;(三)承诺期限届满,受要约人未作出承诺;(四)受要约人对要约的内容作出实质性变更。"

(二)承诺阶段

1. 承诺的概念与特征

承诺是受要约人同意要约的意思表示。承诺的法律效力在于,承诺一经作出并到达要约人,合同即告成立,要约人不得加以拒绝。

承诺的特征如下:

(1)承诺应当由受要约人作出;

(2)承诺应当向要约人作出;

(3)承诺的内容应当与要约的内容一致。

2. 非实质性变更

《民法典》第488条规定:"承诺的内容应当与要约的内容一致。受要约人对要约的内容作出实质性变更的,为新要约。有关合同标的、数量、质量、价款或者报酬、履行期限、履行地点和方式、违约责任和解决争议方法等的变更,是对要约内容的实质性变更。"

《民法典》第489条规定:"承诺对要约的内容作出非实质性变更的,除要约人及时表示反对或者要约表明承诺不得对要约的内容作出任何变更外,该承诺有效,合同的内容以承诺的内容为准。"

3. 承诺到达要约人

(1)到达主义。《民法典》第484条规定:"以通知方式作出的承诺,生效的时间适用本法第137条的规定。承诺不需要通知的,根据交易习惯或者要约的要求作出承诺的行为时生效。"

(2)承诺期限的起算。《民法典》第482条规定:"要约以信件或者电报作出的,承诺期限自信件载明的日期或者电报交发之日开始计算。信件未载明日期的,自投寄该信件的邮戳日期开始计算。要约以电话、传真、电子邮件等快速通信方式作出的,承诺期限自要约到达受要约人时开始计算。"

4. 承诺的撤回

《民法典》第485条规定:"承诺可以撤回。承诺的撤回适用本法第141条的规定。"

《民法典》第141条规定:"行为人可以撤回意思表示。撤回意思表示的通知应当在意思表示到达相对人前或者与意思表示同时到达相对人。"

四、签订的形式

1. 要约承诺模式

《民法典》第 471 条规定:"当事人订立合同,可以采取要约、承诺方式或者其他方式。"

2. 意思实现

根据习惯或法律关系的性质,承诺不需要加以通知,在要约作出后一定时间以内,如果有可以认为属于承诺的事实,则合同成立。

3. 谈判缔约

双方共同逐条逐款地磋商,拟订合同文本,之后通过在文本上签字表达双方的合意。

4. 交叉要约

交叉要约是指双方没有明确的要约承诺的缔约过程,而是不约而同地向对方发出了订立合同的要约,而要约的内容是一致的,如果认可交叉要约是订立合同的一种模式,在后到达的要约到达之时,双方之间就达成了合意,形成了合同关系。

任务四 采购合同履行与管理

采购合同的履行是指采购合同当事人按照合同完成约定履行其约定的义务的过程,如交付货物、提供服务、支付报酬或价款、保守秘密等。履行合同是实现采购合同目的的最重要的和最关键的环节,直接关系到采购合同当事人的利益。为确保签订的采购合同得以顺利履行,企业应当设置专门机构或专职人员,建立合同登记制、汇报检查制度,统一保管合同、统一监督和检查合同的执行情况,及时发现问题采取措施,处理违约、提出索赔、解决纠纷。同时,需要加强与合同对方的及时联系,做好双方的协调工作。

一、履行的原则

1. 全面履行的原则

全面履行原则又称适当履行原则或正确履行原则。《民法典》第 509 条规定:"当事人应当按照合同约定全面履行自己的义务"。这一规定确立了全面履行原则,它要求采购合同当事人按照合同约定的标的及其质量、数量、合同约定的履行期限、履行地点及适当的履行方式,全面完成合同义务的履行。

采购合同的履行与管理

2. 诚实信用原则

《民法典》第 7 条规定"民事主体从事民事活动,应当遵循诚信原则,秉持诚实,恪守承诺。"以及《民法典》第 501 条规定"当事人在订立合同过程中知悉的商业秘密或者其他应当保密的信息,无论合同是否成立,不得泄露或者不正当地使用;泄露、不正当地使用该商业秘密或者信息,造成对方损失的,应当承担赔偿责任。"

3. 情势变更原则

情势变更原则是指采购合同成立起至履行完毕前，合同存在的基础和环境发生了不可归属于当事人的原因变更，若继续履行合同将显示不公平，则应允许变更采购合同或者解除采购合同。

二、采购合同的变更

1. 采购合同变更的概念

广义的采购合同的变更是指采购合同主体和内容的变更，是采购合同债权或债务的转让，即由新的债权人或债务人替代原债权人或债务人，而合同的内容没有变化，可以理解为合同的转让；狭义的采购合同变更是指采购合同当事人权利义务发生变化，是合同内容发生变化。

2. 采购合同变更的条件

（1）只针对原已存在有效的采购合同关系。采购合同的变更是改变原采购合同关系，必须以原已存在的采购合同关系为前提。原有采购合同是非法无效的，如采购合同无效、采购合同被撤销、追认权人拒绝追认效力未定的采购合同，也无采购合同变更的余地。

（2）采购合同当事人愿意就采购合同内容作相应的变更。《民法典》第543条规定："当事人协商一致，可以变更合同。"采购合同的变更通常是当事人双方合议的结果，也可以基于法律规定或法院裁决而变更，如《民法典》第533条规定："合同成立后，合同的基础条件发生了当事人在订立合同时无法预见的、不属于商业风险的重大变化，继续履行合同对于当事人一方明显不公平的，受不利影响的当事人可以与对方重新协商；在合理期限内协商不成的，当事人可以请求人民法院或者仲裁机构变更或者解除合同。人民法院或者仲裁机构应当结合案件的实际情况，根据公平原则变更或者解除合同。"。

（3）法律、行政法规规定变更采购合同应当办理批准、登记等手续，应遵守法律、法规的相关规定。

3. 采购合同变更的效力

采购合同变更的实质是将变更后的采购合同替代原采购合同。因此，采购合同变更后，当事人应当按变更后的采购合同内容履行合同。

采购合同变更原则上对将来发生效力，未变更的权利和义务继续有效，已经履行的债务不因采购合同的变更而失去合法性，对于因采购合同变更致使某一当事人受到损失，原则上应由提出变更的一方负责赔偿责任。

三、采购合同的解除

1. 采购合同解除的概念

采购合同解除是指采购合同生效后，在一定的条件下通过当事人的单方行为或双方合意终止合同效力或者解除合同关系的行为。

采购合同解除具有以下法律特征：

(1)是对有效合同的解除。与合同无效、合同撤销及要约或承诺的撤回等制度不同，合同解除以有效成立的合同为标的，解决有效成立的合同提前解除的问题。

(2)必须有解除的事由。采购合同一经有效订立，即具有法律的约束力，当事人双方必须信守约定，不得擅自变更或解除，这是《民法典》的重要原则。只有在主客观条件发生变化，采购合同履行成为不必要或不可能的情况下，才允许解除采购合同，否则便构成违约。

(3)必须通过解除行为实现。具备解除采购合同的条件，采购合同并不是自然就可以解除的。要使采购合同解除，一般需要通过两种类型的解除行为才能实现，一是当事人双方协商同意；二是享有解除权的一方单方意愿表示。

(4)采购合同解除的效果是使采购合同当事人合作关系消失。

2. 采购合同解除的分类

(1)单方解除与协议解除。单方解除是指享有解除权的一方当事人依单方面的意愿表示解除合同关系；协议解除是指当事人双方通过协商同意将合同解除的行为。

(2)依法解除与约定解除。依法解除是指采购合同解除的条件由法律直接加以规定的；约定解除是指当事人以合同形式约定为一方或双方设定解除权的解除，解除权的设定可以在订立合同时约定，也可以在合同成立后另外订立解除权的合同。

3. 采购合同解除的法定条件

(1)因不可抗力致使合同不能实现。因不可抗力致使合同履行不可实现或继续履行已失去意义，在此情况下，我国允许当事人通过行使解除权的方式解除合同关系。

(2)债务人拒绝履行、毁约。当事人一方明确表示或者以自己的行为表明不履行主要债务，即债务人拒绝履行或毁约。作为采购合同解除的条件，一是确定债务人有过错；二是拒绝违法行为(无合法理由)；三是有履行能力。

(3)供应方延迟履行。一般来说，履行期限在采购合同的内容中非属特别重要时，在履行期届满后履行也不至于使采购合同目标落空时，原则上不允许采购方立即解除合同，采购方应向供应方发出履行催告，给予适当的履行宽限期。但在宽限期届满时仍未能履行的，采购方有权解除采购合同。

(4)违约行为致使合同目标不能实现。供应方除延迟履行外的其他违约行为致使采购合同目标不能实现时，采购方有权解除采购合同。

四、违约责任

1. 违约责任的概念

违约责任是违反合同的民事责任的简称，是指采购合同当事人一方不履行采购合同义务或履行采购合同义务不符合采购合同约定所应当承担的民事责任。

2. 违约责任的形式

《民法典》第577条规定："当事人一方不履行合同义务或者履行合同义务不符合约定的，应当承担继续履行、采取补救措施或者赔偿损失等违约责任。"

(1)继续履行又称强制履行,是指违约方根据对方当事人的要求继续履行采购合同规定的义务的违约责任形式。

(2)采取补救措施,是指矫正采购合同不适当履行、使履行缺陷得以消除的具体措施,是一种独立的违约责任形式。这种责任形式与继续履行和赔偿损失具有互补性。

(3)赔偿损失。《民法典》第584条规定,当事人一方不履行合同义务或者履行合同义务不符合约定,造成对方损失的,损失赔偿额应当相当于因违约所造成的损失,包括合同履行后可以获得的利益;但是,不得超过违约一方订立合同时预见到或者应当预见到的因违约可能造成的损失。

案例分析

A方,某印刷集团公司;B方,某品牌计算机公司;C方,某货运公司。

A方在报纸上看到B方发布的"某型号计算机推广月买一送一活动"广告:在推广月期间,每订购某型号的计算机一台,均赠送400元的喷墨打印机1台;不愿接受者,返还现金300元。

经过电话协商,A方向B方订购某型号计算机100台,B方向A方赠送喷墨打印机50台,另外,在设备款中减免15 000元。双方以信件方式签订合同,约定在A方所在地交货,B方负责托运,A方支付运费,C方作为承运人负责该批计算机设备的运输。计算机设备到达A方所在地后,经B、C双方同意,A方开箱检验,发现以下问题:

(1)少量计算机显示器破损。

(2)随机预装软件,虽有软件著作人出具的最终用户许可协议,且给出了有效的下载地址,但无原版的软件光盘,怀疑为盗版软件。

(3)B方误按"买一送一"的配置发货,共发来计算机100台,喷墨打印机100台,发货单与所发货物相符,但与合同不符合。

为此,A方通过传真通知B方,并要求B方:更换或修好破损的计算机显示器;提供随机预装软件的原版光盘。但A方并未将多收50台喷墨打印机的事通知B方。收到A方的传真之后,B方回电称:

(1)A、C两方均未就计算机设备包装问题做特殊要求,公司采用了通用的计算机设备包装方式,C方作为承运人应当对运输过程中计算机显示器的破损承担损害赔偿责任。待C方赔偿之后,公司再更换或修好破损的显示器。

(2)正版软件有多种形式,该型号计算机索赔的原厂委托制造随机预装软件是"授权下载"的无光盘正版软件。

同月,B方查账时发现多发了50台喷墨打印机,此时A方已经将全部打印机开箱使用。

B方要求A方返还合同中减免的15 000元设备款。

思考:

(1)B方应如何处理显示器的破损问题?

(2)合同出现纠纷的主要原因是什么?

(3)A方是否应该返还合同中减免的15 000元设备款?

素养园地

儒商精神

中华民族历来推崇契约精神，推崇"儒商"文化，有深刻的世界影响力。儒商是儒士与商人的结合，是儒家经济伦理文化和商业经营实践契合的产物。道德、智慧、成就（财富）三合一，缺一不可。其特点是做人第一，经商第二。"人无信而不立""人而无信，不知其可也""君子生财，取之有道"等，无不说明守信用、重契约是何等的重要，是修身齐家治国平天下的基本。

中国传统文化中的儒商精神，讲究信奉儒家，修身素养，事业有成，内儒外商，重契约讲信用，把信誉看作比生命还重要。以儒商文化为代表的经商之道，是中华传统文化中的光芒，至今仍是我们崇尚企业家精神的文化根基，生生不息，在全世界都闪耀着光芒，成为经商法则之一。

项目测评

一、选择题

1. 履行采购合同的原则是（　　）。
   A. 全面履行的原则
   B. 诚实信用原则
   C. 情势变更原则　D. 时间限制原则
2. 采购合同的主要特征是（　　）。
   A. 采购合同内容限于法人之间为进行经济行为的各种事项
   B. 采购合同是转移标的物所有权或经营权的合同
   C. 采购合同的主体比较广泛
   D. 采购合同与流通过程联系密切

二、判断题

1. 一份买卖合同主要由首部、正文与尾部三部分组成。（　　）
2. 数量条款的主要内容有交货数量、单位、计量方式等。必要时还应该清楚地说明误差范围及交付数量超出或不足的处理。（　　）
3. 根据国际惯例，凡是按照 CIF 和 CIP 条件成交的出口物资，一般有采购方投保；按照 FOB、CFR 和 CPT 条件成交的进口物资由供应方办理保险。（　　）

三、简答题

1. 简述一份有效的合同必须满足的要求。
2. 简述拟订合同需要明确的问题。
3. 简述采购合同中卖方和买方的共同义务。

项目评价

项目测评(40 分)			得分:
计分标准: 　　得分＝5×选择题正确个数＋5×判断题正确个数＋5×简答题正确个数			
学生自评(20 分)			得分:
计分标准:初始分＝2×A 的个数＋1×B 的个数＋0×C 的个数 　　　　得分＝初始分/36×20			
学习任务	评价指标	自测结果	要求 (A 掌握;B 基本掌握;C 未掌握)
认识采购合同	1. 合同的概念和重要性; 2. 采购合同的特征; 3. 采购合同的组成; 4. 契约精神	A□ B□ C□ A□ B□ C□ A□ B□ C□ A□ B□ C□	理解合同的概念和重要性;知道采购合同的特征;能够阐述采购合同的组成;认识并理解契约精神
拟定采购合同	1. 企业合同范例; 2. 拟订合同需要明确的问题; 3. 合同条款的拟订; 4. 管理理念——避免凭印象用人	A□ B□ C□ A□ B□ C□ A□ B□ C□ A□ B□ C□	熟悉企业合同范例;知道拟订合同需要明确的问题;能够进行合同条款的拟订;理解管理理念,避免凭印象用人
订立采购合同	1. 订立前的准备工作; 2. 订立的原则; 3. 签订的程序; 4. 签订的形式; 5. 金鱼缸效应——增加管理的透明度	A□ B□ C□ A□ B□ C□ A□ B□ C□ A□ B□ C□ A□ B□ C□	知道合同订立前的准备工作;知道订立的原则;熟悉签订的程序;知道签订的形式;理解金鱼缸效应——增加管理的透明度
采购合同履行与管理	1. 履行的原则; 2. 采购合同的变更; 3. 采购合同的解除; 4. 违约责任; 5. 儒商精神	A□ B□ C□ A□ B□ C□ A□ B□ C□ A□ B□ C□ A□ B□ C□	知道合同履行的原则;能够进行采购合同的变更;能够进行采购合同的解除;熟悉违约责任;理解并践行儒商精神
小组评价(20 分)			得分:
计分标准:得分＝10×A 的个数＋5×B 的个数＋3×C 的个数			
团队合作	A□　B□　C□	沟通能力	A□　B□　C□
教师评价(20 分)			得分:
教师评语			
总成绩		教师签字	

项目八

做好采购控制工作

学习目标

1. 了解延迟交货的原因；
2. 了解进货业务控制的内容；
3. 掌握交期管理考核的各类指标；
4. 掌握采购质量控制体系；
5. 能够识别采购风险，并采取合理的手段规避采购风险；
6. 能够完成采购绩效评估工作。

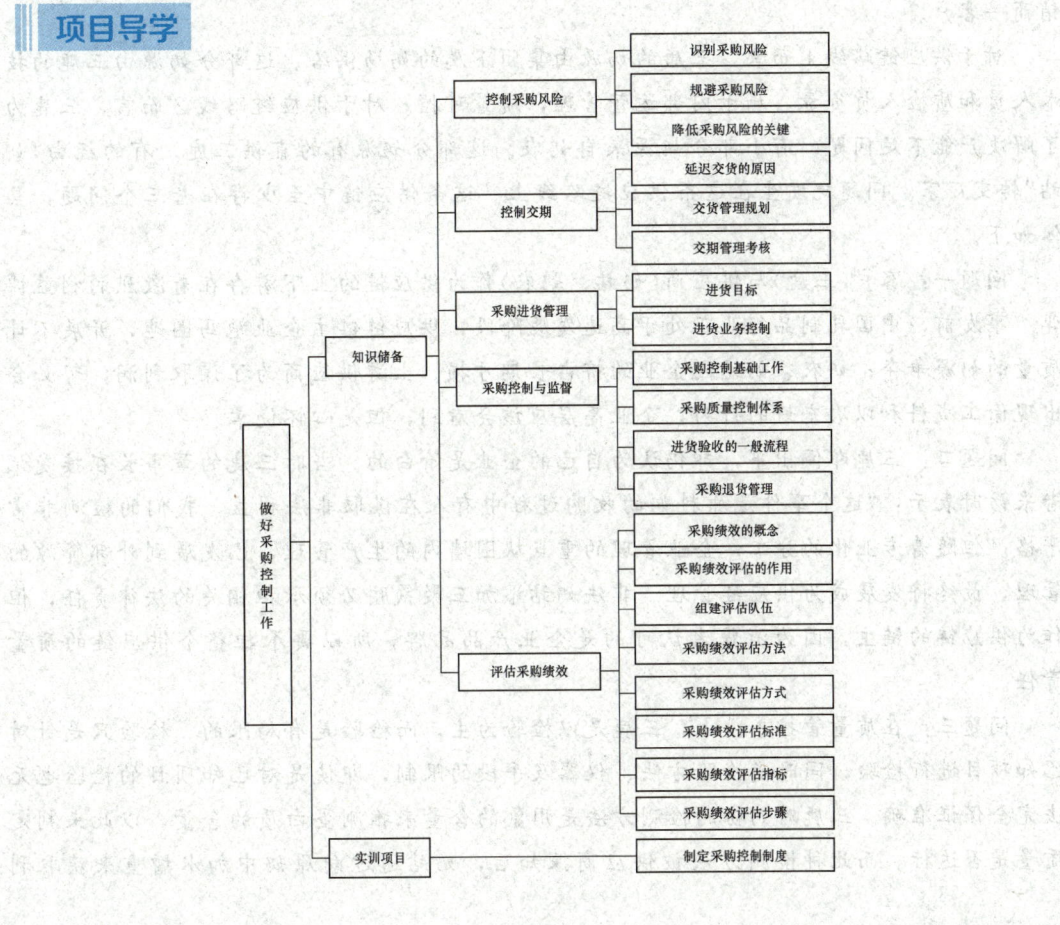

项目导学

做好采购控制工作
- 知识储备
  - 控制采购风险
    - 识别采购风险
    - 规避采购风险
    - 降低采购风险的关键
  - 控制交期
    - 延迟交货的原因
    - 交货管理规划
    - 交期管理考核
  - 采购进货管理
    - 进货目标
    - 进货业务控制
  - 采购控制与监督
    - 采购控制基础工作
    - 采购质量控制体系
    - 进货验收的一般流程
    - 采购退货管理
  - 评估采购绩效
    - 采购绩效的概念
    - 采购绩效评估的作用
    - 组建评估队伍
    - 采购绩效评估方法
    - 采购绩效评估方式
    - 采购绩效评估标准
    - 采购绩效评估指标
    - 采购绩效评估步骤
- 实训项目
  - 制定采购控制制度

> **案例导读**

三鹿奶粉的供应链质量管控

2008年3月，婴幼儿因食用三鹿奶粉出现泌尿系统问题的各种信息反馈到三鹿，三鹿高层对品质问题采取"鸵鸟政策"；7月得到官方证实；8月13日继续对外隐瞒，采取隐蔽的退换货方式；9月媒体报道，事件爆发。据卫生部通报称，截至2008年11月27日，全国累计报告因食用三鹿牌奶粉和其他个别问题奶粉导致泌尿系统出现异常的患儿高达29万余人，累计住院患儿共5.19万人，官方确认4例患儿死亡。三鹿事件出现的真因是什么？首先我们应弄清楚一个问题：三鹿集团重视质量吗？很多人认为三鹿一定不重视质量，否则不会出现这么大的事件。但从专业的角度来看，这么说失之偏颇。三鹿是重视质量的，三鹿在质量上投入巨大，花大精力通过了ISO9001认证、ISO1400认证、GMP审核和HACCP认证，在质量管控上有1 100多道检测，层层把关，检验严格。

三鹿公司重视质量，但缺乏基于供应链的质量管控系统思维与有效策略。从供应链质量管控的角度分析，三鹿奶粉有两条供应链路线，具体如下：

路线1：自营奶源基地—生产厂—分销商—客户；路线2：奶农—奶站—生产厂—分销商—客户。

对于供应链路线1而言，三鹿的奶源由集团下属的奶场供给。这部分奶源由三鹿的技术人员和质检人员负责，属于内部运营管理，质量可控。对于供应链路线2而言，三鹿为了解决产能不足问题，有小部分奶源来自奶农。这部分奶源有的直供三鹿，有的经由"奶站"转交厂家。问题就发生在这条供应链路线上。这条供应链中至少存在着三个问题，具体如下：

问题一：客户（三鹿）与供应商（奶站、奶农）作为供应链的上下游存在着激烈的利益博弈。事发前，中国乳制品行业正处于高速发展阶段，供应链链主企业跑马圈地，开展不计质量的奶源争夺；奶农、奶站因企业的挤占长期亏损。上游供应商为了谋取利润，势必会出现偷工减料和以次充好的行为，企业高层应该会看到，但是心怀侥幸。

问题二：三鹿即便出事，却仍认为自己的企业是清白的。当时三鹿的董事长在接受记者采访时表示："这个事件是原料奶的收购过程中有人在谋取非法利益，我们的检测非常严格。"但随着专业化的分工，企业管理的重点从围墙内的生产管理，已发展到外部资源的管理，最终将发展成为供应链管理。非法奶站添加三聚氰胺必须承担相关的法律责任，但作为供应链的链主，因为消费者认可的是企业产品品牌，所以要承担整个供应链的质量责任。

问题三：在质量管控手段上，三鹿是以检验为主，而检验是有局限的。检验只是针对已知项目进行检验，同时受检验方法、仪器及手段的限制，即使是对已知项目的检验也无法完全保证准确。三鹿对奶粉的检测方法是用氮的含量来推测蛋白质的含量，以此来判定质量是否达标。而此种检测方法被供应商探知后，奶站通过向原奶中加水增重来获取利润，为使原奶中氮的含量达标，奶站在加水的原奶中又加入三聚氰胺。这些原奶检测合格入厂后，经生产加工环节做成成品流向市场。

在质量检验上，道高一尺，魔高一丈，企业如果只以检验来严防死守，就像足球场上的守门员一样，是否能扑中点球大部分靠运气。

思考：

三鹿奶粉事件的解决方法是什么呢？

任务一 控制采购风险

一、识别采购风险

通常，采购风险是指采购过程可能出现的一些意外情况，包括人为风险、经济风险、自然和社会风险。具体主要表现在以下几个方面。

(1) 供应商合作风险：供应商群体产能下降导致供应不及时；供应商之间存在不诚实甚至违法行为。

(2) 经济合同风险：企业在履行经济合同过程中，对方违反合同规定或遇到不可抗力影响，造成本企业的经济损失。

(3) 技术进步风险：在采购过程中，技术进步风险是一个不容忽视的因素。这种风险主要源于技术的快速发展和变化，可能导致采购的设备、材料或服务迅速过时，或者使原本的计划和技术方案变得不再适用。

克莱斯勒的采购理念

(4) 采购质量风险：采购货物不符合订单要求；采购时间不能跟需求时间很好的衔接导致停工待料等。

(5) 汇率风险：企业在经营进出口及其他对外经济活动时，因本国与外国汇率变动，使企业在兑换过程中遭受的损失。

(6) 采购职业行为风险：采购人员行贿受贿、贪污腐败、以谋私利，以致损害采购企业或国家的经济利益。

(7) 自然和社会风险：出现自然灾害、战争、政治动荡、罢工等因素导致采购物料无法正常获得。

这些情况都会影响采购预期目标的实现。针对这些风险，人们需要采取一定措施予以规避来减少损失。

二、规避采购风险

任何事物都有风险，采购风险归根结底，也是可以通过一定手段和有效措施加以防范与规避的。主要手段如下：

(1) 做好年度采购预算及策略规划。由于采购预算是基于物料成本及销售预测等数据推算出来的，以接单式生产为主的公司应注意一些关键器件能否在要求的时间内发货，适当运用 MRPII 系统及现货结合的方法以减少风险。

(2) 慎重选择供应商，重视供应商的筛选和评级。在项目开发前充分与所有原材料供应商沟通，使供应商清楚配合的方向及要求。

(3) 严格审查订货合同，尽量完善合同条款。关键是合同契约是否合法，对于有外包情况时，为保证合同的履行，充分考察接包公司的资质。

(4) 拓宽信息渠道，保持信息流畅顺。充分利用专业化的信息网站，有助于采购人员更方便、更准确地获取信息，为评判供应商和产品提供依据。同时，公司对重要的供应商可派遣专职驻厂员，或经常对供应商进行质量检查。

(5) 完善风险控制体系，充分运用供应链管理优化供应和需求。采购应减少对个别供应商大户的过分依赖，可采用备选方案及备选供应商，以分散采购风险。

(6) 加强过程跟踪和控制，发现问题及时采取措施处理，以降低采购风险。可以将采购部门划分为货源开发(Sourcing)小组与采购(Buyer)小组。Sourcing 主要负责成本控制、风险防范、产品质量与供货商综合能力评估(包括供货商的物流状况、售后服务、公司财力、整体管理能力等)；Buyer 根据 Sourcing 提供的信息，结合公司的生产状况与需求量进行购买与跟踪订单。

三、降低采购风险的关键

企业要降低质量、交期、价格、售后服务、财务等方面的采购风险，最关键的是与供应商建立并保持良好的合作关系。建立良好的合作关系需注意做好以下几个阶段的工作。

1. 供应商的初步考察阶段

在选择供应商时，应对供应商的品牌、信誉、规模、销售业绩、研发等进行详细调查，可以派人到对方公司进行现场了解，以作出整体评估。必要时需成立一个由采购、质管、技术部门组成的供应商评选小组，对供应商的质量水平、交货能力、价格水平、技术能力、服务等进行评选。在初步判断有必要进行开发后，建议将自己公司的情况告知供应商。

某企业的采购风险控制

2. 产品认证及商务阶段

加强对所需的产品质量、产量、用户情况、价格、付款期、售后服务等进行逐一测试或交流。

小批量认证阶段：加强对供应商的产品进行小批量的生产、交期方面的论证。

大批量采购阶段：根据合作情况，对合作优秀的供应商逐步加大采购力度。

对供应商进行年度评价：对合作很好的供应商，邀请他们到公司交流下一年的工作打算。

任务二　控制交期

一、延迟交货的原因

以制造业而言，物料采购的交货控制至为重要，因交货期太早，必会增加仓租管理费用及损耗，积压资金而负担利息。交货期迟误，会造成停工待料，机器及工人闲置，更会影响企业信誉或受合约限制，导致逾期罚款或赔偿损失。总之，交货迟延一旦发生，后续的一连串计划（生产计划、出货、输送、销售计划等）即会发生异常，而影响到公司内外的各种事务，甚至造成顾客抱怨；进而使生产成本增加、制程混乱、不断地丧失应得的利润。不能如期交货有买、卖两个方面的原因。

（一）供应商方面的原因

1. 制造能力不足

由于供应商存在担心部分订单被取消的心理，故其在接受订单时常会超过其生产设备的能量，而一旦顾客的订单未如预期取消，就造成产能不足以应付交货数量的情形。另外，供应商对顾客的需求状况及验收标准未详加分析，接受订单后才发现根本无法制造出合乎要求的产品。

2. 转包不善

供应商由于设备、技术、人力、成本等因素限制，可能将部分制造工作转包他人。由于承包商未能善尽职责，致产品无法组装完成，延误了交货的时间。

3. 缺乏责任感

有些供应商争取订单时态度相当积极，可是一旦得到订单后，对如期交货缺乏应有的责任感，导致延期交货。

4. 制造过程或品质不良

有些厂商因为制造过程设计不良，以致产出率偏低或最终产品的合格率偏低，必须花费许多时间对不合格的制品加以改造，从而无法满足交货的数量和时间要求。

丰田的精益生产

5. 材料欠缺

供应商也会因为物料管理不当或其他因素造成材料欠缺，以致浪费了制造时间，延误了交货日期。

6. 报价错误

若供应商因报价错误或承包的价格太低，以致尚未生产即已预知面临亏损或利润极其微薄，因此交货的意愿低落，或将其产能转移至其他获利较高的订单上，产生迟延交货状况。

(二)买方造成供应商延迟交货的原因

1. 购运时间不足

由于请购单位提出请购需求的时间小于供应商要求的正常的前置期,使供应商措手不及;或由于采购单位在询价、议价、订购的过程中,花费太多时间,当供应商接到订单时,距离交货的日期已不足以让他有足够的购料、制造及装运的时间。

2. 规格临时变更

若因规格变更,供应商需另行订制或更换新的材料,也会导致迟延交货。

3. 生产计划不正确

由于买方产品销售预测不正确,导致列入生产计划者已缺乏需求,未列入生产计划者或生产日程排列在后期者,市场需求反而相当殷切,因此紧急变更生产计划,让供应商一时之间无法充分配合,产生供料迟延情形。

4. 紧急订购

由于人为或天然的因素而需向供应商提出紧急订购,但供应商可能没有多余的产能来吸收临时追加的订单,导致延迟交货。

5. 选错订购对象

买方可能因为贪图低价,选择没有制造能力或材料来源困难的供应商,加上此供应商没有如期交货的责任心,导致延迟交货或无法交货。

6. 催货不积极

在市场出现供不应求时,买方以为已经下了订单就万事大吉。而供应商可能谁催得紧、逼得凶,或谁出的价格高,材料就往那送。因此,催货不积极的买主,自然就得不到货。

7. 未能及时供应材料或模具

有些物品系委托其他厂商加工,因此,买方必须供应足够的装配材料,或充填用的模具。但买方因采购不及,以致承包的厂商无法进行工作导致延迟交货。

8. 技术指导不周

外包的物品或工程有时需要由买方提供制作的技术,买方因指导未尽周全,影响到供应商交货或完工的期限。

9. 低价订购

由于订购价格偏低,供应商缺乏交货意愿,甚至借迟延交货来要挟买方追加价格,甚至取消订单。

(三)其他因素

1. 供需单位缺乏协调配合

企业有关部门如生产或需求单位的使用计划与采购单位的采购计划未尽配合,生产或使用单位的日程计算过于保守,未设定正常误差时间,采购计划未考虑市场变动等影响交货的因素,致造成实际交货时间与计划交货时间不符,形成交期延误。

2. 采购方法运用欠妥

招标方式采购虽然较为公平及公正，但是对供应商的承接能力及信用等，均难以事先作出彻底了解，得标之后，也许无法进料生产，也许无法自行生产而予以转包，甚至以利润厚薄来安排优先顺序，故意延误。

3. 偶发因素

偶发因素多属事先无法预料或不可抗力因素，如战争、罢工或停工、自然灾害及经济、政治和社会等因素，均可能随时发生使所需物料受到阻断而导致延迟交货。

二、交货管理规划

采购人员要有效控制交期必须做好交货管理的事前规划、事中执行与事后考核。首先，应树立"预防重于治疗"的观念，买方应事前慎选有交货意愿及责任感的供应商，并规划合理的购运时间；买方在订购或发包后，应主动追踪供应商备料及生产速度，发现问题，及时与供应商协商解决；一旦卖方发生交货迟延，若非短期内可以改善或解决，应立即寻求同业支持或其他来源；对表现优越的供应商，可签订长期合约或建立事业伙伴关系。交货管理作业要点见表8-1。

表 8-1　交货管理作业要点

事前规划	事中执行	事后考核
1. 确定交货日数及数量； 2. 了解供应商生产设备利用率； 3. 准备替代来源表或交货日程表； 4. 给予供应商合理的交货时间； 5. 了解供应商物管及生管能力； 6. 卖方提供生产计划	1. 了解供应商备料情形； 2. 买方提供必要的材料、模(治)具或技术支持； 3. 买方尽量减少规格变更； 4. 了解供应商之生产效率； 5. 买方加强交货前的稽催工作； 6. 交期及数量变更的通知	1. 对交货迟延的原因分析； 2. 检讨是否必须订立长期合约； 3. 执行供应商的奖惩办法； 4. 完成交易后剩料、模(治)具、图案等的回收； 5. 选择优良供应商签订单(更换供应商)

三、交期管理考核

交期考核主要通过以下常见的绩效指标进行。

(1) 交货延迟率。交货延迟率的计算公式如下：

$$交货延迟率(\%) = \frac{每月延迟批总数}{每月交货总批数} \times 100\%$$

该指标是一个逆指标，交货延迟率越大，说明按期交货能力越差；按批来进行评价有其不合理之处，如一批货只有几个订购物品按期交货和只有几个物品未能按期交货对企业的影响是不同的。但按此指标进行考核时却不能加以区分。

(2) 迟延件数率。迟延件数率的计算公式如下：

$$迟延件数率(\%) = \frac{每月交期迟延件数}{每月订单件数} \times 100\%$$

该指标考虑了延迟交货的件数的影响，但没有考虑延迟天数长短的情况。

(3)延迟天数率。延迟天数率的计算公式如下：

$$延迟天数率(\%) = \frac{自订单日起至实际交货日止的天数}{自订购日起至契约交期止的天数} \times 100\%$$

在 JIT 交货的模式下，供应商的绩效指标还需包括"每天的交货次数"。

任务三 采购进货管理

进货作业包括把货品做实体上的接收，从货车上将其货物卸下，并核对该货品的数量及状态(数量检查、品质检查、开箱等)，再将必要资讯给予书面化等。一般进货主要作业流程与内容如图 8-1 所示。

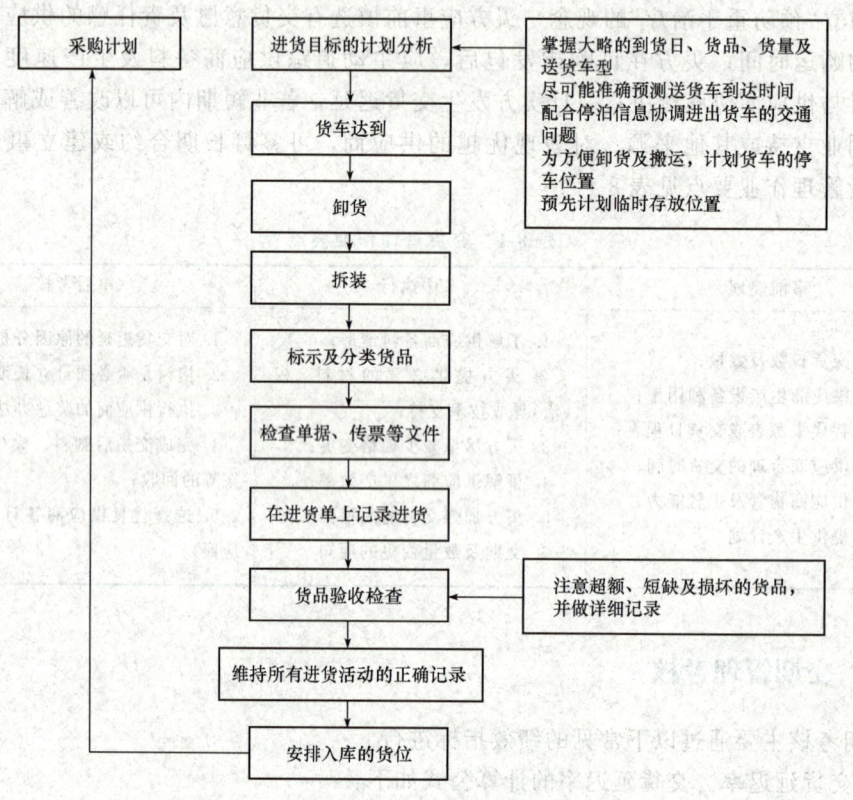

```
采购计划 → 进货目标的计划分析 ─── 掌握大略的到货日、货品、货量及
                                    送货车型
                                   尽可能准确预测送货车到达时间
            ↓                      配合停泊信息协调进出货的交通
          货车达到                    问题
            ↓                      为方便卸货及搬运，计划货车的停
           卸货                      车位置
            ↓                      预先计划临时存放位置
           拆装
            ↓
        标示及分类货品
            ↓
      检查单据、传票等文件
            ↓
      在进货单上记录进货
            ↓
        货品验收检查 ←── 注意超额、短缺及损坏的货品，
            ↓           并做详细记录
   维持所有进货活动的正确记录
            ↓
        安排入库的货位
```

图 8-1 一般进货主要作业流程与内容

一、进货目标

根据公司的经营定位，一般应坚持"以销定进，择优采购，保证效益"的进货目标。

(1)以销定进：销售决定购进，但不能机械地销什么就进什么，销多少就进多少。要预测市场的变化，做到进销适当，既不积压也不脱销。

(2)择优采购：采购前要进行市场调查，货比三家，掌握各方面信息，以选择物品，保持合理库存。

(3)保证效益：商品的购进，既要考虑商品资金，商品价格，又要考虑利用支付；既要考虑资金占有，又要考虑商品库存时间等，以保证提高经济效益。

二、进货业务控制

1. 资金使用控制

为减少风险，在洽谈合同时，一般是以尽量延长付款时间，采用 30 天、45 天或 60 天结算等方式；必须购买的紧俏商品，且有绝对把握才采用现金支付的方式。

2. 进货时间的控制

进货时间应控制在商品存量等于最低商品定额存量之时。最低商品定额是商品脱销的警戒线。其计算公式如下：

最低商品定额＝平均每日销售数量×(进货在途天数＋销售准备天数＋
商品陈列天数＋保险天数)

同时也应控制不高于最高商品定额。

最高商品定额＝平均每日销售数量×(进货在途天数＋销售准备天数＋
商品陈列天数＋保险天数＋进货间隔天数)

3. 进货方式选择原则

根据进货难度和风险的大小的具体情况选择合适的进货方式。

(1)对于进货难度和风险大的进货任务，首选是委托第三方物流公司进货方式，其次选供应商送货方式，一般最好不选用户自提进货方式。

(2)对于进货难度小和风险小的进货任务，首选是供应商送货、进货方式。

(3)安全第一原则。

(4)成本效益统一原则。

(5)总成本最低的原则。

4. 进货方式环节管理

(1)自提进货。自提进货就是在供应商的仓库里交货，交货以后的进货过程全由采购者独家负责管理。此环节包括以下工作内容：

①货物清点环节管理；

②包装、装卸、搬运上车管理；

③运输环节管理；

④中转环节管理；

⑤验收入库环节管理。

(2)供应商送货。对于采购商来说，供应商送货是一种最简单轻松的采购进货管理方式。其基本上省去了整个进货管理环节，把整个进货管理的任务，以及进货途中的风险都转移给了供应商。只剩下一个入库验收环节。而入库验收也主要是供应商和保管员之间的交接，进货员最多只提供一个简单的协助而已。

(3)委托外包进货。委托外包就是把进货管理的任务和进货途中的风险都转移给第三方物流公司。这时供应商和采购商都得到了解脱。因此，这对采购商、供应商来说都是一种最好最轻松的进货方式。对第三方物流公司来说，也是一种最理想的进货方式。因为它有利于发挥第三方物流公司的自主处理、联合处理和系统化处理，提高了物流运作效率、降低了物流运作成本。

对这种进货方式的管理主要要抓好二次三方的交接管理和合同签订管理控制工作。第一次交接是供应商和第三方物流公司的交接，第二次交接是第三方物流公司与采购商保管员之间的交接。交接工作主要是货物的清点检验，要保证货物数量质量无误。合同签订主要包括三方相互之间的合同，要分清权利、义务和责任。合同条款要详细、清楚，凭合同来规范、控制各方的行为。

交接过程要检查各方履行合同的程度，根据合同来处理有关的事情或纠纷。

任务四 采购控制与监督

一、采购控制基础工作

要做好采购控制，首先要创造一个良好的采购控制基础条件，为以后的采购活动控制创造一个好的环境和条件。这些良好的基础条件包括采购人员的素质基础、健全的采购管理规章制度及对于采购市场行情的透彻掌握。

(一)采购人员基本素质要求

(1)采购人员不仅要懂产品的自身特性、生产过程、生产成本、采购渠道、运输保管特性、市场生产供应能力、市场价格行情、交易规则等，还要懂该产品在本企业的用途、用量、使用特性等。

(2)采购人员应具有正义感，品行正派，不贪图私利。

(3)采购人员应热爱企业、热爱集体，有敬业精神，能够抵制和反抗一些损害企业利益的违法行为。

(4)采购人员应当思维敏捷、口齿伶俐，表达能力强，注意外表形象。

(二)加强素质培训

(1)业务知识教育、业务知识竞赛等。

(2)职业道德教育，政治学习等。

(3)经常开业务总结会，表彰好人好事，抓住典型事例、典型人物进行分析，开展培养职业道德、向优秀人物学习的活动。批评不良行为，在企业管理中树正气、压邪气。

采购人员职业道德规范

(4)不定期地开一些辩论会、演讲会等，让员工发表观点、增长知识、培养口才，树立正气等。

(三)适当提高采购人员的工资待遇

在企业中，采购人员的工作十分重要。采购工作做得好，就可以大幅度降低企业的生产成本，创造较大的经济效益。所以，根据多劳多得的原则，可以适当提高他们的工资待遇，培养他们的职业荣誉感，珍惜自己的工作岗位，调动他们的工作积极性。提高工资待遇，应根据个人的业绩情况区别对待，使真正有才干、有贡献的人具有较高的工资待遇，消除他们的后顾之忧，从而激励他们在工作中不被金钱利诱而丧失原则立场。

(四)建立采购控制制度

为做好采购控制工作，应当建立起一套完整的采购控制制度。这些制度包括以下几项。

1. 建立采购预计划制度

预计划的过程实际上体现出采购员了解市场制定采购决策的思路过程，即体现采购员选择供应商、选择产品价格等的思想依据。要填写好采购预计划表，采购员必须事先对市场行情、供应商的情况有所调查了解掌握，促使采购员平常提高业务水平和业务能力。

做采购预计划的关键是要设计好采购预计划表。设计预计划表的原则就是要简明扼要。但是，项目内容一定要到位，重点是考察采购员的采购决策思路和计划进度。表8-2为采购预计划表示例。

表 8-2 采购预计划表

任务号：	品名：	规格：	数量：	使用单位：
	特别说明：			
供应商选择	单位名称：			
	选择理由	□产品质量好 □质量符合要求、价格最低 □最近 □老关系 □其他		
价格预计		选择理由	□价格最低 □产品质量好 □老关系	市场最低价格：
进货方式选择	□火车 □汽车 □自提 □供应商送货	进货天数：		进货费预计
订货费用预计	总额：	其中， 差旅费： 通信费： 手续费： 其他：		订货天数：

在采购任务分配给采购员时,采购员必须交出采购预计划表,才有资格获得采购任务。采购人员在采购预计划表经审批通过后才能实施采购工作。预计划书作为采购员个人业务的第一份正式文件,需要进行保存,作为对这次采购任务考核的参考。

2. 建立采购评价制度

建立评价制度的目的是评价业绩、总结经验,纠正缺点、改进工作,同时,也是一种监督控制。

采购评价包括两部分:一是自我评价,每次任务要填写一个任务完成情况自我评价表;二是采购管理部门对每个人的评价,并在此基础上对采购组织本身进行整体评价。一个月一次,一年还有一次总评。

采购任务完成以后,采购员本身要对该项采购任务有一个总结评价。表 8-3 为采购自我评价表示例。

表 8-3 采购自我评价表

姓名:　　　　　　　　　　　　　　　　　　　　　　　　　　　　　　　　　年　月　日

任务号:	品名:　　　规格:　　　数量:　　　使用单位:			
^	特别说明:			
实际供应商	计划单位:			
^	实际单位:			
^	变更理由	□产品质量好 □质量符合要求、价格最低 □最近 □老关系 □其他		
实际价格		比计划价格	□增加:　　元 □降低:　　元	市场最低价格:
进货方式	□火车 □汽车 □自提 □供应商送货	实际进货天数	天 比计划:　　天	实际进货费用　　元 比计划:　　元
实际订货费用	元 比计划:　　元	其中, □差旅费: □通信费: □手续费: □其他:		订货天数:___天 比计划多(少)___天

将自我评估表和预计划表进行对比评估，对采购员的一笔业务进行审核，看是否正常。如果不正常，应追查原因，进行监督控制。

月末评估是把一个月内的所有自我评价表进行统计汇总，得出整个科室的业绩评估。年末评估是根据科室全年各月份的月末评估汇总得出整个科室的全年业绩汇总。

自我评估表既是各个采购员业绩的定量化详细描述，作为采购员业绩考核等的详细资料依据；又是采购管理控制监督的重要资料，可以起到发现问题、了解情况、了解市场的作用，为采购监督控制提供信息支持。

3. 实施标准化作业制度

制订采购作业流程标准，并按照标准的流程进行采购作业，有利于采购作业的操作和控制。

(1)要建立一个标准化采购操作流程，需要将采购作业过程分成若干步骤，每个步骤应该怎样做，要达到什么要求，应该留下什么记录。每个操作步骤可能又要分成各种不同的情况，对于在每种情况下应当怎样处理，要达到什么要求，应该留下什么记录，都分别作出具体的规定。将上述内容编制成册，便成了一个详细的采购作业操作手册。这个操作手册既是一个作业操作手册，也是一个作业控制监督手册。其中，为了监控的需要，要特别注意两点：一是要在各个步骤中设立作业控制点，如时间、地点、作业指标、证明人等；二是要注意流程记录，可以是客观的，如原始单据、合同、任务跟踪单等，也可以是主观的，如采购员的工作记录、书面汇报或报表等。

(2)要规定采购员的权限范围。采购员应当在一定范围内拥有决策权、主动权，这样有利于调动采购员的积极性和提高工作效率；但如果赋予采购员的权力过大或不加以限制，容易造成采购员滥用权力、给不正之风留下空子，也容易产生采购风险、给企业造成较大的损失。

(3)保留所有的采购作业记录，以方便有效地进行监控。

4. 建立请示汇报制度

作业过程中可能出现一些超出采购人员权限范围的事情，在这种情况下，采购人员必须向有关主管人员请示，不得擅自主张。

5. 资金使用制度

对资金的领取、审批、使用等都要建立起一套严格的规章制度。一般要规定具体的权限范围、审批制度、书面证据制度等。对于货款的支付，要根据对方的信用程度，具体的风险情况进行稳妥的处理。

6. 运输进货控制制度

进货采购工作环节是采购过程的重要环节。这一工作环节具有随机因素多、风险大的特点，必须加强控制。首先，要注意降低进货风险，在签订合同时，要将进货风险责任人明确规定下来，并且要把风险赔付方法写清楚。一般可采取让供应商或者运输部门来承担责任的办法以监督控制供应商。如果是自己自提货物或者自己承担运输货物，则必须由承办人承担风险。

7. 采用公开招标制度采购

公开招标制度具有公开、公正和公平的特点，采购风险相对较小，采购监控也比较容易操作。对于采购总金额达到单位(公司)实施招标采购标准时,必须按照《中华人民共和国招标投标法》的要求采用公开招标采购方法进行招标采购。

二、采购质量控制体系

采购质量可以理解为通过采购活动以达到采购目标、满足各方特别是采购使用方的要求的程度。采购质量控制包括事前、事中和事后的全过程质量控制。

采购质量控制体系如图 8-2 所示。

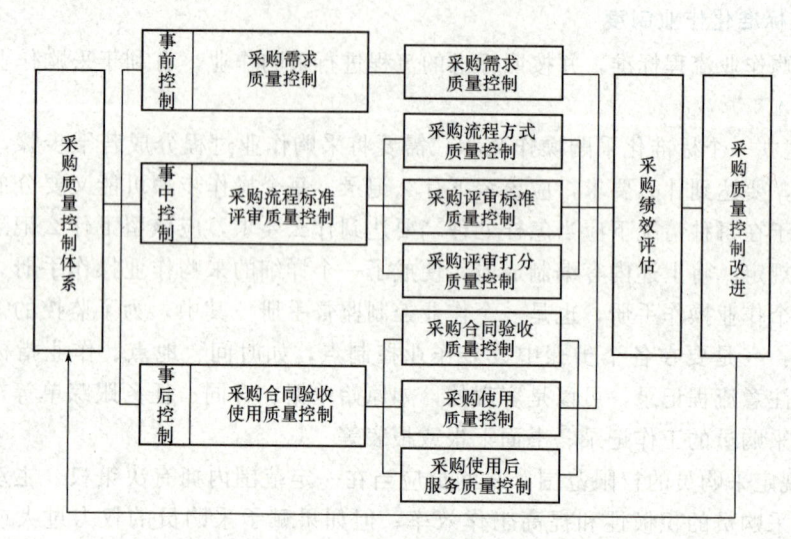

图 8-2 采购质量控制体系

三、进货验收的一般流程

供应商将采购的物资送来后,不能直接放入仓库。因为在送来的货物质量是好是坏、有无破损、送货数量是否和采购的数量相符等都不清楚的情况下,将货物放入仓库,一旦送来的货物存在质量问题,或有破损,或数量不符,就说不清楚是供应商的责任还是采购方的责任了。即使是供应商的责任,采购方也没有凭据去证明是供应商的责任。

因此,正确的做法是货到验收入库。

(1)在验收时,仓管员或验收人员一定要按照订购单和供应商的送货单上的货物信息签收货物,送货单的信息应该是与订购单上的货物信息是一致的。

(2)签收货物时,一定要注意签收的货物的质量、数量及残损情况的核定,这些完全相符或没问题才能签收,不符或有问题时,原则上是不签收的,可以根据情况向主管请示处理。

(3)验收员验收货物后,一定要签字确认,然后录入签收货物的信息,生成入库单,入库单是证明物资入库的重要证明文件。

四、采购退货管理

(一)退货条件

验收人员应该严格按照企业的验收标准进行验收,将不符合企业验收标准的货物视为不合格货物。不合格货物应办理退货。

(1)对于数量上的短缺,采购员应该与供应商联系,要求供应商予以补足,或价款上予以扣减。

(2)对于质量上的问题,采购员应该首先通知使用部门不能使用该批货物,然后与使用部门、质量管理部门、相关管理部门联系,决定是退货还是要求供应商给予适当的折扣。

(3)经采购部经理审阅、财务总监审核、总裁审批后与供应商联系退货事宜。

(二)退货手续

检验人员应在检验不合格的货物上贴"不合格"标签,并在"货物验收报告"上注明不合格的原因,经负责人审核后转给采购部门处理,同时通知请购单位。

(三)货物出库

当决定退货时,采购员编制退货通知单,并授权运输部门将货物退回,同时,将退货通知单副本寄给供应商。运输部门应于货物退回后,通知采购部和财务部。

(四)退货款项回收

(1)采购员在货物退回后编制借项凭单,其内容包括退货的数量、价格、日期、供应商名称及贷款金额等。

(2)采购部经理审批借项凭单后,交财务部相关人员审核,由财务总监或总裁按权限审批。

(3)财务部应根据借项凭单调整应付账款或办理退货货款的回收手续。

(五)折扣事宜

(1)采购员因对购货质量不满意而向供应商提出的折扣,需要同供应商谈判来最终确定。

(2)折扣金额必须由财务部审核,财务总监审核后交总裁批准。

(3)折扣金额审批后,采购部应编制借项凭单。

(4)财务部门根据借项凭证来调整应付账款。

任务五 评估采购绩效

一、采购绩效的概念

采购绩效是指从数量和质量上评估采购职能部门和采购人员达到规定目标和具体目标的程度。

二、采购绩效评估的作用

(一)采购绩效评估的原因

物品采购工作经过一系列的作业程序完成之后,是否达到了预期的目标,企业对采购的物品是否满意,需要经过考核评估,才能下结论。采购绩效评估是建立一套科学的评估指标体系,用来全面反映和检查采购部门工作实绩、工作效率和效益。

对物品采购绩效的评估可分为对整个采购部门的评估及对采购人员个人的评估。对采购部门绩效的评估可以由企业高层管理者来进行,也可以由内部客户来进行;而对采购人员的评估常由采购部门的负责人来操作。

对物品采购绩效的评估是围绕采购的基本功能进行的。采购的基本功能可以从以下两个方面进行描述:

(1)把所需的物品及时买回来,保证销售或生产的持续进行。

(2)开发更优秀的供应源,降低采购成本,实现最佳采购。

(二)采购绩效评估的作用

1. 确保采购目标的实现

各个企业采购目标各有不同,各个企业需要针对采购单位所追求的主要目标加以评估,并督促目标的实现。

2. 提供改进绩效的依据

企业实行的绩效评估制度,可以提供客观的标准来衡量采购目标是否达成,也可以确定采购部门目前的工作绩效如何。正确的绩效评估有助于指出采购作业的缺陷所在,从而据以拟定改善措施,起到惩前毖后的作用。

3. 作为个人或部门奖惩的参考,提高个人和部门的积极性

良好的绩效评估方法能将采购部门的绩效独立于其他部门而凸显出来,并反映采购人员的个人表现,成为各种人事考核的参考资料。依据客观的绩效评估,达成公正的奖惩,可以激励采购人员不断前进,发挥团队合作精神,使整个部门发挥整体效能。

4. 融洽部门关系

采购部门的绩效受其他部门配合程度的影响非常大。因此,采购部门的职责是否明确,表单、流程是否简单、合理,付款条件及交货方式是否符合公司管理规章制度,各部门的目标是否一致等,都可以通过绩效评估予以判定,并可以改善部门之间的合作关系,提高企业整体动作效率。

三、组建评估队伍

1. 采购部门主管

采购主管对管辖的采购人员最为熟悉,且所有工作任务的指派,以及工作绩效的优良,都在其直接督促之下,可以注意到采购人员的个别和一贯表现,体现公平客观的原则。

2. 会计部门或财务部门

当采购金额占公司总支出的比例很高，采购成本的节约对于公司利润的贡献非常大。尤其在经济不景气时，采购成本节约对资金周转的影响也十分明显。会计部门或财务部门掌握公司产销成本数据，同时对资金的取得与付出也进行全盘管制。因此，会计和财务部门可以对采购部门的工作绩效进行评估。

3. 工程部门或生产管制部门

当采购项目的品质及数量对企业的最终产品质量与生产影响重大时，可以由工程或生产主管人员评估采购部门绩效。

4. 供应商

有些企业通过正式或非正式渠道，向供应商探询其对本企业采购部门或人员的意见，以间接了解采购作业绩效和采购人员的素质。

5. 外界的专家或管理顾问

为避免公司各部门之间、人与人之间的"感情因素"的影响，可以特别聘请外部采购专家或管理顾问，针对企业全盘的采购制度、组织、人员及工作绩效，做客观的分析与建议。

四、采购绩效评估方法

(1)定性评估和定量评估。
(2)总体评估和具体评估。
(3)外部评估和内部评估。
(4)个人评估和职能部门评估。
(5)定期评估和不定期评估。

五、采购绩效评估方式

采购人员工作绩效的评估方式，可分为定期方式及不定期方式。定期的评估也可以通过配合公司年度人事考核制度进行。但一般是以"人"的工作态度、学习能力、协调精神、忠诚程度等为考核内容，从各种工作绩效指标中选择当年度重要性比较高的项目3～7个定为目标，年终按实际达成程度加以考核，以提升个人或部门的采购绩效。由于以"事"的具体成就为考核重点，摒除了"人"的抽象因素，所以相对比较客观、公正。

不定期的绩效评估是指以专案方式进行。例如，公司要求某项特定产品的采购成本降低10%。当设定期限一到，即评估实际的成果是否高于或低于10%，并就此成果给予采购人员适当的奖惩。此种评估方式对采购人员的士气，有相当大的提升作用。此种不定期的绩效评估方式，特别适用于新产品开发计划、资本支出预算、成本降低专案等。

六、采购绩效评估标准

有了绩效评估的指标之后，必须考虑依据何种标准，作为与目前实际绩效比较的基础。一般常见的标准如下。

1. 以往绩效

选择公司以往的绩效作为评估目前绩效的基础，比较容易操作，也比较易于比较分析。但此标准一般适合在公司的采购部门（无论组织、管理者或人员）均没有重大变动的情况下，才适合使用此项标准。

2. 预算或标准绩效

若过去的绩效难以取得或采购业务变化大，则可以预算或制定标准绩效作为衡量基础。标准绩效的设定有以下三种原则。

（1）固定的标准。标准一旦建立，则不再更动。这样有利于采购组织和个人掌握自己的努力方向，并长期为达到此目标而努力。

（2）理想的标准。理想的标准是指在完美的工作条件下，应有的绩效；这是要达到的最高目标。

（3）可达到的标准。可达到的标准是指在现行情况下应该可以达到的水平。通常依据当前的绩效加以考量设定。

3. 同业平均绩效

利用与本公司非常相似的公司的绩效作为标准，以判别本公司采购组织和人员在采购工作成效上的优劣。如果个别公司之绩效资料不可得，则可以用整个同业绩效的平均水准来比较。

4. 目标绩效

目标绩效则是在现行情况下，非经过一番特别的努力，否则无法完成的较高境界。目标绩效代表公司管理当局，对工作人员追求最佳绩效的"期望值"。

七、采购绩效评估指标

采购人员在其工作职责上，必须达成适时、适量、适质、适价及适地等基本任务，因此，其绩效评估自应以此"五适"为中心，并以数量化的指标作为衡量绩效的尺度。

1. 品质绩效

采购的品质绩效可由验收记录及生产记录来判断。前者是指供应商交货时，为公司所接受（或拒收）的采购项目数量或百分比；后者则是交货后，在生产过程中发现品质不合的项目数量或百分比。

$$进料验收指标 = 合格（或拒收）数量 / 检验数量$$
$$在制品验收指标 = 可用（或拒用）数量 / 使用数量$$

若进料品质管制采用抽样检验的方式，则在制品品质管制发现品质不良的比率，将比进料品质管制采用全数检验的方式为高。如果未能找到理想的供应商，则拒收或拒用比率势必较高，显示采购人员的品质绩效越差。

2. 数量绩效

当采购人员为争取数量折扣，以达到降低价格的目的时，却可能导致存货过多，甚至发生呆料、废料的情况。

(1) 费用指标：是现有存货利息费用与正常存货水准利息费用之差额。超支越大，显示采购人员数量绩效越差。

(2) 呆料、废料处理损失指标：是处理呆料、废料的收入与其取得成本的差额。

存货积压利息的费用越大，呆料、废料处理的损失越高，显示采购人员的数量绩效越差。对此项指标应做区别分析，有时是因为受到公司营业状况、物料管理绩效、生产技术变更或投机采购的影响所致，并不能完全归咎采购人员。

3. 时间绩效

时间绩效是用以衡量采购人员处理订单的效率，以及对于供应商交货时间的控制的指标。延迟交货会形成缺货现象，但提早交货也可能导致买方负担不必要的存货成本或提前付款的利息费用。

4. 价格绩效

价格绩效是企业最重视及最常见的衡量标准。透过价格指标，可以衡量采购人员议价的能力，以及供需双方势力的消长情形。

采购价差的指标通常有下列几种：

(1) 实际价格与标准成本的差额。

(2) 实际价格与过去移动平均价格的差额。

(3) 比较使用时的价格和采购时价格的差额。

(4) 将当期采购价格与基期采购价格之比率与当期物价指数与基期物价指数之比率相互比较。

5. 采购效率(活动)指标

下列各项指标可衡量在达成采购目标的过程中，各项活动的水准或效率。

(1) 采购金额。

(2) 采购金额占销货收入的百分比。

(3) 订购单的件数。

(4) 采购人员的人数。

(5) 采购部门的费用。

(6) 新厂商开发个数。

(7) 采购完成率。

(8) 错误采购次数。

(9) 订单处理的时间。

由采购活动水准上升或下降，不难了解采购人员工作的压力与能力。这对于改善或调整采购部门的组织与人员，将有很大的参考价值。

八、采购绩效评估步骤

(1)确定需要评估的绩效类型。
(2)具体评估指标设定。
(3)建立绩效评估标准。
(4)选定评估人员。
(5)确定评估时间和评估频率。
(6)实施评估并将结果反馈。

实训项目：制定采购控制制度

【实训背景】

林子超市在采购过程的控制和绩效评价等方面一直处于"真空"状态，经常出现断货和库存高、存在过期报废等风险，对林子超市的经营造成了很大影响。你作为采购小组人员，请为林子超市出谋划策，建立一套采购控制制度，规范林子超市的采购工作，降低采购过程中的各种风险。

【实训目标】

编号	要求	成果
1	明确小组内成员之间的分工，尽可能调动所有成员参与的积极性，达到本项实训的效果	以小组为单位学习采购控制相关知识，明确人员的具体任务
2	学习实训项目背景资料，进行调查规划	1. 收集企业采购文件与单据样本。 2. 设计采购通知单、采购订单、收料单和物料验收单。 3. 设计采购过程控制流程。 4. 调查收集相似企业的有关资料，制定采购绩效指标。 5. 设计对采购部门的绩效情况的评价方法
3	小组讨论、整理并形成采购控制制度	1. 采购流程及工作要求。 2. 风险识别及控制。 3. 绩效评价指标及评价方法。 4. 制定采购控制制度。 5. 巩固课堂学习知识，实现知识到技能的融会贯通

【实训组织】

总体组织	具体步骤
教师提供实训背景资料，对实训作出具体的要求；学生组建团队，学习相关理论知识，走访调查企业的实际操作，发挥团结协作精神，完成实训项目要求的各项工作	1. 教师布置实训项目需要完成的任务。 2. 本着自愿的原则，以5~6人为一组，每组选出一名小组长，由组长分工及协调实训小组的实训任务，并带领组员完成实训任务。 3. 通过实地采访调查的形式，了解调查企业采购控制制度。 4. 制订小组活动方案。 5. 完成实训项目要求的各项工作

【实训评价】

目的	考核
1. 加深对采购流程、风险、绩效的理解。 2. 培养团队合作精神，包括处理意外事件，与人/机沟通的能力。 3. 培养团队归纳分析、解决问题的逻辑和思维能力。 4. 培养以团队方式最后撰写实训报告	1. 实训过程中职业素养和专业能力是否得到体现。 2. 小组分工是否明确和均衡，小组成员的能力是否得到充分的发挥。 3. 调研方法选择是否得当，操作是否规范。 4. 小组调研报告思路是否清晰，内容是否充实，重点是否突出

素养园地

从中俄合作拓链机遇分析增强国家产业链供应链安全意识

近几年，相比于美国和西方世界兴起的贸易保护主义的势头，中国以规模庞大的内部国际采购需求，通过单边努力搭建"买全球、卖全球"的采购平台，不断扩大全球贸易发展中的战略影响，积极采取一些反制措施，寻找可靠的进口国家和资源渠道，与俄罗斯远东开发计划的重启就是中国策略中的重要一环。在2022年，中俄贸易总额便首次突破1 900亿美元，在2023年还有可能突破2 000亿美元大关。中俄之间的合作不断扩大，远东地区即将迎来新的开发局面。

作为中俄贸易的桥头堡，黑龙江省、吉林省正是最大受益者之一。从西到东，俄罗斯与我国新疆、内蒙古、黑龙江、吉林四省区毗邻，共有20多个边境口岸，绝大多数都位于东北。2023年一季度，东北三省出口增速集体跑赢全国，而黑龙江省、吉林省更是大增43.3%、23.5%，远超全国平均水平，也罕见力压东部沿海外贸大省。其中，来自中俄贸易的贡献不菲。数据显示，2023年上半年对俄罗斯进出口占吉林同期进出口总额的1/5左右，占黑龙江进出口总额的比例更是达到70%。远东地区的开发必然会成为中俄双方下一阶段合作的重心,给被遗忘的中国东北三省重振区域供应链带来契机。这些年,东北由于经济增长放缓、城市收缩、人口流失、经济挤水分而备受争议。然而,据2023年第一季度数据显示,东北三省GDP增速集体跑赢全国(4.5%)。其中,制造业是东北经济的命脉,东北全面振兴,根基在制造业,优势在制造业,出路在制造业。装备制造业是东北地区的传统产业,更是优势产业,其成套装备产品研发和制造能力居国内领先水平,重型装备产品在国内具有不可替代的地位。同时,东北地区拥有众多核心生产技术,如沈阳机床的数控机床、东软集团的数字医疗设备、哈电集团的大型发电设备等,都达到国内领先或国际先进水平。俄罗斯远东地区大开发为东北再振兴带来重大机遇。

俄罗斯远东地区在外贝加尔等地区有着丰富的矿产资源,这些资源是我国未来发展所必需的,对这些资源的开发也会促进东北地区的制造业发展、经济发展。此外,俄罗斯目前还在建设"西伯利亚力量"天然气管道,该管道建成后预计每年可输送2000万立方米的天然气,并解决中国目前的能源需求。俄罗斯远东开发的这种极具战略引领意义的投资合作,真正凸显了中俄作为全面战略伙伴关系的含金量,具有十分深刻的战略内涵。中俄关系发展到从战略安全到战略稳定,再到战略经济合作这样一个层次,不仅有利于东北振兴,拓展了中蒙俄经济走廊,而且对于中国经济的长远发展、能源安全、产业链供应链的稳定及深度挖掘双方在资源和市场合作潜力等方面,都具有重要战略意义。

▌项目测评

一、判断题

1. 采购风险通常是指采购过程可能出现的一些意外情况,包括人为风险、经济风险和自然与社会风险。( )
2. 任何事物都有风险,采购风险归根结底,所以采购风险不能防范。( )
3. 最高商品定额=平均每日销售数量×(进货在途天数+销售准备天数+商品陈列天数+保险天数) ( )
4. 要填好这个预计划表,采购员必须事先要对市场行情、供应商的情况有所调查了解掌握,促使采购员平常提高业务水平和业务能力。( )
5. 采购评价包括两部分:一是自我评价,每次任务要填写一个任务完成情况自我评价表;二是采购管理部门对每个人的评价,并在此基础上对采购组织本身进行整体评价。( )

二、简答题

1. 简述供应商的初步考察阶段如何降低采购风险。
2. 简述交期管理考核的常用指标。
3. 简述采购质量控制体系。

项目评价

项目测评(40分)			得分：
计分标准： 得分＝5×判断题正确个数＋5×简答题正确个数			
学生自评(20分)			得分：
计分标准：初始分＝2×A的个数＋1×B的个数＋0×C的个数 　　　　　得分＝初始分/36×20			
学习任务	评价指标	自测结果	要求 (A掌握；B基本掌握；C未掌握)
控制采购风险	1. 识别采购风险； 2. 规避采购风险； 3. 降低采购风险的关键	A□ B□ C□ A□ B□ C□ A□ B□ C□	能够识别采购风险；知道规避采购风险；掌握降低采购风险的关键
控制交期	1. 延迟交货的原因； 2. 交货管理规划； 3. 交期管理考核	A□ B□ C□ A□ B□ C□ A□ B□ C□	了解延迟交货的原因；能够制定交货管理规划；能够进行交期管理考核
采购进货管理	1. 进货目标； 2. 进货业务控制； 3. 一荣难俱荣，一损易俱损	A□ B□ C□ A□ B□ C□ A□ B□ C□	掌握进货目标；理解进货业务控制；具有"一荣难俱荣，一损易俱损"的经营管理理念
采购控制与监督	1. 采购控制基础工作； 2. 采购质量控制体系； 3. 进货验收的一般流程； 4. 采购退货管理	A□ B□ C□ A□ B□ C□ A□ B□ C□ A□ B□ C□	了解采购控制基础工作；掌握采购质量控制体系；熟悉进货验收的一般流程；了解采购退货管理
评估采购绩效	1. 采购绩效的概念； 2. 采购绩效评估的作用； 3. 组建评估队伍； 4. 采购绩效评估方法； 5. 采购绩效评估方式； 6. 采购绩效评估标准 7. 采购绩效评估指标 8. 采购绩效评估步骤	A□ B□ C□ A□ B□ C□ A□ B□ C□ A□ B□ C□ A□ B□ C□	理解采购绩效的概念；知道采购绩效评估的作用；能够组建评估队伍；了解采购绩效评估方法；知道采购绩效评估方式；知道采购绩效评估标准；了解采购绩效评估指标；知道采购绩效评估步骤
小组评价(20分)			得分：
计分标准：得分＝10×A的个数＋5×B的个数＋3×C的个数			
团队合作	A□ B□ C□	沟通能力	A□ B□ C□
教师评价(20分)			得分：
教师评语			
总成绩		教师签字	

参 考 文 献

[1] 赵艳俐,孙晓歌,韩燕玲. 采购与供应管理实务[M]. 双色版. 长沙:湖南师范大学出版社,2020.

[2] 赵艳俐. 采购与供应管理实务[M]. 2版. 北京:人民交通出版社,2014.

[3] 朱占峰,陈勇. 供应链管理[M]. 3版. 北京:高等教育出版社,2019.

[4] 王桂花,王志凤,高文华. 供应链管理[M]. 3版. 北京:中国人民大学出版社,2019.

[5] 马士华. 供应链管理[M]. 4版. 北京:中国人民大学出版社,2023.

[6] 朱水兴. 工业企业的采购与采购管理[M]. 北京:中国经济出版社,2001.

[7] 中国物流与采购联合会. 如何准备合同[M]. 北京:中国物资出版社,2005.

[8] 宋华. 电子商务物流与电子供应链管理[M]. 北京:中国人民大学出版社,2004.

[9] [美]斯科特·韦伯斯特. 供应链管理原理与工具[M]. 蔡三发,邱灿华,王晓强,译. 北京:机械工业出版社,2010.

[10] 张相斌,林萍,张冲. 供应链管理:设计、运作与改进[M]. 北京:人民邮电出版社,2015.

[11] 中国物流与采购联合会. 中国供应链管理最佳实践案例集[M]. 北京:中国财富出版社,2017.

[12] 林勇,马士华. 供应链管理[M]. 6版. 北京:机械工业出版社,2020.

[13] 骆金鸿,徐芹. 供应链管理[M]. 沈阳:东北大学出版社,2015.

[14] 魏勇. 大宗商品供应链集成服务新模式[J]. 中国物流与采购,2018(24):54.

[15] 李亚. 混合所有制改革、商业模式创新与企业绩效研究:以物产中大为例[D]. 开封:河南大学,2019.

[16] 刘伟华,刘希龙. 服务供应链管理[M]. 2版. 北京:中国财富出版社,2019.

[17] [美]保罗·麦尔森. 精益供应链与物流管理[M]. 梁峥,郑诚俭,郭颖妍,等译. 北京:人民邮电出版社,2018.

[18] 杨军,赵继新. 供应链管理[M]. 北京:北京师范大学出版社,2018.

[19] [美]罗伯特·M. 蒙茨卡,罗伯特·B. 汉德菲尔德,拉里·C. 吉尼皮尔,等. 采购与供应链管理[M]. 6版. 刘亮,冯婧,石学刚,译. 北京:清华大学出版社,2021.

[20] [美]约翰·盖特纳. 战略供应链联盟[M]. 宋华,等译. 北京:经济管理出版社,2003.

[21] (英)戴维·泰勒. 全球物流与供应链管理案例[M]. 胡克,程亮,译. 北京:中信出版社,2003.